W0317937

ESO

MÚSICA II

Alicia Rodríguez Blanco

EDITEX

Índice

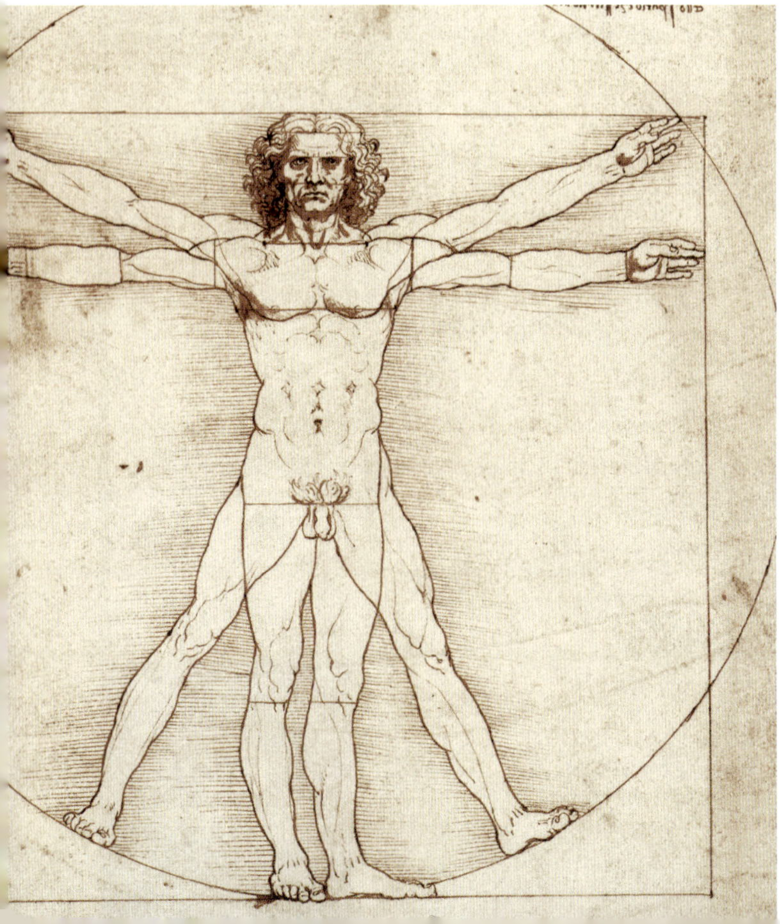

Organización de la unidad

Presentación

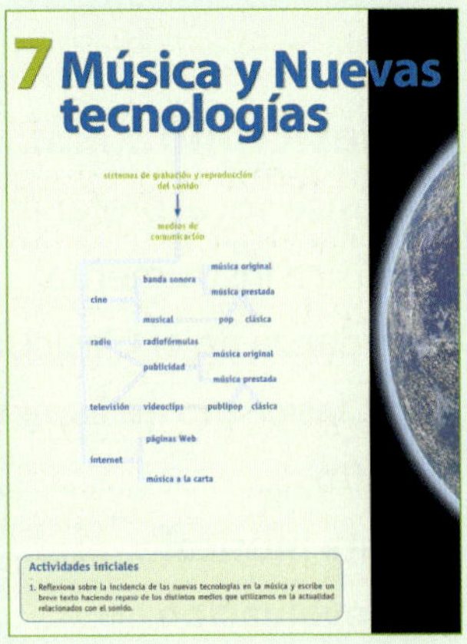

Con este libro pretendemos ofrecerte la oportunidad de conocer la música disfrutándola.

Las páginas iniciales presentan un esquema para que puedas apreciar de forma global los contenidos más importantes y un texto de introducción para reflexionar sobre lo que vas a trabajar. Se incluye también una tabla con el desarrollo de las competencias clave para tu aprendizaje que responden a las siguientes siglas:

CCL	Competencia en comunicación lingüística para leer, escribir, hablar y escuchar cada vez mejor y de manera activa.
CMCT	Competencia matemática y competencias básicas en ciencia y tecnología, para desenvolverte en el mundo que te rodea.
CPAA	Competencia para aprender a aprender pues debes ser consciente de tu propio proceso de aprendizaje.
CEC	Conciencia y expresiones culturales, a través del arte y la cultura que encierran las obras musicales.
CSC	Competencias sociales y cívicas, trabajando en equipo de manera colaborativa con otros compañeros.
SIE	Sentido de la iniciativa y espíritu emprendedor, porque queremos probar tu capacidad para poner en marcha tus propias creaciones.
CD	Competencia digital para que seas capaz de buscar, obtener, procesar y comunicar información, además de transformarla en conocimiento, todo ello a través de las TIC.

Desarrollo

Tras la presentación comienza el desarrollo de contenidos, que constituye el núcleo de la unidad

El texto está estructurado en epígrafes que incorporan numerosos esquemas, cuadros, ilustraciones y ejemplos musicales que te ayudarán a seguir los contenidos de una forma más sencilla y amena. Las pequeñas actividades de refuerzo, audición e interpretación musical te servirán para evaluar lo aprendido al final de cada apartado.

En los márgenes se incluyen contenidos complementarios y curiosidades.

Desafío y Revista musical

Al terminar el desarrollo de la unidad, la sección **Desafío** te ofrece diversas actividades planteadas para que pongas en práctica las competencias clave.

En la **Revista musical** encontrarás una selección de lecturas para poder profundizar en los contenidos trabajados. En esta doble página podrás descubrir anécdotas y curiosidades, nuevos datos y textos de invitación a la reflexión y el debate.

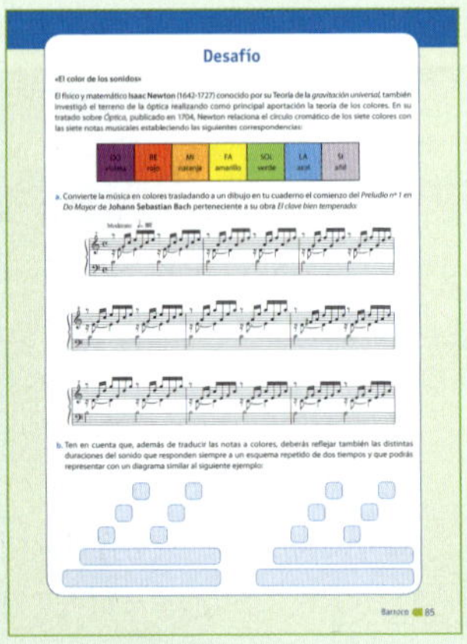

IMPORTANTE

Todas las actividades propuestas en este libro deben realizarse en un cuaderno de trabajo, nunca en el propio libro.

Autoevaluación e Interpretación

En la sección de **Autoevaluación** podrás repasar los principales términos y conceptos musicales mediante crucigramas, sopas de letras y otras cuestiones.

En **Interpretación** irás afianzando la práctica de la expresión instrumental, vocal y corporal, con ejemplos musicales variados y diferentes niveles de dificultad.

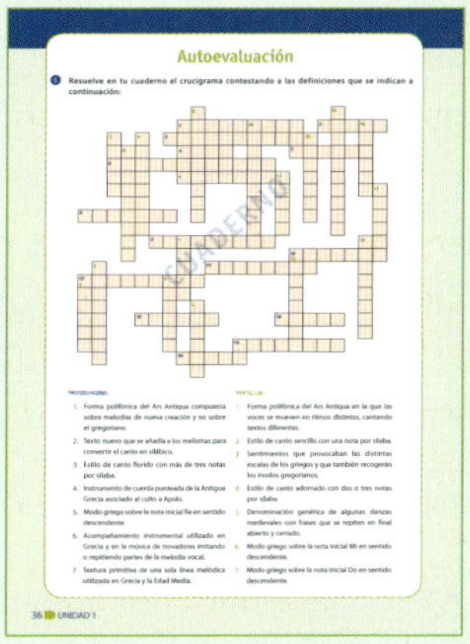

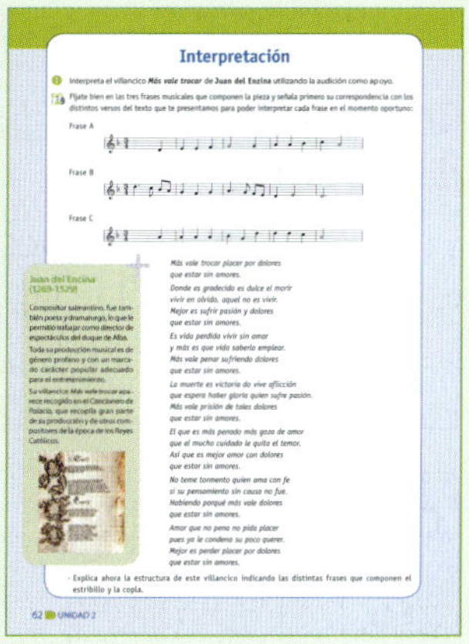

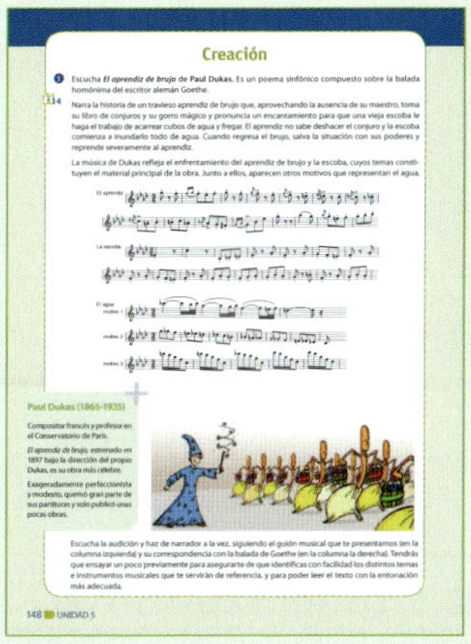

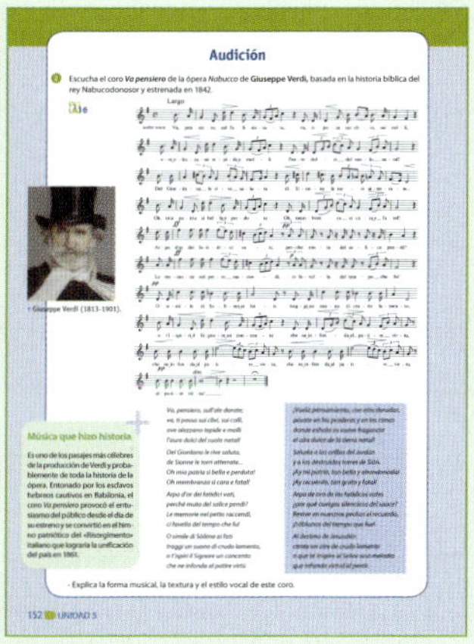

Creación y Audición

En el apartado de **Creación** podrás descubrir los elementos básicos de la composición musical y experimentar con tus capacidades interpretativas y expresivas.

En **Audición** aprenderás a reconocer los principales rasgos de los ejemplos musicales propuestos y a guiarte a través de distintos repertorios.

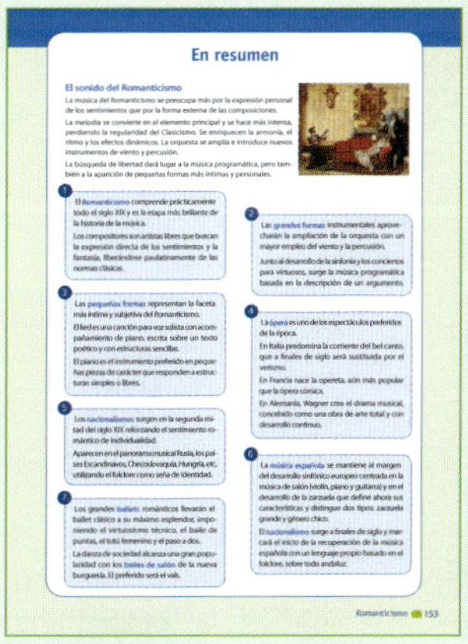

En resumen y Mis progresos

Cada unidad se cierra con una página final de **resumen** en la que se muestran los contenidos básicos del tema. Y para que sepas evaluar lo que has aprendido, al final de cada unidad encontrarás una rúbrica de autoevaluación a la que hemos llamado **Mis progresos**.

Proyecto final

Esta sección te permitirá trabajar junto con tus compañeros en un proyecto anual organizado por trimestres, y en el que podrás llevar a la práctica todos tus conocimientos en situaciones reales.

El libro se acompaña de **2 CDs** con las audiciones de todos los ejemplos musicales que se proponen, tanto a lo largo del desarrollo de contenidos como en el apartado específico de actividades finales. Cada audición está señalada en el enunciado de su actividad con un pequeño dibujo que indica el número de disco y el corte correspondiente.

Antes de empezar: elementos para el análisis musical

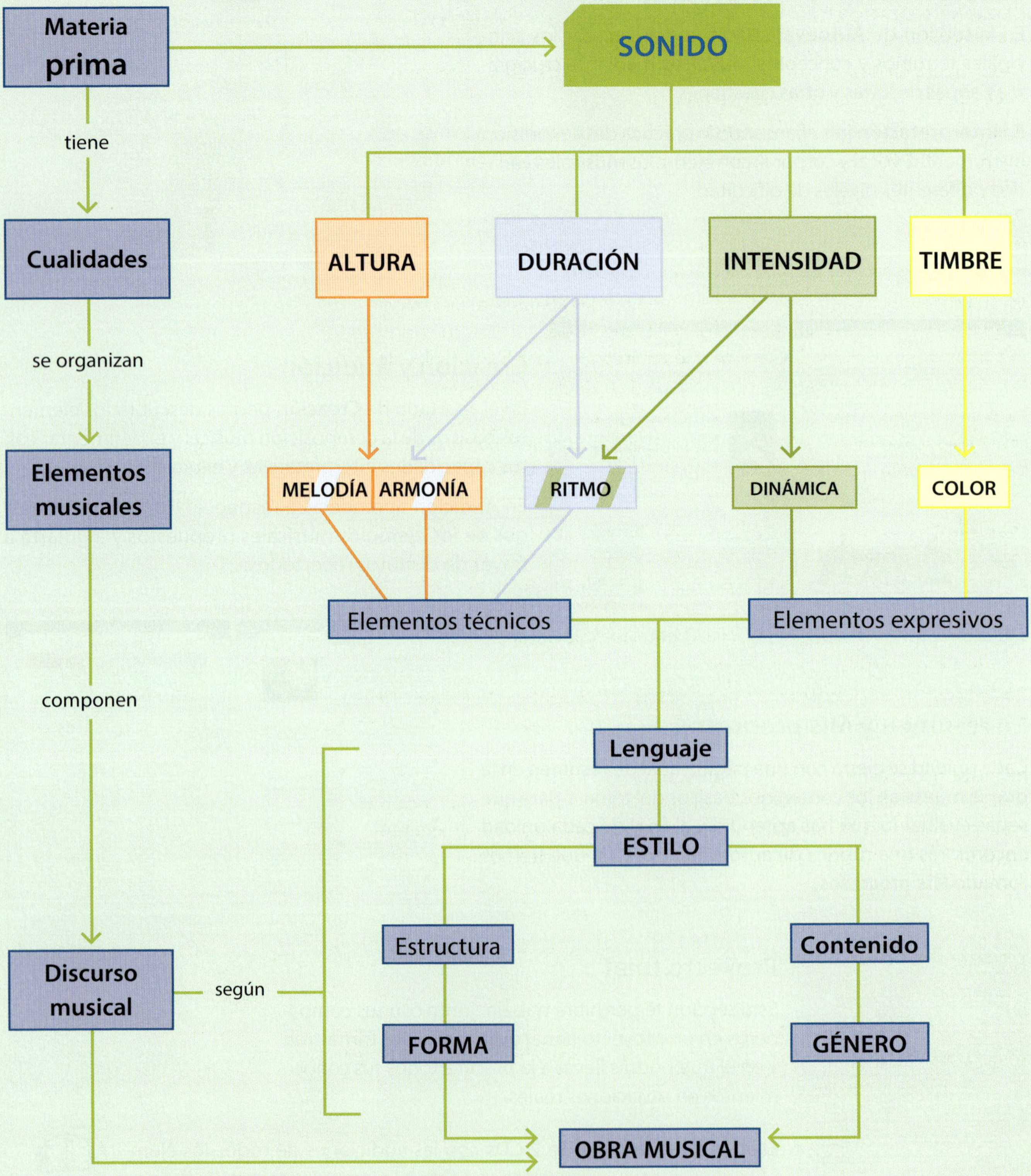

La música, como toda manifestación artística, forma parte de la cultura de la humanidad y refleja la evolución de su pensamiento y sus modos de vida.

Cada cultura ha desarrollado un lenguaje musical propio en función de sus necesidades, sus características y su historia.

A lo largo de este libro iremos viendo la evolución de la música occidental, guiándonos, para su conocimiento, en la audición, la expresión musical y la creación.

Para poder profundizar en el análisis de las distintas manifestaciones musicales debemos repasar los conceptos fundamentales del lenguaje musical, sus elementos y sus formas de organización.

En un primer nivel de análisis podemos descubrir los elementos básicos del lenguaje musical. El trabajo sobre las distintas cualidades del sonido tiene en la partitura su correspondiente representación gráfica con los símbolos de la notación convencional y con otras formas de notación alternativa.

La organización de las cualidades del sonido configura los elementos musicales de una obra: el ritmo, la melodía y la armonía, como medios técnicos fundamentales, mientras que la intensidad y la tímbrica son elementos de carácter expresivo.

Lo que llamamos «estilo» musical, y que define los rasgos principales de una obra, está determinado por el manejo técnico de esos elementos musicales. La relación del estilo con la evolución de la técnica musical nos permite identificar y relacionar el estilo con un determinado periodo histórico, ya que cada época está marcada por un contexto y unas ideas comunes que afectan a todas sus manifestaciones artísticas.

Por último, el análisis estudiará procedimientos de organización mucho más amplios y generales: la forma y el género. La forma musical o estructura puede observarse en cualquier tipo de composición, ya que toda la música necesita un esquema sobre el que construirse, desde la canción más sencilla a la sinfonía más elaborada. El género hace referencia a la función y el contenido de la música, y por tanto, también está estrechamente ligado a la evolución histórica y al uso que de la música ha hecho cada sociedad.

Las cualidades del sonido

ALTURA

Nos permite distinguir entre sonidos graves y agudos.

La altura depende de la frecuencia de onda:

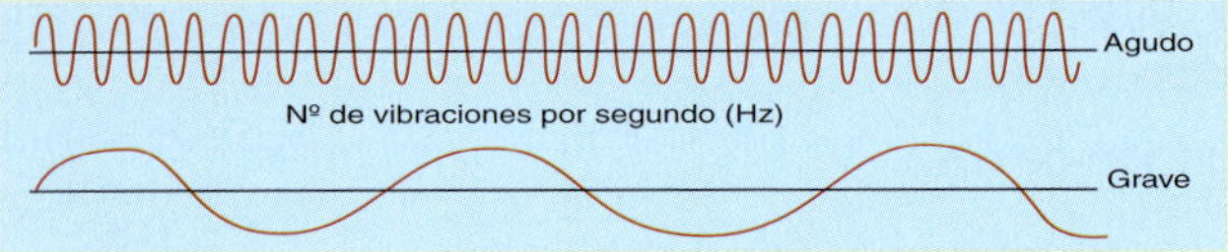

Diapasón: (440 Hz = La) sirve como referencia de afinación.

Pentagrama: 5 líneas y 4 espacios para escribir las notas.

Clave: signo que indica el nombre de las notas en el pentagrama. Utilizamos la clave de Sol en 2ª línea para el registro agudo y la clave de Fa en 4ª línea para el registro grave.

Escala: sucesión correlativa de las notas.

Tono y semitono: unidades de medida de la altura.

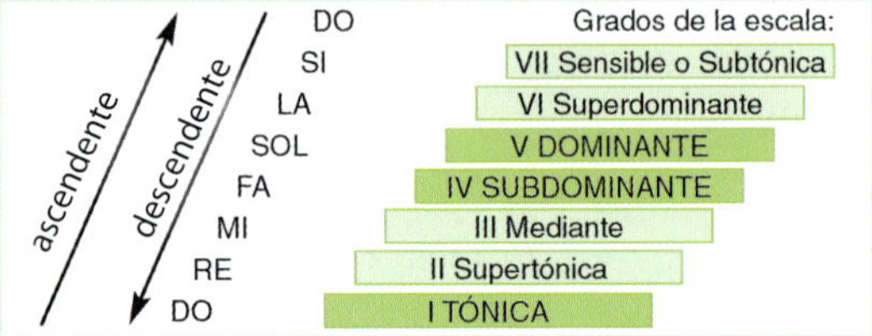

Escala diatónica: compuesta por 5 tonos y 2 semitonos.

DO RE MI FA SOL LA SI DO
1 1 1/2 1 1 1 1/2

a) **Mayor:** sigue el modelo de la escala de Do.

I II III IV V VI VII VIII
1/2 1/2

b) **Menor:** sigue el modelo de la escala de La.

I II III IV V VI VII VIII
1/2 1/2

Intervalo: distancia entre dos notas.

Se clasifica según el número de notas que abarca, y los tonos y semitonos que contiene.

Alteraciones: modifican el sonido de la nota un semitono.

- **Sostenido:** (♯) sube medio tono.
- **Bemol:** (♭) baja medio tono.
- **Becuadro:** (♮) anula el efecto de sostenido y bemol.

Pueden aparecer como:

a) **Alteraciones accidentales:** a lo largo de la obra, afectan a las notas del mismo nombre dentro del mismo compás.

b) **Alteraciones propias:** forman la «armadura de clave» indicando la tonalidad. Afectan a todas las notas del mismo nombre a lo largo de toda la obra.

Notas enarmónicas: con distinto nombre pero igual sonido.

Situación de las notas en el teclado:

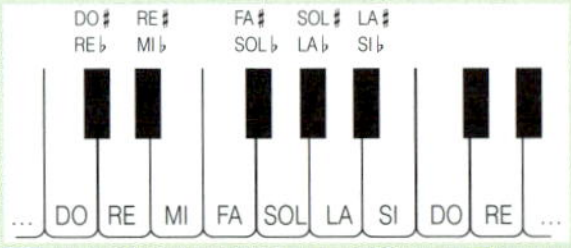

DURACIÓN

Nos permite distinguir entre sonidos largos y cortos.

La duración depende de la persistencia de la onda:

Figuras: signos que representan la duración del sonido (relación de valor : doble / mitad).

1 redonda

2 blancas

4 negras

8 corcheas

16 semicorcheas

Silencios: representan la duración de la ausencia de sonido (se corresponden en nombre y duración con las figuras).

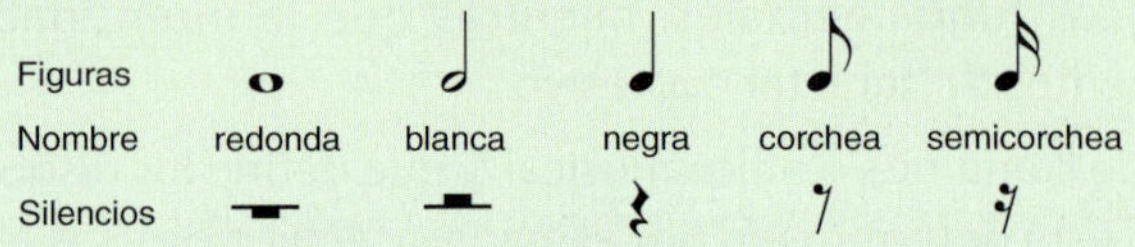

Compás: divide el tiempo en partes iguales y concreta el valor de figuras y silencios.

numerador ⟶ número de tiempos

denominador ⟶ figura unidad de tiempo

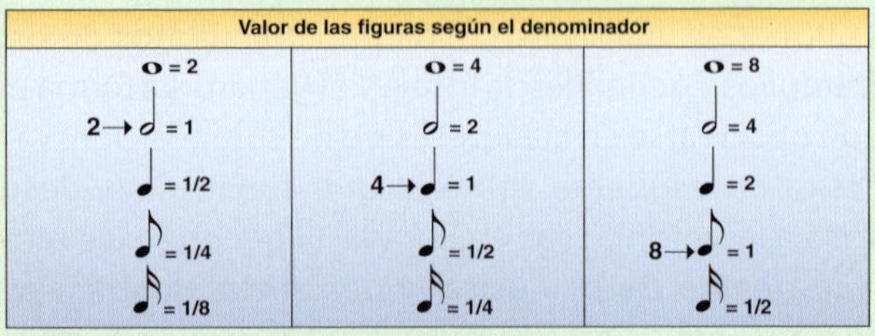

Signos de prolongación: prolongan o aumentan la duración.

- **Puntillo:** · añade la mitad del valor.
- **Ligadura:** ‿ suma duraciones.
- **Calderón:** 𝄐 prolonga interrumpiendo la medida.

Tempo: velocidad de interpretación de una obra musical.

- **Largo:** muy despacio.
- **Adagio:** despacio.
- **Andante:** normal.
- **Allegro:** deprisa.
- **Presto / Vivace:** muy deprisa.

Modificaciones del tempo:

- **Accelerando:** acelerar la velocidad.
- **Ritardando:** retardar la velocidad.
- **Rubato:** medida libre y desigual.

Metrónomo

Metrónomo: concreta las indicaciones del tempo midiendo la velocidad en oscilaciones o tiempos por minuto.

INTENSIDAD

Nos permite distinguir entre sonidos fuertes y suaves.
La intensidad depende de la amplitud de la onda:

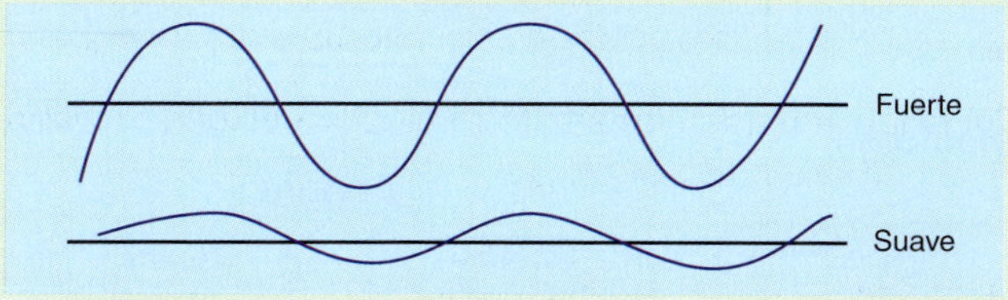

La intensidad o volumen de sonido se representa por medio de **matices:**

Letras:

- ***pp:*** pianissimo (muy suave)
- ***p:*** piano (suave)
- ***mp:*** mezzopiano (medio suave)
- ***mf:*** mezzoforte (medio fuerte)
- ***f:*** forte (fuerte)
- ***ff:*** fortissimo (muy fuerte)
- ***sf:*** sforzando (acentuando)
- ***fz:*** forzando (reforzando)

Términos italianos:

- ***Crescendo:*** aumentando poco a poco la intensidad.
- ***Decrescendo o diminuendo:*** decreciendo o disminuyendo poco a poco la intensidad.

Reguladores:
Signos que indican un cambio gradual de intensidad:

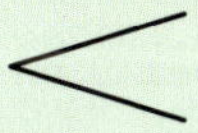 poco a poco de suave a fuerte

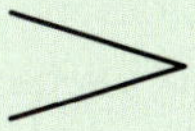 poco a poco de fuerte a suave

Pueden aparecer variadas combinaciones de reguladores:

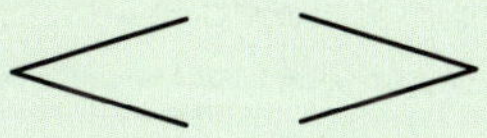
de suave a fuerte a suave

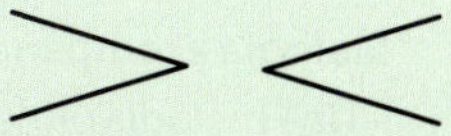
de fuerte a suave a fuerte

Las letras son indicaciones fijas de intensidad: se mantiene el mismo nivel de volumen hasta nueva indicación.

Los términos y los reguladores son indicaciones graduales o progresivas de intensidad: el nivel de volumen va creciendo de menos a más o disminuyendo de más a menos.

TIMBRE

Nos permite distinguir entre voces e instrumentos.
El timbre depende de la mezcla del sonido fundamental con sus armónicos:

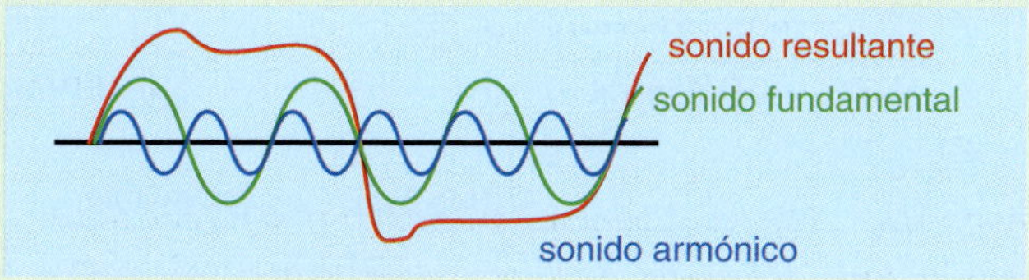

Clasificación de las voces:

MASCULINAS	registro	FEMENINAS
Tenor	agudo	Soprano
Barítono	medio	Mezzosoprano
Bajo	grave	Contralto

Clasificación de los instrumentos:

a) **Cuerda:**
   - Frotada: violín, viola, violonchelo, contrabajo.
   - Punteada: arpa, guitarra, laúd.
   - Percutida: piano.

b) **Viento:**
   - Madera: flauta, clarinete, oboe, corno inglés, fagot.
   - Metal: trompeta, trompa, trombón, tuba.

c) **Percusión:**
   - Afinación determinada: timbales, xilófono, celesta, campanas tubulares, etc.
   - Afinación indeterminada: platillos, caja, bombo, claves, triángulo, pandereta, maracas, etc.

Distribución de la orquesta y coro:

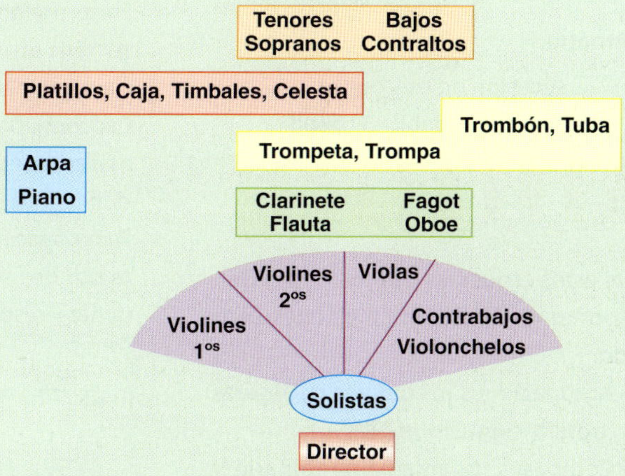

Criterios de distribución de la orquesta:

- Agrupar los instrumentos por familias.
- Separar y contrastar los agudos (a la izquierda) de los graves (a la derecha).
- Alejar del público los instrumentos de mayor intensidad.
- Situar al solista cerca del director.

La organización del sonido

ESTILO: Elementos esenciales del lenguaje musical (RITMO, MELODÍA, TEXTURA)

RITMO

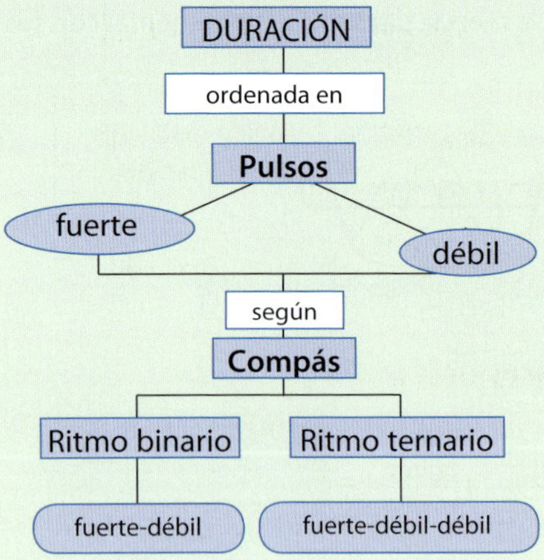

Ritmo es la ordenación de los sonidos y silencios en el tiempo en base a la distribución de pulsos fuertes y débiles marcados por los compases.

Dos tipos básicos de ritmo:

a) **Binario:**

sucesión de dos pulsos
1º fuerte - 2º débil

1 - 2, 1 - 2, 1 - 2, 1 - 2, ...
\+ – + – + – + –

Los compases cuaternarios (cuatro tiempos) responden a un ritmo binario doble:

1 - 2 - 3 - 4, 1 - 2 - 3 - 4, ...
\+ – + – + – + –

b) **Ternario:**

sucesión de tres pulsos
1º fuerte - 2º débil - 3º débil

1 - 2 - 3, 1 - 2 - 3, 1 - 2 - 3,...
\+ – – + – – + – –

Sobre estos esquemas básicos, se pueden componer variadas combinaciones utilizando:

- Agrupaciones irregulares de figuras (tresillo, cinquillo, etc.)
- Compases de amalgama (binario y ternario seguidos)
- Compases compuestos de subdivisión ternaria.
- Polirritmias mezclando a la vez un ritmo binario y uno ternario.
- Signos de acentuación (<) para cambiar el orden de los pulsos.

LA MELODÍA

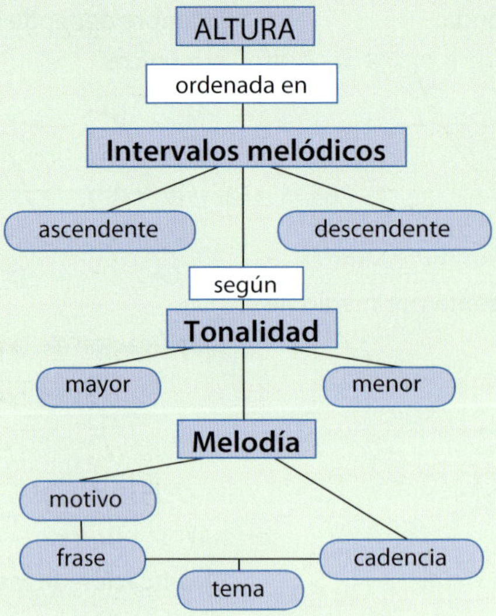

Melodía es la sucesión lineal de distintas alturas de sonido que expresan una idea musical.

En una melodía distinguimos:

a) El **sistema** sobre el que se construye:
- Tonalidad: escala mayor o menor sobre la que se ha compuesto.
- Ámbito: registro de alturas de sonido que abarca, desde la nota más grave a la más aguda.

b) La **estructura** de la melodía, compuesta por:
- Motivo: célula básica con significado musical, equivalente a la palabra.
- Frase: melodía con sentido propio que termina en una cadencia, equivale a la frase gramatical.
- Cadencia: punto de reposo equivalente a las pausas que sirve para diferenciar las distintas ideas y marcar el final de frase.
- Tema: frase melódica pricipal compuesta por dos semifrases a modo de pregunta y respuesta.

c) Los diferentes diseños melódicos:
- Horizontal
- Ascendente
- Descendente
- Ondulado
- Quebrado

LA TEXTURA

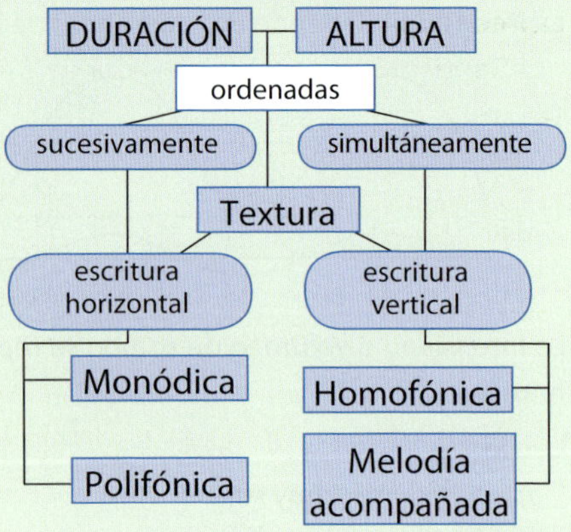

Textura es la disposición o la manera de entretejer los elementos musicales de una composición.

Se refleja en el aspecto visual de la partitura. Distinguimos:

a) **Textura de escritura horizontal:** (basada en la melodía)

• **Monódica:**
- Una sola línea melódica.
- Textura más sencilla y primitiva.
- Utilizada de forma exclusiva hasta fines del s. IX.

• Polifónica o **Contrapuntística:**
- Varias líneas melódicas a la vez.
- Las voces son independientes y suelen utilizar pasajes de imitación.
- Se introduce a finales del s. IX y llega a su esplendor en el Renacimiento.

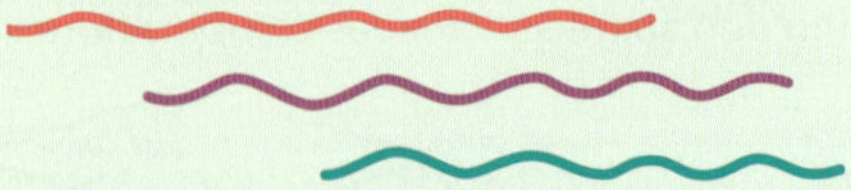

b) **Textura de escritura vertical:** (basada en la armonía)

• **Melodía acompañada:**
- Una melodía principal acompañada por acordes.
- Se introduce en el Barroco. Desde entonces será la textura más utilizada.

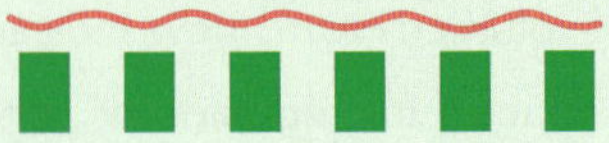

• **Homofónica** u Homorrítmica:
Las voces se mueven a la vez formando bloques de acordes.

FORMA: estructura o esquema temporal

Principios constructivos: repetición y contraste (no repetición).

a) **Repetición:**

- **Repetición:** repetición exacta de una frase o una sección musical.

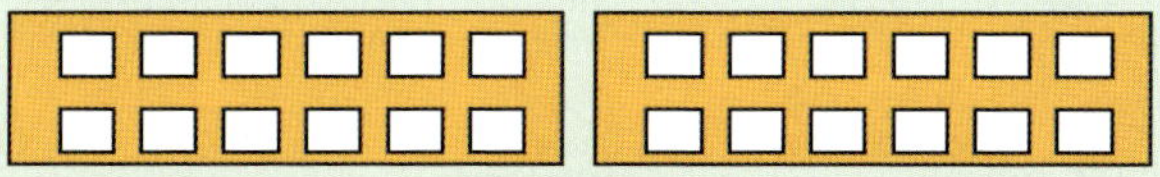

- **Secuencia:** repetición de una frase o una sección musical cambiando la tesitura o la tonalidad.

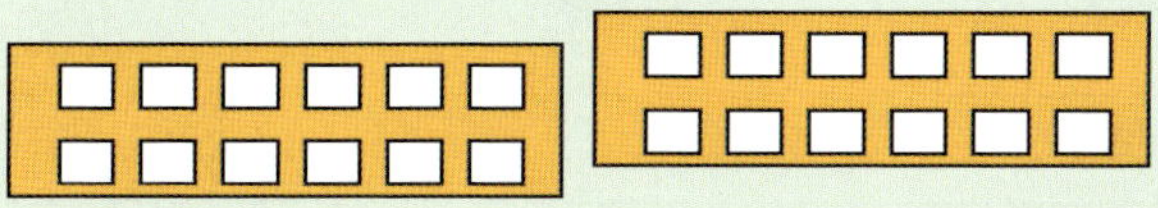

- **Variación:** repetición modificando algún elemento o su organización.

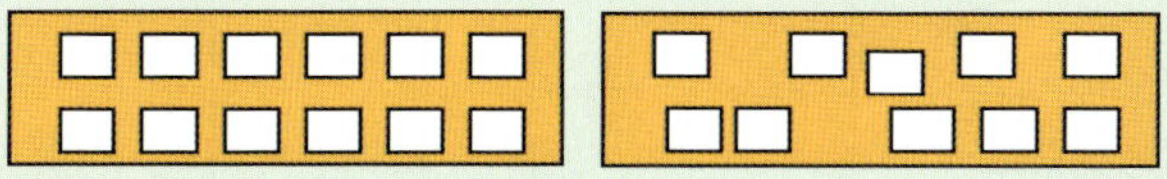

- **Desarrollo:** reelaboración de una frase o sección introduciendo otros elementos.

b) **Contraste:** continuación con una frase o una sección musical distinta de la anterior.

Tipos de formas musicales:

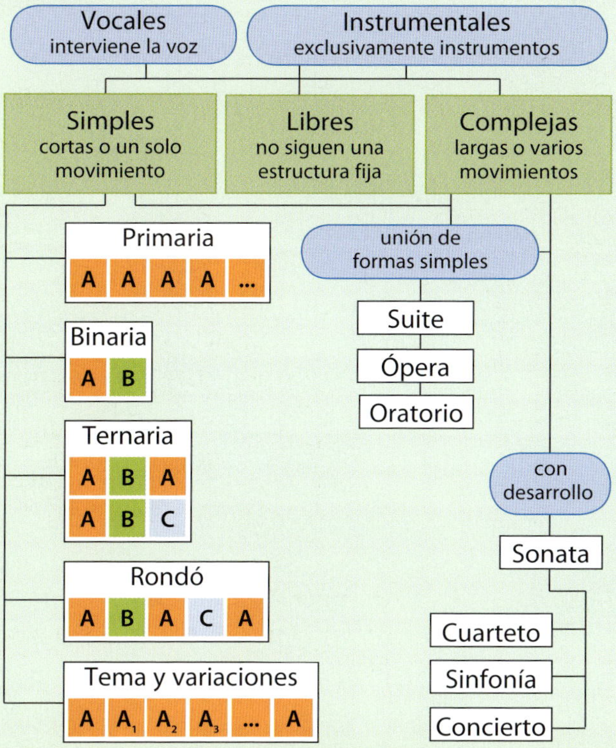

GÉNERO: función/aplicación/contenido

Varios grupos de clasificación según:

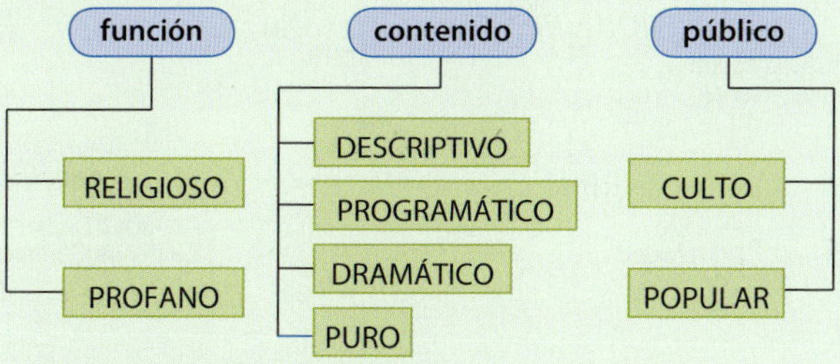

a) **Según la función de la música:**

Música **religiosa** o sacra:

– Litúrgica: destinada a los actos del culto.

– No litúrgica: temas religiosos no destinados al culto.

Música **profana:** cualquier tema no religioso.

b) **Según el contenido y la manera de exponerlo:**

Música **descriptiva:**

Describe un fenómeno (por ejemplo, una tormenta) o un acontecimiento (por ejemplo, una batalla).

Música **programática:**

Describe un programa o argumento, normalmente de carácter literario, en el que se basa (poema sinfónico, ballet).

Música **dramática:**

Une la palabra y la música como refuerzo expresivo de ese texto. Es por tanto, toda la música cantada.

- Representada: el cantante actúa representando un personaje (ópera, zarzuela).
- No representada: sin escenificación (canción).

Música **pura** o abstracta:

No hace referencia a nada fuera de la propia música, se basa simplemente en el lenguaje musical y su lógica.

c) **Según a quién va dirigida:**

Música **culta:**

Es lo que entendemos como «música clásica», realizada por los grandes compositores bajo unos presupuestos intelectuales y académicos determinados.

Música **popular:**

- Tradicional: música de un pueblo que refleja su forma de ser y con la que se siente identificado. El propio pueblo es el creador y receptor de su música.
- Ligera: música realizada bajo intenciones comerciales.
  Su valor estético está unido a la moda y al consumo.
  Va dirigida a un público masivo.

* Esta clasificación de géneros musicales no es excluyente, de manera que una obra musical pertenecerá a varios géneros a la vez.

Cuadro cronológico

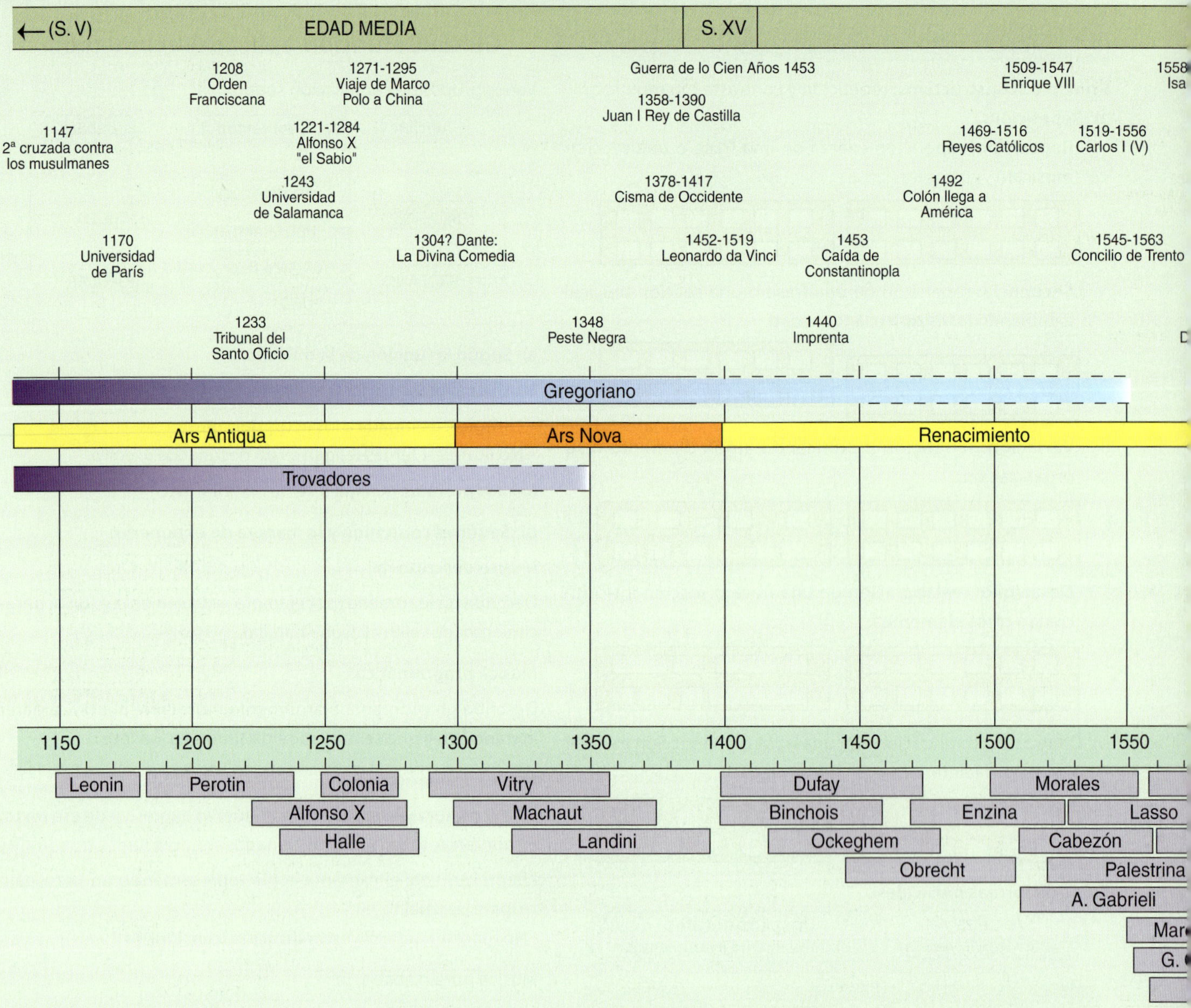

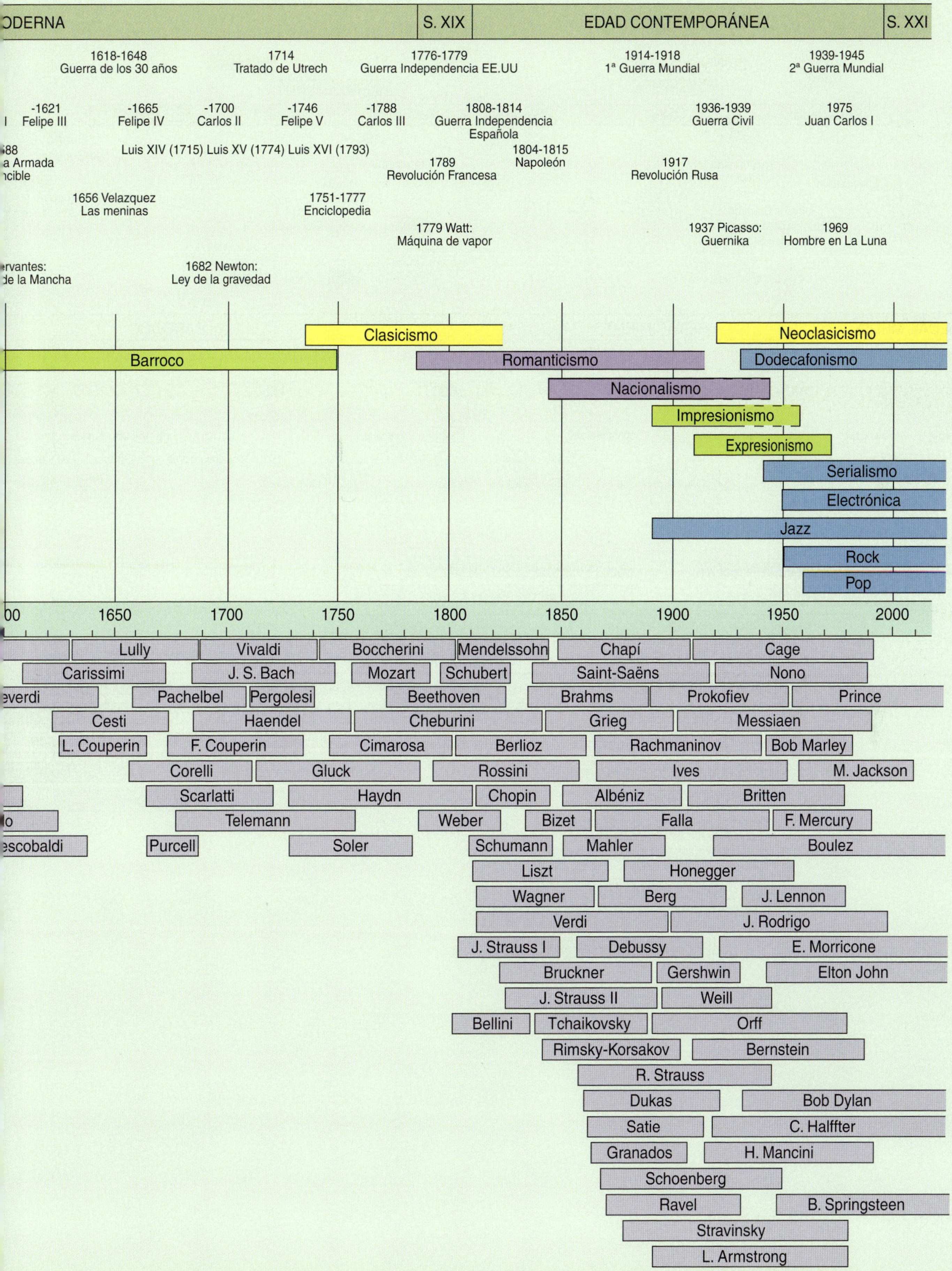
ODERNA
S. XIX
EDAD CONTEMPORÁNEA
S. XXI
1618-1648
Guerra de los 30 años
1714
Tratado de Utrech
1776-1779
Guerra Independencia EE.UU
1914-1918
1ª Guerra Mundial
1939-1945
2ª Guerra Mundial
-1621
Felipe III
-1665
Felipe IV
-1700
Carlos II
-1746
Felipe V
-1788
Carlos III
1808-1814
Guerra Independencia
Española
1936-1939
Guerra Civil
1975
Juan Carlos I
88
a Armada
ncible
Luis XIV (1715) Luis XV (1774) Luis XVI (1793)
1804-1815
Napoleón
1789
Revolución Francesa
1917
Revolución Rusa
1656 Velazquez
Las meninas
1751-1777
Enciclopedia
1779 Watt:
Máquina de vapor
1937 Picasso:
Guernika
1969
Hombre en La Luna
rvantes:
de la Mancha
1682 Newton:
Ley de la gravedad
Clasicismo
Neoclasicismo
Barroco
Romanticismo
Dodecafonismo
Nacionalismo
Impresionismo
Expresionismo
Serialismo
Electrónica
Jazz
Rock
Pop
00
1650
1700
1750
1800
1850
1900
1950
2000
Lully
Vivaldi
Boccherini
Mendelssohn
Chapí
Cage
Carissimi
J. S. Bach
Mozart
Schubert
Saint-Saëns
Nono
everdi
Pachelbel
Pergolesi
Beethoven
Brahms
Prokofiev
Prince
Cesti
Haendel
Cheburini
Grieg
Messiaen
L. Couperin
F. Couperin
Cimarosa
Berlioz
Rachmaninov
Bob Marley
Corelli
Gluck
Rossini
Ives
M. Jackson
Scarlatti
Haydn
Chopin
Albéniz
Britten
o
Telemann
Weber
Bizet
Falla
F. Mercury
escobaldi
Purcell
Soler
Schumann
Mahler
Boulez
Liszt
Honegger
Wagner
Berg
J. Lennon
Verdi
J. Rodrigo
J. Strauss I
Debussy
E. Morricone
Bruckner
Gershwin
Elton John
J. Strauss II
Weill
Bellini
Tchaikovsky
Orff
Rimsky-Korsakov
Bernstein
R. Strauss
Dukas
Bob Dylan
Satie
C. Halffter
Granados
H. Mancini
Schoenberg
Ravel
B. Springsteen
Stravinsky
L. Armstrong

Cuadro cronológico para España

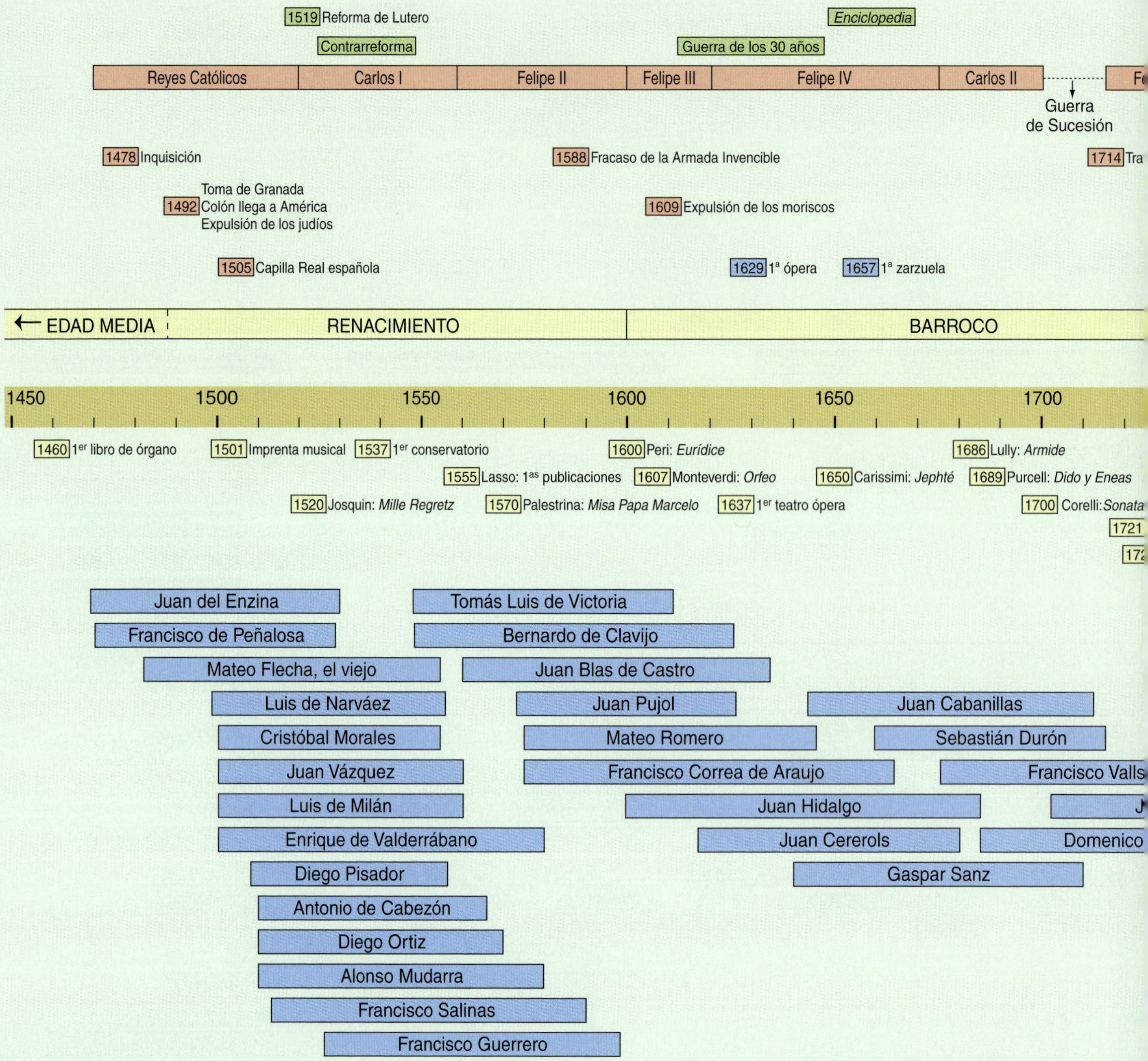

1789 Revolución Francesa
Napoleón
1848 Manifiesto comunista
1ª Guerra Mundial 1914-18
2ª Guerra Mundial 1939-45
1949 OTAN
1948 Plan Marshall

Fernando VI | Carlos III | Carlos IV | Fernando VII | Isabel II | Alfonso XII | Alfonso XIII | Dictadura de Franco | Juan Carlos I

Guerra de Independencia
Regencia de Mª Cristina
PRIMERA REPÚBLICA
SEGUNDA REPÚBLICA

cht
1812 Constitución de Cádiz
1898 Pérdida de Cuba y Filipinas
1936-39 Guerra Civil
1978 Constitución

1830 Conservatorio de Madrid
1838 Conservatorio de Barcelona
1847 Teatro Liceo
1859 Teatro Real
1904 Sinfónica de Madrid
1910 Sinfónica de Barcelona
1915 Sociedad de Música Española

ELECTRÓNICA
CLASICISMO | ROMANTICISMO | NACIONALISMO | NEOCLASICISMO | ALEATORIA
ROCOCÓ | IMPRESIONISMO | SERIALISMO

1750 | 1800 | 1850 | 1900 | 1950 | 2000

741 Haendel: *Mesías*
1762 Gluck: *Orfeo*
1787 Mozart: *Don Giovanni*
ciertos de Brandemburgo
uatro estaciones
1801 Haydn: *Las estaciones*
1824 Beethoven: *9ª sinfonía*
1830 Berlioz: *Sinfonía Fantástica*
1851 Verdi: *Rigoletto*
1865 Wagner: *Tristán e Isolda*
1875 Bizet: *Carmen*
1889 Mahler: *1ª sinfonía*
1894 Debussy: *Preludio a la siesta de un fauno*
1912 Schoenberg: *Pierrot Lunaire*
1925 Berg: *Wozzeck*
1913 Stravinsky: *La consagración de la primavera*
1952 Cage: *4,33*
1965 Penderecki: *Pasión San Lucas*
1969 Messiaen: *Transfiguración*
1960 Stockhausen: *Kontakte*
1980 Boulez: *Répons*

Manuel de Falla
Francisco Tárrega
Xavier Montsalvatge
Pablo Sarasate
Juan Hidalgo
Antonio Soler
Arriaga
Jesús de Monasterio
Ernesto Halffter
Luigi Boccherini
Sebastián de Iradier
Amadeo Vives
Josep Soler
Vicent Martí i Soler
Joaquín Gaztambide
Joaquín Malats
Carmelo Bernaola
ebra
Fernando Sor
Felipe Pedrell
Luis de Pablo
Mariano Rodríguez Ledesma
Isaac Albéniz
Ramón Barce
nio Rodríguez de Hita
Santiago de Marsanau
Joaquín Turina
Llorenç Barber
Dionisio Aguado
Enrique Granados
Josep Mª Mestres Quadreny
Francisco Asenjo Barbieri
Roberto Gerhard
Emilio Arrieta
Joaquín Rodrigo
Federico Chueca
Cristóbal Halfter
Tomás Bretón
Claudio Prieto
Ruperto Chapí
Agustín González-Azilu
Jerónimo Giménez
Antón García Abril
Conrado del Campo
María Escribano
Pablo Luna
Tomás Marco
Jesús Guridi
Federico Moreno Torroba
Federico Mompou
Pablo Sorozábal
Joaquín Homs

Índice de audiciones

DISCO 1

1. *Epitafio de Seikilos* 0'38
2. **Ráfaga Gregoriano** 1'51
   - *Videns dominus flentes*
   - *Puer natus est nobis*
   - *Kyrie fons bonitatis*
3. **Perotin.** *Sederunt principes* 0'54
4. **Raimbaut de Vaqueiras.** *Kalenda maya* 0'58
5. **Alfonso X el Sabio.** *Cantiga nº 47. Virgen Santa María* 1'42
6. **Carl Orff.** *Carmina Burana* **(O fortuna)** 2'22
7. **Tomás Luis de Victoria.** *Ave María* 1'55
8. **Clément Janequin.** *Los gritos de París* 2'05
9. **Juan del Enzina.** *Más vale trocar* 1'32
10. **Antonio de Cabezón.** *Diferencias Cavallero* 3'02
11. **Josquin des Prez.** *Mille Regretz* 1'49
12. **Luis de Narváez.** *La canción del Emperador* 2'34
13. **John Dowland.** *Flow, my tears* 4'32
14. **Monteverdi.** *Orfeo* **(Tu se' morta)** 2'05
15. **Purcell.** *Dido y Eneas* **(When I am laid in earth)** 4'06
16. **Bach.** *Pasión según San Mateo* **(Ich will hier bei dir stehen)** 0'54
17. **Bach.** *Concierto de Brandemburgo nº 2* **(1º mov. Allegro)** 2'15
18. **Haendel.** *Música para los reales fuegos artificiales* **(Bourrée)** 1'36
19. **José de Nebra.** *Viento es la dicha de amor* **(Seguidillas)** 2'40
20. **Vivaldi.** *Las cuatro estaciones* 8'10
    - *Primavera* **(1º mov. Allegro)**
    - *Verano* **(2º mov. Adagio)**
    - *Otoño* **(3º mov. Allegro)**
    - *Invierno* **(1º mov. Allegro non molto)**
21. **Pachelbel.** *Canon en Re mayor* 2'08
22. **Gluck.** *Orfeo y Eurídice* **(Che farò senza Euridice?)** 3'31
23. **Mozart.** *La flauta mágica* **(Der Vogelfänger bin ich ja)** 2'31
24. **Mozart.** *Pequeña serenata nocturna* **(1º mov. Allegro)** 4'04
25. **Boccherini.** *Quinteto de cuerda op.13, nº 5* **(Minueto)** 3'41
26. **Fernando Sor.** *O cara armonia* **(Tema)** 1'14
27. **Mozart.** *La flauta mágica* **(Das klinget so herrlich)** 0'47
28. **Beethoven.** *Sinfonía nº 9* **(4º mov. O Freunde nicht diese Töne)** 7'41
29. **Mozart.** *La flauta mágica* **(Der Hölle Rache)** 3'02

DISCO 2

1. **Berlioz.** *Sinfonía Fantástica* **(Sueños-Pasiones)** 2'40
2. **Schubert.** *Heidenröslein* 1'49
3. **Chopin.** *Preludio nº 4 en Mi menor* 1'38
4. **Bellini.** *Norma* **(Casta Diva)** 2'58
5. **Bizet.** *Carmen* **(L'amour est un oisseau rebelle)** 2'05
6. **Wagner.** *La Walkiria* **(Cabalgata de las Walkirias)** 2'37
7. **Smetana.** *Mi Patria* **(El Moldava)** 1'41
8. **Gershwin.** *Rapsodia in blue* **(comienzo)** 0'50
9. **Mussorgsky.** *Cuadros de una exposición* 3'09
   - *Paseo*
   - *Gnomos*
   - *El viejo castillo*
10. **Johan Strauss II.** *El Danubio azul* 3'34
11. **Sarasate.** *Danzas españolas* **(Zapateado)** 1'01
12. **Chueca.** *La Gran Vía* **(Tango de la Menegilda)** 3'52
13. **Albéniz.** *Suite Iberia* **(El Corpus en Sevilla)** 1'30
14. **Dukas.** *El aprendiz de brujo* 10'37
15. **Tchaikovsky.** *El lago de los cisnes* 4'24
    - **Escena 1ª**
    - **Escena 2ª**
    - **Escena 3ª**
    - **Escena 4ª**
    - **Escena 5ª**
    - **Escena 6ª**
16. **Verdi.** *Nabucco* **(Va pensiero)** 4'06
17. **Debussy.** *Preludio a la siesta de un fauno* 1'27
18. **Schoenberg.** *Pierrot Lunaire* **(nº 8 Nacht)** 2'13
19. **Stravinsky.** *La consagración de la primavera* 2'45
    - *Introducción*
    - *Danza de las adolescentes*
20. **Honegger.** *Pacific 231* 3'20
21. **Varèse.** *Ionización* 1'15
22. **Satie.** *Gymnopédie nº 1* 3'27
23. **Ráfaga Vanguardias** 4'18
    - **Pierre Henry.** *Variaciones para una puerta y un suspiro*
    - **Stockhausen.** *El canto de los adolescentes*
    - **Luciano Berio.** *Differences*
    - **John Cage.** *Sonata V*
24. **Falla.** *El amor brujo* **(Danza ritual del fuego)** 1'52
25. **Falla.** *Concierto para clave y quinteto* **(1º mov. Allegro)** 2'12
26. **Joaquín Rodrigo.** *Concierto de Aranjuez* **(2º mov. Adagio)** 2'41
27. **Ennio Morricone.** *La Misión* **(River)** 1'58

1 Antigüedad y Edad Media

Grecia

poesía **música** danza

Roma
primeros cristianos

Edad Media

música religiosa

música profana

gregoriano

monódica

trovadores

organum
discantus
conductus
motete

polífonica

motete
canon
chanson
balada

Actividades iniciales

1. Observa el cuadro cronológico que encontrarás en las páginas siguientes e indica los datos históricos de los acontecimientos y de los personajes que reconozcas.

1 Antigüedad y Edad Media

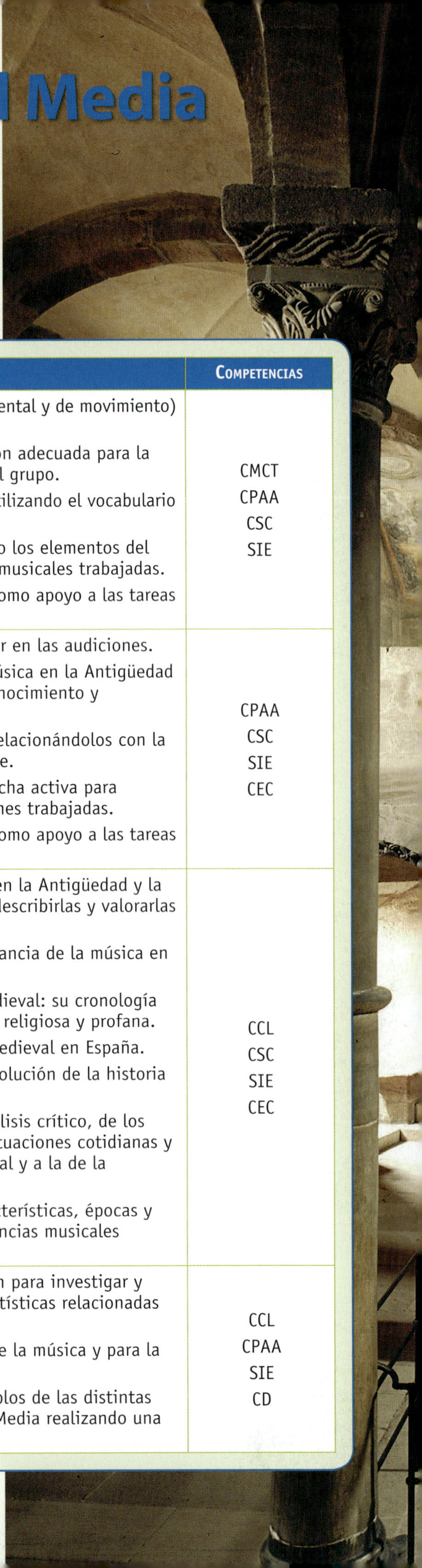

	Vamos a aprender a…	Competencias
Interpretación y creación	Desarrollar las técnicas de interpretación (vocal, instrumental y de movimiento) y expresión musical, tanto individuales como en grupo. Participar en las actividades musicales con la disposición adecuada para la superación de dificultades y para el enriquecimiento del grupo. Reconocer los elementos básicos del lenguaje musical utilizando el vocabulario técnico apropiado para describirlos. Improvisar y realizar pequeñas composiciones utilizando los elementos del lenguaje musical característicos del estilo o las formas musicales trabajadas. Leer música en el contexto de las actividades del aula como apoyo a las tareas de interpretación y creación.	CMCT CPAA CSC SIE
Escucha	Valorar el silencio como condición previa para participar en las audiciones. Escuchar obras del repertorio más significativo de la música en la Antigüedad y la Edad Media apreciando su valor como fuente de conocimiento y enriquecimiento cultural y personal. Reconocer los ejemplos musicales trabajados en clase relacionándolos con la época, el compositor o la forma musical correspondiente. Ejercitar la interiorización sonora como base de la escucha activa para identificar las principales características en las audiciones trabajadas. Leer música en el contexto de las actividades del aula como apoyo a las tareas de audición.	CPAA CSC SIE CEC
Contextos musicales y culturales	Reconocer las características y funciones de la música en la Antigüedad y la Edad Media, aplicando la terminología apropiada para describirlas y valorarlas críticamente. Conocer los orígenes de la música occidental: la importancia de la música en Grecia, su función social y sus características técnicas. Conocer las principales características de la música medieval: su cronología y las manifestaciones más importantes de música vocal religiosa y profana. Conocer las principales manifestaciones de la música medieval en España. Relacionar las cuestiones técnicas aprendidas con la evolución de la historia de la música. Elaborar juicios y criterios personales, mediante un análisis crítico, de los diferentes usos sociales de la música, aplicándolos a situaciones cotidianas y valorando la contribución de la música a la vida personal y a la de la comunidad. Mostrar interés por conocer músicas de diferentes características, épocas y culturas, y por ampliar y diversificar las propias preferencias musicales adoptando una actitud abierta y respetuosa.	CCL CSC SIE CEC
Música y tecnología	Utilizar con autonomía distintas fuentes de información para investigar y realizar trabajos sobre fuentes literarias, históricas y artísticas relacionadas con la Antigüedad y la Edad Media. Manejar los recursos tecnológicos para el aprendizaje de la música y para la realización de sencillas producciones musicales. Investigar en internet y en fuentes audiovisuales ejemplos de las distintas manifestaciones musicales de la Antigüedad y la Edad Media realizando una valoración personal.	CCL CPAA SIE CD

La historia de la música culta occidental comienza en la antigua civilización griega, que consideraba la música como un arte estrechamente relacionado con la poesía y la danza y le atribuía un gran valor pedagógico en la formación de los jóvenes.

La Edad Media, que se extiende desde la caída del Imperio Romano en el s. V hasta el s. XV, recogerá todos los saberes de la Antigüedad. Durante estos diez siglos, la música, como el resto de las artes, estará en manos de la Iglesia.

En el marco de los monasterios y catedrales se creará un amplio repertorio de música religiosa, los primeros intentos de notación musical y los avances técnicos que culminarán con la aparición de la polifonía.

La música profana se desarrollará de forma paralela a la religiosa bajo la protección de los grandes señores feudales.

CUADRO CRONOLÓGICO DE LA EDAD MEDIA

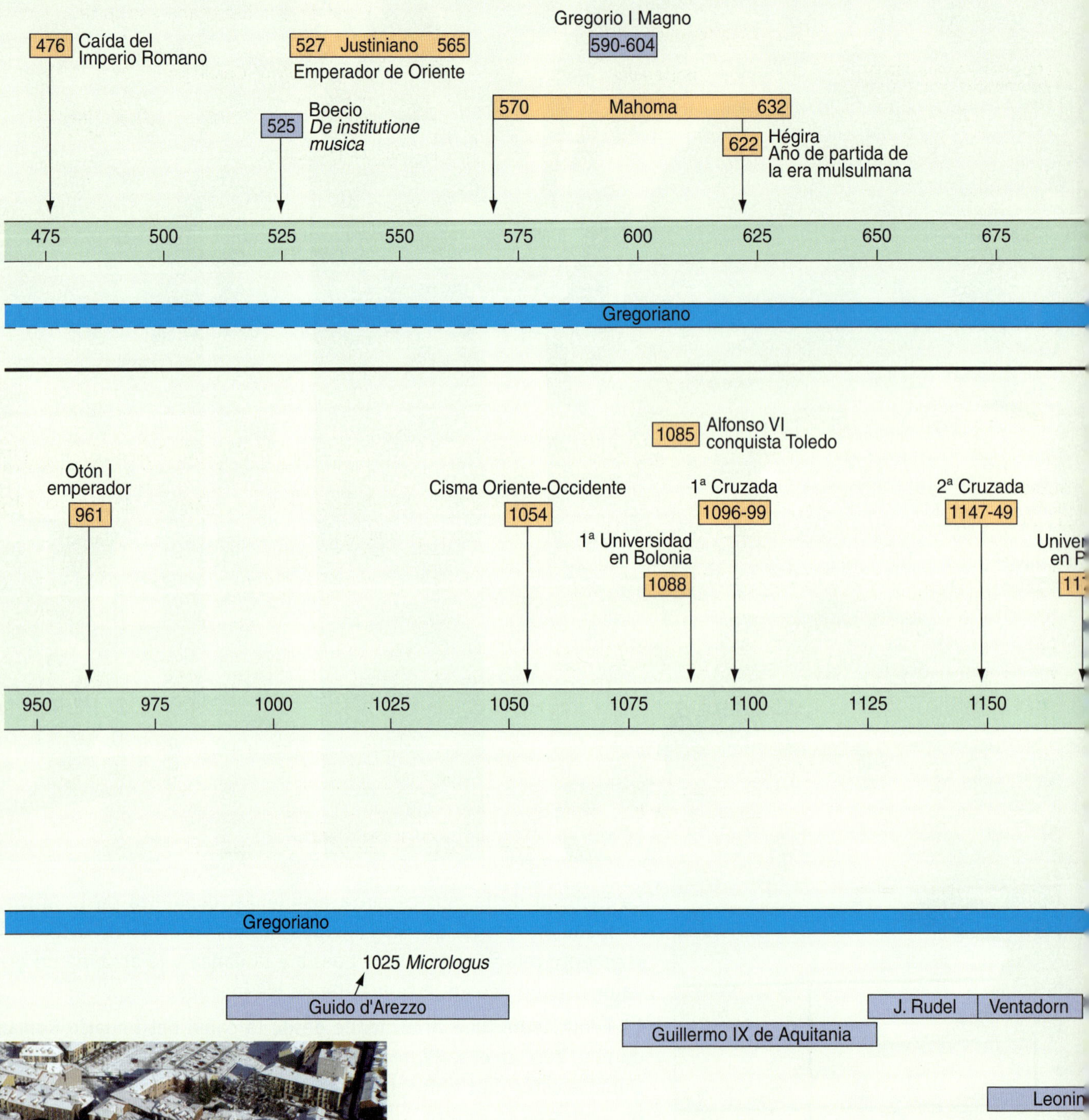

Catedral de León.

El emperador Justiniano y su corte.

711 Los musulmanes comienzan la conquista de la Península

768 Carlomagno 814

emperador 800

843 Tratado de Verdún: división del Imperio Carolingio

846 Los musulmanes saquean Roma

850 Ordini Romani

910 Abadía de Cluny

725 · 750 · 775 · 800 · 825 · 850 · 875 · 900 · 925

1204 Se crea el Imperio Latino (conquista de Constantinopla)

Viaje de Marco Polo a China 1271-1295

1339 Guerra de los Cien Años (Ing.-Fran.) 1453

ª Cruzada 1189-92

1309 Papado en Aviñón 1377

Gran Cisma 1417

1255 Escuela traductores de Toledo

1324 Juan XX: Bula *Docta Sanctorum*

1208 Universidad Palencia

1243 Universidad Salamanca

1347-50 Peste Negra

1221 Catedral Burgos 1260

1258 Catedral León 1302

1200 · 1225 · 1250 · 1275 · 1300 · 1325 · 1350 · 1375 · 1400

1330 *Libro de Buen Amor*

Tomás de Aquino

Arcipreste de Hita

Dante Alighieri

Francesco Petrarca

Giovanni Boccaccio

aqueiras

Adam de la Halle

Alfonso X el Sabio

1280 *Ars cantus mensurabilis*

Perotin

Franco de Colonia

1322 *Ars Nova*

Philippe de Vitry

Petrus de Cruce

Francesco Landini

Jacobo de Lieja

Johannes Ciconia

Guillaume de Machaut

1 Grecia

1.1. El origen divino de la música

La música era para los griegos un arte de origen divino. De esta concepción deriva no solo el propio término «música» (*musiké,* arte de las Musas) sino también la invención de los instrumentos, creados por los dioses, y la confianza en el poder de la música para influir en el hombre. A la música se le atribuían facultades mágicas, podía curar enfermedades, modificar conductas y obrar todo tipo de prodigios.

↑ El dios Apolo con su lira.

Música y dioses

En la mitología griega, las leyendas sobre la música y los dioses que se asocian a ella, constituyen uno de los temas más abundantes y atractivos:

Al dios Hermes se le atribuye la invención de la lira. Según cuenta la leyenda, al poco de nacer se deshizo de sus pañales y con el caparazón de una tortuga construyó la lira. Su hermano Apolo, envidioso de los sonidos de la lira, se la cambió por un rebaño de vacas.

El dios Pan, representado como un híbrido entre hombre y macho cabrío, construyó una flauta con el cuerpo de su amada ninfa Siringe convertido en caña. El instrumento se conoce con el nombre de siringa o flauta de pan.

Una de las leyendas más trágicas es la de Marsias, que recogió la flauta que Atenea había despreciado porque al tocarla se le desfiguraba el rostro. Marsias provocó a Apolo presumiendo de tocar mejor que él. Apolo se vengó del fauno derrotándolo y colgándolo de un pino para despellejarlo vivo.

1.2. Características de la música en Grecia

■ El concepto de música engloba música, poesía y danza

El término música no solo designaba el arte de los sonidos sino que se concebía unido a la poesía y a la danza. Esta unión de sonido, palabra y gesto era sin duda la mejor forma de garantizar un difusión generalizada en un arte de transmisión oral.

■ Utiliza una textura monódica con acompañamiento heterofónico

La música en la Antigua Grecia era de textura monódica (con una sola línea melódica). Los instrumentos que acompañaban las voces no lo hacían como lo entendemos ahora formando una base armónica, sino que se limitaban a imitar partes de la melodía vocal introduciendo pequeños adornos. Este tipo de acompañamiento se conoce con el nombre de **heterofonía.**

■ Sistema musical basado en escalas modales

El origen del sistema musical griego está basado en las cuatro cuerdas de la lira, cuyos cuatro sonidos dan lugar al «tetracordo», célula básica sobre la que se construyen las escalas superponiendo dos tetracordos para abarcar una octava completa.

Son escalas modales (con los sonidos naturales) que se organizan en sentido descendente y reciben un nombre distinto en función de la nota inicial. La distinta distribución de los tonos y semitonos en estas escalas provocaba un «**ethos**» o sentimiento diferente.

Acompañamiento popular

El acompañamiento heterofónico sigue siendo una práctica muy frecuente en la música tradicional. Los instrumentos comparten la misma melodía que realiza la voz repitiéndola, doblándola, añadiendo ligeras variaciones y marcando pequeñas introducciones o finales.

Modo **Dórico**
(Mi´ - Mi)

modo adecuado para la expresión de lo sublime

Modo **Frigio**
(Re´ - Re)

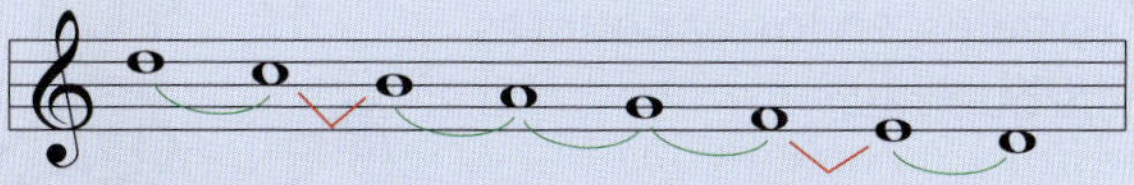

modo de carácter apacible, propio para los afectos

Modo **Lidio**
(Do´ - Do)

modo propio de la queja, el llanto y el dolor

Modo **Mixolidio**
(Si´ - Si)

modo adecuado para la expresión pasional

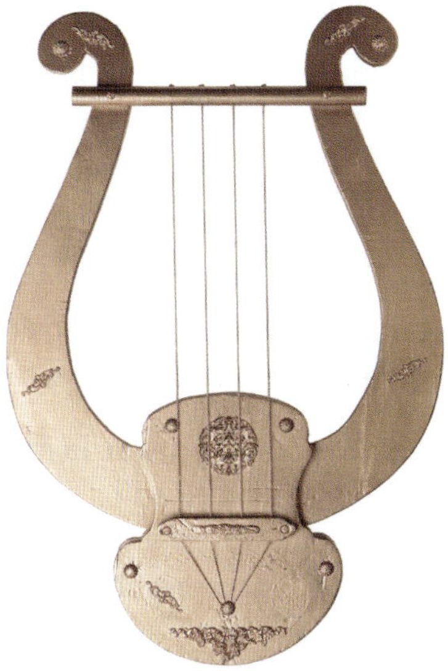

↑El canto acompañado de la lira dará lugar al género de la «lírica», término que se utiliza en la actualidad para designar la poesía que expresa sentimientos intensos y personales.

Notación alfabética para la altura del sonido y pies métricos para el ritmo

Por las escasas muestras musicales que nos han llegado, sabemos que utilizaban una notación alfabética (mediante letras) para reflejar las distintas alturas del sonido. El ritmo musical estaba unido a los versos de la poesía, ajustándose a la medida de los diferentes «pies métricos». Por tanto, no utilizaban figuras rítmicas, sino combinaciones de sonidos largos y cortos derivados de la medida silábica de los versos.

Tipo de verso	Medida	Ritmo musical
Troqueo: — ◡	(largo-corto)	♩ ♪
Yambo: ◡ —	(corto-largo)	♪ ♩
Dáctilo: — ◡ ◡	(largo-corto-corto)	♩ ♪ ♪
Anapesto: ◡ ◡ —	(corto-corto-largo)	♪ ♪ ♩
Espondeo: — —	(largo-largo)	♩ ♩
Tribraco: ◡ ◡ ◡	(corto-corto-corto)	♪ ♪ ♪

Los instrumentos más importantes eran la lira y el aulós

Los instrumentos más utilizados en la Antigua Grecia fueron la **lira** (de cuerda pulsada) y el **aulós** (de viento con lengüeta doble). La lira estaba asociada al culto a Apolo, el dios más poderoso de todos, guerrero, atleta, músico, protector de los jóvenes, dios de las profecías y de la verdad. El aulós estaba asociado al culto a Dioniso, dios del vino y la diversión.

También utilizaron instrumentos de pequeña percusión como los **crótalos** (pequeños platillos) y de viento metal como el **salpinx** (trompeta de metal) empleado como instrumento de señales.

↑Instrumentos musicales de la Antigua Grecia.

1.3. La música en la educación

↑ Las famosas Olimpiadas griegas también incluían competiciones de música y danza.

Gracias a las narraciones mitológicas, las pinturas, cerámicas y otros documentos literarios, sabemos que la música cumplía un papel fundamental en la vida de la Antigua Grecia. Era un elemento presente en todo tipo de acontecimientos religiosos y sociales, en los banquetes, en las celebraciones solemnes, incluso en las guerras.

Sin embargo, el rasgo más destacable de la música en la sociedad griega era la importancia que tenía en la educación de los jóvenes.

Convencidos del poder de la música para influir en el comportamiento del hombre, los filósofos y políticos griegos se encargaron de vigilar y legislar cuidadosamente las «armonías» o escalas que, por sus efectos, eran consideradas beneficiosas o perjudiciales.

El filósofo **Platón** (428-347 a. C.) en su obra *Las leyes,* examina la influencia de la música en la formación y el comportamiento de los ciudadanos. Califica la escala Mixolidia como «plañidera» y opina que debe eliminarse, ya que ni siquiera es útil para las mujeres. La escala Lidia es «lánguida» y por eso no es propia para los guerreros, a quienes aconseja las escalas Dórica y Frigia.

↑ Platón y Aristóteles (detalle de *La escuela de Atenas,* de Rafael).

Aristóteles (384-322 a. C.), discípulo de Platón y uno de los filósofos más influyentes de todos los tiempos, también estudia en su obra *La política* la influencia de la música en el carácter. Aristóteles considera que la escala Mixolidia infunde tristeza y la Frigia entusiasmo, mientras que la escala Dórica es la única que inspira compostura y moderación.

La teoría musical griega, organizada y sistematizada fundamentalmente por Pitágoras ejercerá una poderosa influencia durante toda la Edad Media. Los filósofos cristianos recogerán no solo los aspectos relacionados con el «ethos» de la música, sus efectos y su empleo adecuado en la sociedad, sino también todas las teorías sobre elementos musicales y composición.

ACTIVIDADES

1. Escucha el ***Epitafio de Seikilos,*** uno de los pocos fragmentos que conservamos de la música en la antigua Grecia. Apareció grabado en una columna funeraria en Seikilos de Tralles, pero, lejos de ser un lamento fúnebre, es una canción que invita a gozar de la vida breve.

Mientras te parezca que vivas, sé alegre, que nada te perturbe.
La vida es demasiado corta y el tiempo se cobra su derecho.

a. ¿En qué escala o modo está escrita?, ¿cuál es el ámbito melódico?

b. ¿Qué instrumentos musicales distingues?, ¿qué tipo de acompañamiento realizan?

2 Edad Media

2.1. Música vocal religiosa: el Canto Gregoriano

La música religiosa de la Edad Media comienza a gestarse tiempo atrás, cuando el emperador Constantino concede la libertad de culto religioso a los cristianos en el año 313. Desde entonces, el cristianismo irá extendiéndose y organizando su liturgia en la que el canto será un elemento fundamental.

El principal impulsor de esta labor de unificación y difusión de la liturgia fue el Papa **Gregorio Magno** (590-604). Considerado por la tradición como el creador del canto cristiano (de ahí el nombre de «Gregoriano»), en realidad, no inventó el canto, pero sí potenció su organización como modo de fortalecer el sentimiento de unidad cristiana.

■ Características del Canto Gregoriano

Es una música destinada al servicio de la liturgia (celebración de la Misa y las horas del Oficio), que utiliza el latín como idioma. Su función es destacar la palabra de Dios reforzando la oración con el canto.

Es de textura monódica, canto de una solo línea melódica sin acompañamiento instrumental.

Utiliza una notación especial mediante *neumas,* signos que reflejan de forma aproximada la altura y duración del sonido.

El ritmo musical es libre, determinado por la expresión y acentuación del texto al que sirve.

Según la relación entre melodía y texto, diferenciamos tres estilos de canto:

- Silábico: una nota por sílaba.
- Neumático o adornado: dos o tres notas por sílaba.
- Melismático o florido: más de tres notas por sílaba.

Utiliza un sistema de ocho escalas modales derivadas de los modos griegos, con una diferente distribución de tonos y semitonos y, por tanto, con una sonoridad y un carácter diferente que estará ligado a distintos usos.

Los ocho modos gregorianos surgen de cuatro modos principales definidos por una nota final. Cada uno de estos cuatro modos se subdivide a su vez en dos versiones: un modo **auténtico** (de registro más agudo) y un modo **plagal** (de registro más grave) en función de la nota de recitado.

Modo	Final	Recitado	Denominación completa
PROTUS	RE	LA	Modo I. Protus auténtico
		FA	Modo II. Protus plagal
DEUTERUS	MI	DO	Modo III. Deuterus auténtico
		LA	Modo IV. Deuterus plagal
TRITUS	FA	DO	Modo V. Tritus auténtico
		LA	Modo VI. Tritus plagal
TETRARDUS	SOL	RE	Modo VII. Tetrardus auténtico
		DO	Modo VIII. Tetrardus plagal

Notación neumática

Los *neumas* son unos signos cuyas grafías derivan del movimiento de la mano al dirigir el canto.

Se empezaron a utilizar en el siglo VIII, colocados por encima o por debajo del texto para indicar de forma aproximada el movimiento melódico y ayudar a los monjes a recordar los cantos.

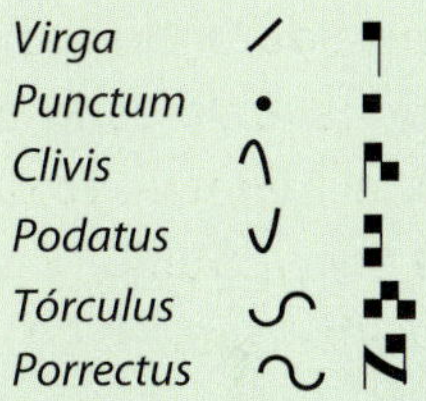

La notación neumática irá evolucionando para lograr la representación exacta de alturas de sonido mediante la introducción de líneas de referencia y claves, hasta llegar a la notación cuadrada, ya casi moderna.

El carácter de los modos

El monje Adan de Fulda escribió los siguientes versos sobre el carácter de los ocho modos:

En toda situación sirve el Primero,
es apto para tristes el Segundo,
airado es el Tercero
y blando el Cuarto,
da el Quinto a los alegres,
el Sexto a los piadosos,
el Séptimo es de jóvenes
y el Último de sabios.

ACTIVIDADES

1. Escucha los tres ejemplos de canto gregoriano siguiendo la audición con ayuda de las partituras.

Videns dominus flentes

Viendo el Señor llorar a las hermanas de Lázaro, de cara a la tumba, llorando y mirando a los Judíos, exclamó:

¡Lázaro, ven fuera!
Y salió atado de manos y pies el que había estado cuatro días muerto.

Puer natus est nobis

Un niño nos ha nacido y un hijo se nos ha dado. Su Imperio lo lleva sobre los hombros y será llamado por su nombre: Ángel del Gran Consejo.

(Salmo): Cantad al Señor un cántico nuevo porque ha hecho maravillas.

Kyrie fons bonitatis

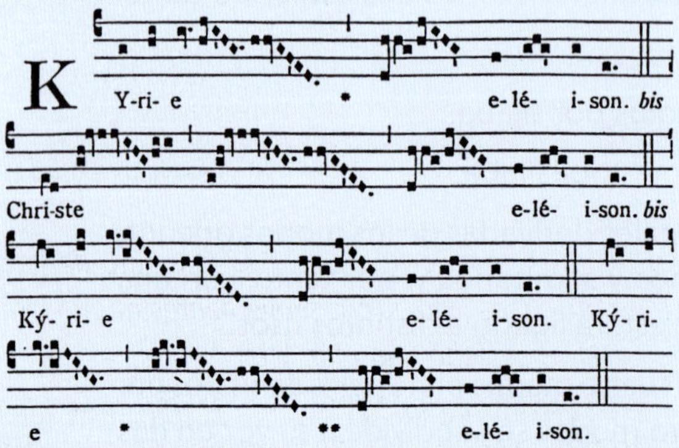

Señor, ten piedad.
Cristo, ten piedad.
Señor ten piedad.

Tropo:
Señor, fuente de bondad, de quien los buenos actos proceden, ten piedad.

versión del mismo Kyrie con tropo:

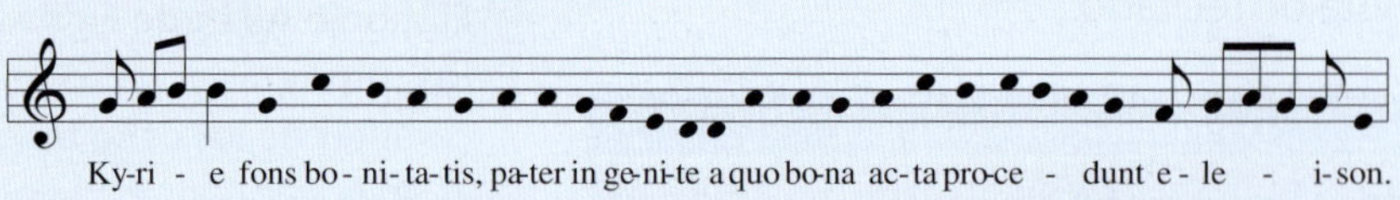

a. Analiza la relación música-texto e indica a qué estilo de canto pertenece cada pieza.

b. Compara la notación neumática de las dos primeras partituras con la notación cuadrada ya casi moderna señalando las correspondencias.

c. Fíjate en la última pieza. Aparece primero el Kyrie original y después otra versión con tropo, es decir, con texto añadido al melisma. ¿Cuál resulta más fácil de cantar?

El invento de los «tropos»

Los tropos eran textos nuevos que se añadían a pasajes melismáticos para convertir el canto en silábico y facilitar su aprendizaje. Así, a cada nota del melisma le corresponde una sílaba del texto inventado.

2.2. Música vocal profana: Trovadores y Juglares

La música vocal profana se desarrolla de forma paralela a la religiosa y está representada por los trovadores.

El movimiento trovadoresco surge en el sur de Francia en el siglo XI y se extenderá rápidamente por toda Europa.

Los **trovadores** eran poetas-músicos, generalmente de origen noble. Dependiendo de la zona y la lengua en la que cantaban, recibieron distintos nombres: trovadores (sur de Francia), troveros (norte de Francia), minnesänger (Alemania).

Junto a los trovadores había también músicos ambulantes, denominados **juglares,** que recorrían los castillos y los pueblos entreteniendo al público con canciones, representaciones y juegos de acrobacia. Los juglares interpretaban las canciones de los trovadores o del señor al que servían y podían llegar a adquirir un alto reconocimiento social si destacaban especialmente en su arte.

Características de la música de trovadores

Son canciones escritas en las lenguas vernáculas de cada zona que tratan como temas fundamentales el «amor cortés»y el espíritu caballeresco de los héroes de las cruzadas.

Es música vocal de textura monódica pero con acompañamiento instrumental. Es un acompañamiento heterofónico en el que los instrumentos improvisan variantes y ornamentaciones de la melodía o doblan las voces.

Utiliza las escalas modales gregorianas, pero debido a su carácter popular posee un ritmo más marcado.

Las canciones de los trovadores se recopilaban en **cancioneros** lujosamente decorados que, con frecuencia, incluían un texto breve narrando la vida del trovador y exagerando sus virtudes.

Los goliardos

Existen también canciones profanas en latín llamadas «canciones de goliardos».

Los goliardos eran estudiantes y frailes vagabundos que interpretaban canciones de carácter satírico, de crítica política o religiosa y de amor carnal.

Las canciones de goliardos están recopiladas en un cancionero del s.XIII titulado Carmina Burana.

ACTIVIDADES

1. Lee las dos «vidas» que te presentamos y comenta la diferencia entre trovador y juglar.

Vida de Jaufre Rudel (1125-1148)

Jaufre Rudel de Blaia fue hombre muy noble y príncipe de Blaia. Y se enamoró de la condesa de Trípoli sin verla, solo por lo bien que había oído hablar de ella a los peregrinos provenientes de Antioquía. E hizo sobre ella varias canciones. Y queriendo verla, se hizo cruzado y se echó a la mar. Y en el barco enfermó gravemente, por lo que los que estaban con él creyeron que moriría en el barco, pero tanto hicieron que lo llevaron hasta Trípoli casi muerto. Y se lo hicieron saber a la condesa y ella fue a verlo a su lecho, y lo tomó entre sus brazos. Y él supo que era la condesa y recuperó de repente la vista, el oído y la palabra, y alabó a Dios y le dio gracias porque había conservado su vida hasta poderla ver, y así murió entre los brazos de su dama. Y ella lo mandó enterrar con grandes honras en la iglesia de los Templarios, y aquel mismo día se hizo monja por el dolor que le causó su muerte.

Vida de Raimbaut de Vaqueiras (1180-1205)

Raimbaut de Vaqueiras fue hijo de un pobre caballero de Provenza, del castillo de Vaqueiras, que se llamaba Peiror y era tenido por loco. Raimbaut se hizo juglar y estuvo largo tiempo con el príncipe de Aurenga. Sabía cantar bien y hacer coplas y el príncipe de Aurenga le hizo gran bien y gran honor y lo enalteció y lo hizo conocer y apreciar por la buena gente. Y fue a Monferrato con el marqués de Bonifacio y estuvo largo tiempo en su corte. Y prosperó en juicio, en armas y en trovar. Y se enamoró de la hermana del marqués, que se llamaba Beatriz, que fue esposa de Enrico del Carretto. Y sobre ella trovaba muchas buenas y hermosas canciones. Y en sus canciones la llamaba Hermoso Caballero. Y se cree que ella le quiso mucho bien por amor. Y cuando el marqués pasó a Romanía lo llevó consigo y lo hizo caballero. Y le dio gran tierra y gran renta en el reino de Salónica. Y allí murió.

2.3. Nacimiento de la polifonía

A finales del siglo IX aparece en la música occidental la polifonía (distintas líneas melódicas a la vez). Este hecho marcará todo el desarrollo de la música posterior y probablemente surgió de forma espontánea con el afán de adornar y enriquecer el canto gregoriano.

Distinguimos tres periodos en la evolución de la polifonía:

■ Polifonía primitiva (s. IX - XII)

La polifonía se construye de manera improvisada sobre la base del canto gregoriano. Las principales formas de polifonía primitiva son:

- **Organum:** es la más antigua y rudimentaria. Aparece a finales del s. IX y consiste en añadir una voz paralela a distancia de 4ª o 5ª por debajo del canto gregoriano. La melodía original gregoriana recibe el nombre de *vox principalis,* y la que se añade *vox organalis.*

Organum paralelo

Podía añadirse una tercera voz doblando la organalis una 8ª alta

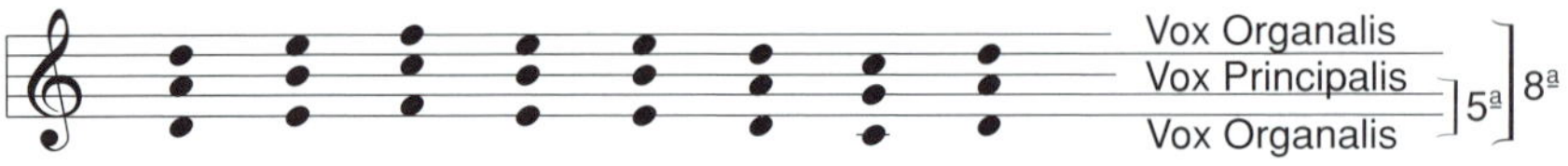

- **Organum melismático:** la melodía gregoriana se desarrolla en valores largos sobre los que la *vox organalis* canta largos melismas.

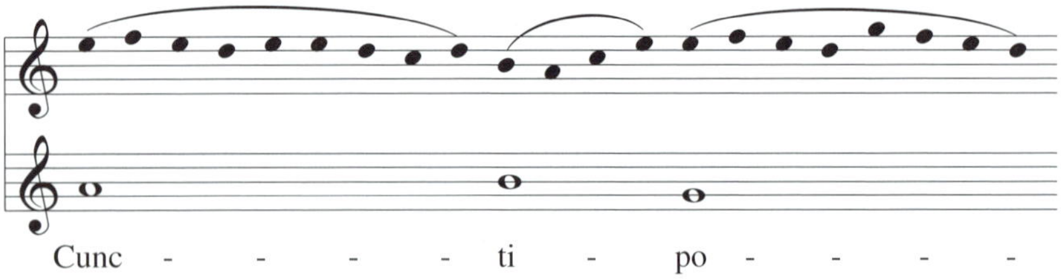

- **Discantus:** surge en el s. XI al practicar el movimiento contrario entre las voces del organum.

■ Ars Antiqua (s. XII-XIII)

La evolución en la técnica y la notación musical facilitará el desarrollo de formas polifónicas más complejas. La música abandona el ritmo libre gregoriano y comienza a medirse debido a la necesidad de hacer concordar las distintas voces de la polifonía.

Para medir las duraciones del sonido, los músicos recurren a la antigua rítmica de los griegos utilizando sus principales pies métricos.

El centro musical más importante de este periodo es la llamada «Escuela de Notre Dame» de París y sus principales compositores Leonin (1150-1180) y Perotin (1183-1238).

Surgen nuevas formas polifónicas como el **conductus,** compuesto sobre melodías de nueva creación (ya no gregorianas) y el **motete,** con varias voces que se mueven en ritmos distintos cantando textos diferentes.

Música y arquitectura

La textura monódica del canto gregoriano se asocia con el arte románico, un estilo arquitectónico de edificios macizos y oscuros que invita al aislamiento y la contemplación.

La polifonía tiene su equivalente en el ansia de elevación y luz del arte gótico, con altas torres y arcos apuntados en ojiva.

■ Ars Nova (s. XIV)

La polifonía irá liberándose del canto gregoriano para buscar una música más cercana al hombre, propia de una época que vive el nacimiento de la sociedad urbana y se distancia del teocentrismo medieval.

Aparece la notación mensural en la que ya se asignan valores concretos a cada sonido y la música profana adquiere gran importancia dando lugar a formas de canción polifónica como el **canon,** la **balada** o la **chanson.**

Los compositores más importantes son Philippe de Vitry (1291-1361), Guillaume de Machaut (1300-1377) y Francesco Landini (1335-1397).

Arte Nuevo-Arte Antiguo

El término «Ars Nova» se debe al compositor Philippe de Vitry que en 1322 escribió un tratado con el título de *Ars Nova* para diferenciar las nuevas técnicas de composición y notación de su época de las anteriores del «Ars Antiqua».

ACTIVIDADES

1. Escucha el organum cuadruplum ***Sederunt principes*** de **Perotin.**

1 3

a. ¿Cómo definirías la sonoridad que produce esta polifonía?¿Qué tipo de ritmo siguen las voces superiores? ¿Qué hace la voz más grave?¿Qué consonancias se producen en las cadencias?

2. Interpreta este canon anónimo inglés titulado ***Sumer is icumen in*** y compara su sonoridad con el ejemplo anterior explicando las diferencias.

3 La danza en la Antigüedad y la Edad Media

La danza primitiva, al igual que la música, está relacionada con los gestos más elementales de la vida. Todas las civilizaciones antiguas practicaron la danza como una forma de acompañamiento y celebración de todo tipo de actos sociales. Sin embargo, será Grecia la primera civilización que de a la danza un papel fundamental más allá de lo lúdico o lo religioso.

Ya hemos visto que en la antigua Grecia la música era una disciplina unida a la poesía y la danza. En consecuencia, la danza, incluida en la música, se considerará también como una parte fundamental en la educación de los ciudadanos.

Los griegos basaban sus danzas en los movimientos del cuerpo unidos a la poesía hablada o cantada y acompañada por instrumentos.

La civilización romana no concedió la misma importancia a la música pero, heredera de Grecia, incluyó el canto y la danza en sus espectáculos teatrales y en todas las fiestas y celebraciones populares.

La llegada del cristianismo intentó eliminar las danzas, asociadas a ritos paganos considerados peligrosos para sus fieles. Sin embargo, las fiestas, profanas o incluso religiosas, se siguieron acompañando del baile.

Después de largos años de prohibición, la danza volvió a ser reconocida y utilizada en ceremonias sociales. Así, a partir del s. XII encontramos referencias de danzas, algunas cantadas y otras exclusivamente instrumentales.

En muchos manuscritos, estas danzas aparecen con la denominación genérica de **estampie.** Utilizan una textura monódica y se estructuran en varias frases o «puncta» que se repiten: la primera vez se interpretan con final abierto y la segunda con final cerrado.

La danza para los guerreros

Los griegos también usaban las danzas para el entrenamiento de los guerreros. La medida impuesta por la música les permitía desfilar en perfecto orden y la disciplina propia de la interpretación los educaba en el carácter más adecuado para su labor.

Sócrates llegará a afirmar que «el mejor guerrero es el que mejor baila».

ACTIVIDADES

1. Escucha la canción ***Kalenda maya*** de **Raimbaut de Vaqueiras.** Es una danza cantada pues, según dicen, el trovador escribió el texto de la canción para la melodía de una estampie que escuchó tocar a juglares del norte de Francia.

a. Analiza el ritmo y las distintas frases musicales.

b. Compara esta audición con las piezas que has escuchado de canto gregoriano y explica las diferencias.

c. Atrévete a bailar: la estampie era probablemente una danza de corro en la que los bailarines, cogidos de la mano, se movían en círculo dando pasos muy marcados.

Los instrumentos medievales

Existe una gran diversidad de instrumentos y más aún de denominaciones, encontrando distintos nombres para pequeñas variantes de un mismo instrumento o incluso, para instrumentos idénticos. La ejecución instrumental es improvisada y se emplea con dos funciones: el acompañamiento de canciones y la interpretación de danzas y procesiones.

Los instrumentos más utilizados eran los de cuerda (arpa, lira, salterio, canon, laúd, viola, zanfoña), de viento (trompa, trompeta, dulzaina, chirimía, flautas, gaitas, órgano) y de percusión (tambores de mano, tambores de sonajas, pequeño timbal, platillos, triángulo, campanas, sonajas).

ACTIVIDADES

1. Lee el texto que te presentamos perteneciente al ***Libro de Buen Amor*** del **Arcipreste de Hita** donde se narra «cómo los clérigos, legos, frailes, monjas, dueñas y juglares salieron a recibir a Don Amor».

Recíbenle los hombres y dueñas con amores,
con muchos instrumentos aparecen ***tambores,***
la ***guitarra morisca*** *allí sale gritando,*
voces agudas y ásperas en sus notas tocando;
el ventrudo ***laúd*** *el baile acompañando;*
la ***guitarra latina*** *a estos se va juntando;*
el ***rabel*** *gritador, con la su alta nota,*
un músico morisco tañendo va su ***rota;***
el ***salterio*** *con ellos, más alto que la Mota;*
la ***vihuela de plectro*** *con ellos también trota;*
medio canon *y el* ***arpa,*** *con el* ***rabel morisco;***
alégrase con ellos el ***galipe frantçisco;***
armoniza la ***flauta*** *que es más alta que un risco,*
con ella el ***tamborete;*** *sin él no vale un prisco;*
la ***vihuela con arco*** *toca dulces bailadas,*
muy ásperas a veces, otras muy moderadas,
notas dulces, sabrosas, claras, bien entonadas;
a las gentes alegra y tiene alborozadas;
dulce ***canon entero*** *va con el* ***panderete,***
con ***sonajas*** *de lata hacen dulce sonete,*
y los ***órganos*** *tocan canciones y un motete;*
popular cantadora entre ellos se entremete;
la ***gaita,*** *la* ***dulzaina,*** *el hinchado* ***albogón,***
zanfoñas *y* ***baldosas*** *en esta fiesta son;*
el francés ***odrecillo*** *con estos hace unión*
y la simple ***bandurria*** *aquí pone su son;*
las ***trompas*** *y* ***añafiles*** *salen con los* ***timbales.***
No hubo, ya hace tiempo, unos festejos tales
ni tales alegrías grandes y generales:
de juglares van llenas las cuestas, los eriales.

– Clasifica los instrumentos que se citan en el texto y que aparecen destacados en negrita.

↑ Las pinturas de los manuscritos medievales nos aportan una valiosa información para conocer los instrumentos de la época.

4 La Edad Media en España

4.1. Música vocal religiosa

La primera manifestación importante de música religiosa de la Península es el **canto mozárabe** que tiene su origen el periodo visigodo y será practicado más tarde por los cristianos que vivían bajo el dominio musulmán.

El canto mozárabe es un canto de tradición oral de características similares al canto gregoriano: textura monódica, uso de escalas modales, texto en latín y ritmo libre según el fraseo y la expresión de las palabras.

El **canto gregoriano** fue extendiéndose paulatinamente desde el comienzo de la Reconquista hasta su imposición definitiva en el año 1085, ordenada por el rey Alfonso VI tras la toma de Toledo.

4.2. Música vocal profana

Los reinos musulmanes mantendrán su tradición popular en un repertorio musical muy variado que conocemos con el nombre genérico de **música andalusí** o **arábigo-andaluza.**

La principal forma de canción de la música andalusí es la ***nawba,*** de carácter popular con formas de estribillo y basada en la improvisación vocal e instrumental sobre unos determinados esquemas melódicos.

Los reinos cristianos recibirán la influencia de la lírica trovadoresca a través del Camino de Santiago, reflejando las características típicas de la música de trovadores en un repertorio de canciones de diversa temática que conocemos con el término genérico de **cantigas** y que utilizan como lengua el galaico-portugués propio del noroeste de la Península.

Los principales testimonios que conservamos de esta música son las *Cantigas de amigo de Martín Codax* y las *Cantigas de Santa María.*

Cantigas de amigo de Martín Codax

Se conservan siete canciones de amor escritas por el trovador gallego Martín Codax que utilizan formas sencillas en las que el poeta pone en boca de la amada sus versos de amor o de lamento.

Cantigas de Santa María de Alfonso X el Sabio

Es una colección de 417 canciones dedicadas a la Virgen. Fueron reunidas en la corte del rey Alfonso X el Sabio (1252-1284), que pudo aportar alguna cantiga como autor. Están escritas en notación mensural y utilizan estructuras populares de estribillo y estrofas con melodías sencillas en estilo silábico. Atendiendo al contenido del texto que cantan, se dividen en dos grupos:

- Cantigas de «miragre»: relatan milagros obrados por la Virgen.
- Cantigas de «loor»: cantos de alabanza a la Virgen.

Las Cantigas de Santa María se conservan en cuatro códices decorados con lujosas miniaturas en las que se ilustran más de treinta instrumentos distintos, por lo que podemos deducir que se cantaban con acompañamiento instrumental.

Época de convivencia

La sociedad medieval en España será el reflejo de los continuos cambios de fronteras y culturas que propiciaron la convivencia en la península de musulmanes, cristianos, judíos, mozárabes (cristianos que vivían en zonas musulmanas) y mudéjares (musulmanes que vivían en zonas cristianas).

Los reinos musulmanes, de carácter urbano y comercial, aportarán un bagaje cultural extraordinario en todos los ámbitos del conocimiento. Los reinos cristianos, de carácter rural y feudal, recibirán la influencia europea a través del Camino de Santiago y de las distintas órdenes religiosas.

El rey «sabio»

El rey Alfonso X tuvo en su corte poetas y músicos famosos, protegió a trovadores y juglares de diversos países y se rodeó de instrumentistas y cantores cristianos, judíos y musulmanes.

ACTIVIDADES

1. Interpreta la cantiga Nº 100 de Alfonso X el Sabio titulada ***Santa María strela do día.*** Es una cantiga de «loor» o alabanza que presenta a la Virgen como una estrella capaz de guiar a los fieles hacia el Paraíso.

Santa Maria strela do día,
mostranos via pera Deus et nos guía.

Ca ver fazelos errados
que perder foran per pecados
entender de que mui culpados
son, mais per ti son perdonados
da ousadia que lles fazia
fazer folia mais que non deveria.

Santa Maria strela do dia,
mostranos via pera Deus et nos guía.

Santa María, estrella del día,
muéstranos el camino a Dios y guíanos.

Pues haces ver a los errados
que se pierden por sus pecados,
entender que son culpables
pero por ti son perdonados
de la osadía que les hacía
cometer la locura y que no deberían.

Santa María, estrella del día,
muéstranos el camino a Dios y guíanos.

Miniaturas de instrumentos

4.3. La polifonía

En España tenemos noticia de la existencia de polifonía desde el s.XI cuyo desarrollo será parejo a la práctica europea encontrando formas polifónicas típicas del Ars Antiqua y el Ars Nova como el organum, el motete o el canon.

Los principales ejemplos de estas composiciones aparecen recogidos en tres documentos fundamentales: el *Códice Calixtino* de comienzos del s.XII, el *Códice de Las Huelgas* con obras de los siglos XII al XIV y el *Llibre Vermell* de finales del s. XIV.

ACTIVIDADES

1. Escucha la cantiga Nº 47 de Alfonso X el Sabio titulada ***Virgen Santa María.***

Es una cantiga de «miragre» que narra cómo la Virgen salvó a un fraile de las tentaciones de la bebida.

1 5

Virgen Santa Maria	*Virgen Santa María*
guardanos, se te praz	*líbranos, si te place*
da gran sabedoria	*de la gran sabiduría*
que eno demo jazz.	*que hay en el demonio*

2. Interpreta el canon ***Laudemus Virginem*** perteneciente al Llibre Vermell.

Desafío

«El monocordio de Pitágoras»

1 El filósofo y matemático griego **Pitágoras** (s. VI a. C.) fue el primero en relacionar las matemáticas y la música descubriendo las relaciones entre los números y los sonidos para plasmarlas didácticamente en el monocordio.

Monocordio (Museo Nacional Germánico de Nuremberg).

El monocordio es una caja rectangular de madera con una cuerda tensada sujeta en sus extremos. El desplazamiento de un puente móvil permite obtener diferentes sonidos al modificar la longitud de la cuerda en diferentes proporciones.

La proporción 1:2 divide la cuerda del monocordio a la mitad y permite obtener el sonido de la octava (una octava más aguda respecto al sonido base de la cuerda). Por ejemplo: Do y Do'.

La proporción 2:3 divide la cuerda en dos tercios y nos permite obtener el sonido de quinta (una quinta más aguda respecto al sonido base de la cuerda). Por ejemplo: Do y Sol.

La proporción 3:4 divide la cuerda en tres cuartas partes y nos permite obtener el sonido de cuarta (una cuarta más aguda respecto al sonido base de la cuerda). Por ejemplo: Do y Fa.

Así, estas tres proporciones, permiten obtener los tres grados básicos de la escala: I, IV y V.

```
                 <------------------------------------------------------------>
Tono (Do)        |------|------|------|------|------|------|------|------|------|------|------|------|
                 0      1      2      3      4      5      6      7      8      9      10     11     12

                                1:2
                 <------------------------------------>
Octava (Do')     |------|------|------|------|------|------|------|------|------|------|------|------|
                 0      1      2      3      4      5      6      7      8      9      10     11     12

                                     3:4
                 <---------------------------------------------------------->
Cuarta (Fa)      |------|------|------|------|------|------|------|------|------|------|------|------|
                 0      1      2      3      4      5      6      7      8      9      10     11     12

                                          2:3
                 <--------------------------------------------------->
Quinta (Sol)     |------|------|------|------|------|------|------|------|------|------|------|------|
                 0      1      2      3      4      5      6      7      8      9      10     11     12
```

a. Construye un monocordio y dibuja sobre su tabla una escala graduada con las diferentes proporciones correspondientes a los sonidos de octava, cuarta y quinta teniendo en cuenta que las razones entre los números 12, 9, 8 y 6 son iguales a las que hay entre 1, 3:4, 2:3 y 1:2.

b. Completa el resto de la escala tomando como referencia la distancia de tono que se produce entre las proporciones de cuarta y quinta para aplicarla desde la nota base Do y desde Sol hasta situar todas las notas.

Revista musical

Orfeo: el poder de la música

Según la mitología griega, el poeta y músico Orfeo era hijo de la musa Calíope y del dios Apolo.

Recibió la lira de su padre Apolo, convirtiéndose en un músico excelente, sin rival entre los mortales.

Cuando Orfeo tocaba y cantaba, era capaz de dominar a todas las criaturas y conmover a todas las cosas. Su música encantaba a los árboles y a las rocas, amansaba las fieras y hasta los ríos cambiaban su curso para seguirlo.

Orfeo se casó con su adorada ninfa Eurídice, pero poco después de su boda y huyendo de la persecución de Aristeo que pretendía seducirla, Eurídice recibió la fatal picadura de una víbora y murió.

Desconsolado y abrumado por el dolor, Orfeo decidió descender a los infiernos para buscar a su mujer y llevarla de nuevo al mundo de los vivos.

Acompañado de su canto y los sones de su lira, Orfeo penetró en el mundo subterráneo y rogó a Hades que liberara a Eurídice. El dios de los muertos quedó tan conmovido con la música que permitió a Orfeo volver con su mujer con la condición de que no girara la cabeza para mirarla hasta que no hubieran llegado al mundo exterior de los vivos.

Cuando casi habían completado el ascenso, Orfeo, dominado por la ansiedad y el amor, se volvió para comprobar si Eurídice lo seguía. El incumplimiento de su promesa hizo que Eurídice se desvaneciera para siempre en la región de los muertos.

Desesperado, Orfeo renunció a toda compañía humana, vagando solo por el desierto. Un grupo de violentas Ménades, seguidoras del dios Dioniso, se encontraron con el afligido músico y le dieron muerte cortando su cabeza y arrojándola al río.

El placer de la música para los jóvenes

Puesto que la música ha sido incluida en la categoría de los placeres, es necesario aprender el recto juicio y el hábito de gozar de las costumbres convenientes y de las bellas acciones, y adquirir la capacidad de ello. Ritmos y melodías pueden representar, con un alto grado de semejanza con el modelo natural, la ira y la mansedumbre, el valor y la templanza y sus opuestos, y en general todos los otros polos opuestos de la vida moral, como demuestran los hechos, con los cuales resulta que escuchando música nosotros mudamos nuestro estado anímico.

En las melodías existe una posibilidad natural de imitar las costumbres, debida evidentemente al hecho de que la naturaleza de las armonías es variada, de tal manera que escuchándolas en su diversidad nuestra disposición es diferente de cara a cada una de ellas. Frente a algunas nos sentimos llenos de dolor y de recogimiento, como cuando se trata de la armonía llamada Mixolidia; con otras más relajadas alimentamos sentimientos voluptuosos. La armonía Dórica es, en cambio, la única que inspira compostura y moderación, mientras que de la Frigia se desprende el entusiasmo.

Por todo lo que se ha dicho es evidente que la música puede cambiar el carácter moral del alma; y, si tiene esta capacidad, está claro que en ella deben ejercitarse y educarse los jóvenes.

Además, su enseñanza se adecua a las inclinaciones de las personas en edad juvenil, que no soportan nada que no está acompañado por algún placer, y la música es, por naturaleza, una de las más placenteras.

Aristóteles (384-322 a. C.). *La política*

Pitágoras y «la música de las esferas»

A Pitágoras (590-497 a. C.) le debemos, entre otras cosas, los primeros estudios sobre los intervalos musicales.

Cuentan que escuchando un día el sonido del golpear de metales en una fragua, dedujo las proporciones numéricas de los intervalos que luego pasaría al «monocordio» para ejemplificar didácticamente su estudio. Así, la proporción 1:2 en una cuerda, da como resultado el intervalo de 8ª; la proporción 2:3 el intervalo de 5ª y la proporción 3:4 el intervalo de 4ª. Estos serán los intervalos considerados puros y los que herede la Edad Media como consonancias perfectas.

Siguiendo su idea de que los números son la esencia de todas las cosas, Pitágoras creía que la distancia entre los planetas guardaba relación con las proporciones de longitud del sonido de las cuerdas, y que estas, a su vez, se correspondían con los movimientos del alma.

Según esta doctrina de la armonía cósmica, los planetas hacen música al desplazarse por el universo, la «música de las esferas». Una música que, al parecer, somos incapaces de escuchar porque nuestro comportamiento moral no es lo suficientemente adecuado.

Trovar a la Virgen

«Como trovar es algo que necesita entendimiento, quien se dedica a ello debe tenerlo y también bastante razón para entender y saber decir lo que entiende y quiere decir, pues así se ha de hacer el buen trovar. Y lo que quiero es decir alabanzas de la Virgen, madre de nuestro Señor. Y por ello quiero ser desde hoy su trovador y le ruego que quiera recibir mi trovar, pues con ello quiero difundir los milagros que ella ha hecho.

Y desde ahora, quiero dejar de trovar para otra dama e intento recuperar por esta cuanto perdí con las otras.

Por eso le ruego, si ella quiere, que se complazca en lo que de ella diga en mis cantares y, si lo aprueba, que me dé el galardón que da a los que ama y así, quien lo sepa trovará en su honor más de buena gana.»

Prólogo de las ***Cantigas de Santa María*** escrito por el rey Alfonso X el Sabio.

Guido d'Arezzo: el primer profesor de música

El monje benedictino Guido d'Arezzo, en su tratado *Micrologus* (1025), estableció las bases de la notación moderna con el uso del tetragrama y las claves.

Preocupado por facilitar el aprendizaje del canto a sus alumnos y para que pudieran entonar adecuadamente una partitura sin necesidad de conocerla previamente, utilizó el *Himno a San Juan Bautista,* que le serviría también para inventar el nombre de las notas.

«Si quieres dejar en la memoria un sonido o grupo de sonidos, es necesario que notes y recuerdes bien el tono inicial de cada sonido que quieres aprender de memoria; por ejemplo, este canto del que me sirvo para enseñar a los muchachos:

¿Ves tú cómo este canto en sus seis primeros versos empieza con notas diferentes? Quien se haya ejercitado en el principio de cada frase, de manera que pueda empezar sin titubear por la frase que le plazca, podrá entonar también los seis sonidos de modo adecuado a sus propiedades.»

El trovador más ligón

«Bernard de Ventadorn era del Limosín, del castillo de Ventadorn. Fue pobre por su nacimiento, hijo de un servidor que era panadero. Y creció apuesto y diestro, y sabía escribir bellas canciones y cantarlas, y era cortés e instruido. Y al vizconde de Ventadorn le gustaban mucho él, sus canciones y su canto, y le hizo grandes honores.

Y el vizconde de Ventadorn tenía una esposa bella y alegre y joven y gentil a quien le gustó micer Bernard y sus canciones, y se enamoró de él y él de ella, de modo que hizo sus cantos y sus canciones para ella, por el amor que le profesaba y por el valor de su dama. Su amor duró largo tiempo antes de que el vizconde, marido de la dama, y los demás se diesen cuenta. Y cuando el vizconde lo vino a saber, alejó a Bernard e hizo encerrar y custodiar a su esposa. Además, obligó a la dama a despedirse de Bernard y le hizo decirle que se fuese y se alejase de aquella región.

Y él se marchó y fue al palacio de la duquesa de Normandía, que era joven y de gran valor, y mucho se entendía de méritos y honor, y lo alabó con hermosas palabras. Y tanto le gustaron los versos y las canciones de micer Bernard que ella le recibió y le honró y le acogió y le hizo grandes alabanzas. Se quedó mucho tiempo en la corte de la duquesa y se enamoró de ella y la señora se enamoró de él, y por este amor micer Bernard compuso muchas y hermosas canciones. Pero el rey Enrique de Inglaterra la tomó por esposa y la arrancó de Normandía y la condujo a Inglaterra y micer Bernard se quedó en Normandía triste y doliente, y se marchó de allí y fue a ver al buen conde Raimundo de Tolosa, y se quedó con él, en su corte, hasta que el conde murió.

Y cuando el conde hubo muerto, micer Bernard abandonó el mundo, las poesías y el canto y los placeres del siglo y entró en la abadía de Dalón y allí terminó su vida.

Y todo lo que os he narrado de él, me fue narrado y dicho por el vizconde Ebles de Ventadorn, el cual fue hijo de la vizcondesa a la que micer Bernard tanto amó.»

Vida de Bernard de Ventadorn (1130-1195)

Autoevaluación

1 **Resuelve en tu cuaderno el crucigrama contestando a las definiciones que se indican a continuación:**

Horizontales

1. Forma polifónica del Ars Antiqua compuesta sobre melodías de nueva creación y no sobre el gregoriano.
2. Texto nuevo que se añadía a los melismas para convertir el canto en silábico.
3. Estilo de canto florido con más de tres notas por sílaba.
4. Instrumento de cuerda punteada de la Antigua Grecia asociado al culto a Apolo.
5. Modo griego sobre la nota inicial Re en sentido descendente.
6. Acompañamiento instrumental utilizado en Grecia y en la música de trovadores imitando o repitiendo partes de la melodía vocal.
7. Textura primitiva de una sola línea melódica utilizada en Grecia y la Edad Media.

Verticales

1. Forma polifónica del Ars Antiqua en la que las voces se mueven en ritmos distintos, cantando textos diferentes.
2. Estilo de canto sencillo con una nota por sílaba.
3. Sentimientos que provocaban las distintas escalas de los griegos y que también recogerán los modos gregorianos.
4. Estilo de canto adornado con dos o tres notas por sílaba.
5. Denominación genérica de algunas danzas medievales con frases que se repiten en final abierto y cerrado.
6. Modo griego sobre la nota inicial Mi en sentido descendente.
7. Modo griego sobre la nota inicial Do en sentido descendente.

8. Nombre que recibe la canción de trovadores en España.
9. Estudiantes y frailes vagabundos que cantaban canciones profanas en latín.
10. Diferentes escalas según la nota inicial utilizadas en Grecia y la Edad Media.
11. Poeta y músico de origen noble que cantaba en su lengua al amor cortés y al espíritu caballeresco.
12. Modo griego sobre la nota inicial Si en sentido descendente.
13. Modo gregoriano con la nota Fa como final.
14. Principal forma de canción de la música profana andalusí basada en la improvisación sobre determinados esquemas melódicos.
15. Modo gregoriano con la nota Mi como final.
16. Canción polifónica del Ars Nova en la que las voces interpretan la misma melodía pero con entradas sucesivas y en tiempos distintos.

8. Textura de varias voces a la vez que surge a finales del s. IX con la intención de adornar el canto gregoriano.
9. Músico ambulante que entretenía al público con canciones profanas.
11. Manuscrito lujoso que recopilaba las canciones del trovador.
12. Instrumento de viento con doble lengüeta de la Antigua Grecia asociado al culto a Dioniso.
13. Canto cristiano de la Península hasta la imposición del gregoriano.
14. Primera forma de polifonía primitiva basada en el movimiento paralelo de las voces a distancia de 4ª o 5ª.
15. Canto cristiano unificado bajo el pontificado de Gregorio Magno.
16. Modo gregoriano con la nota Re como final.
17. Pies para medir las duraciones utilizados por Grecia y los músicos del Ars Antiqua.
18. Primeros signos de notación para recordar el canto gregoriano.

2 **Copia en tu cuaderno y completa los siguientes enunciados:**

- La música era para los griegos un arte de origen...
- El concepto de música en Grecia engloba...
- La música en Grecia era de textura... con acompañamiento...
- Las cuatro escalas o modos principales de la música griega son...
- Los instrumentos más importantes en la antigua Grecia eran...
- El impulsor de la unificación y difusión del canto cristiano fue...
- El canto gregoriano está destinado a..., es de textura... con texto en... y ritmo...
- Los ocho modos gregorianos son...
- La música de trovadores surge en...
- Las canciones de trovadores están escritas en... y son de textura...
- La polifonía surge... y se desarrolla en tres periodos...
- Los griegos basaban sus danzas en...
- Las danzas medievales reciben el nombre de... y se estructuran en...
- Los instrumentos se utilizaban en la Edad Media para...
- La primera manifestación de música religiosa en la península es...
- Los principales ejemplos de música de trovadores en España son...
- Los manuscritos que dan testimonio de la polifonía en España son...

Interpretación - Creación

1 Interpreta esta canción del trovero **Adam de la Halle** titulada ***Robins m'aime.***

Es una canción perteneciente al *Juego de Robin y Marion,* una pastorela escenificada con personajes, diálogos y fragmentos cantados, que fue representada en la corte napolitana de Carlos de Anjou hacia el año 1284.

Adam de la Halle (1245-1287)

Reconocido como el más grande de los troveros franceses, trabajó en la corte de Carlos de Anjou que más tarde se convertiría en el rey Carlos II de Nápoles.

El *Juego de Robin y Marion* puede considerarse como uno de los precedentes de la ópera cómica.

Robin me ama, Robin me quiere,
Robin me ha preguntado si me puede querer.
Robin me dio la falda de color escarlata
buena y bonita, mi body y mi liguero, ¡Hurra!
Robin me ama, Robin me quiere,
Robin me ha preguntado si me puede querer.

- Analiza la estructura formal, la escala modal utilizada, el ámbito melódico y el ritmo.

2 Atrévete a crear una pequeña representación teatral teniendo en cuenta que la pastorela es un género dramático que siempre relata la misma historia:

Un caballero corteja a una pastorcilla que, normalmente y tras la debida resistencia, sucumbe entregándose cariñosa a los brazos del gentil varón.

Otra posible versión es que la pastorcilla, asustada antes las pretensiones amorosas del caballero, grite pidiendo auxilio. Entonces aparecerá raudo su novio para socorrerla y ahuyentar al caballero, no sin antes intercambiar unos cuantos golpes.

Audición

1 Escucha esta conocida obra de **Carl Orff** que da inicio a su ***Carmina Burana.***

El título *Carmina Burana* hace referencia a la colección de más de doscientos poemas profanos latinos del siglo XIII encontrados en el monasterio benedictino de Beuron (Alemania). Son canciones profanas que representan buena parte del repertorio de los goliardos en la Edad Media.

Orff compone una cantata escénica en el año 1936 sobre 24 de estos poemas, en una versión de impresionante sonoridad escrita para solistas, coro y orquesta, con un estilo sencillo y de gran fuerza rítmica que acentúa su carácter popular original.

Lee la traducción del texto y sigue la audición con la ayuda de la partitura simplificada que te presentamos y que puedes utilizar también para su interpretación:

Fortuna imperatrix mundi

O Fortuna, velut luna
statu variabilis,
semper crescis aut decrescis;
vita detestabilis
nunc obdurat et tunc curat
ludo mentis aciem,
egestatem, potestatem
dissolvit ut glaciem.
Sors immanis et inanis,
rota tu volubilis,
status malus, vana salus
semper dissolubilis,
obumbrata et velata
mihi quoque niteris,
nunc per ludum dorsum nudum
fero tui sceleris.
Sors salutis et virtutis
mihi nunc contraria,
est affectus et deffectus
semper in angaria;
hac in hora sine mora
corde pulsum tangite,
quod per sortem sternit fortem,
mecum omnes plangite.

Fortuna: emperatriz del mundo

Oh Fortuna, que como la luna
cambias de estado,
siempre creces o menguas;
vida detestable
ahora se resiste y luego consiente
burlonamente el deseo de la mente,
la pobreza y el poder
funde como el hielo.
Suerte gigantesca y vacía,
tú, rueda voluble,
mala situación, enganoso éxito
que siempre desaparecen,
ensombrecida y velada
también cargas contra mí,
ahora por tu capricho llevo la espalda
desnuda ante tu ataque.
uerte de la salud y de la virtud,
ahora estás en mi contra,
mi ánimo y mi debilidad
siempre están vendidos;
a esta hora, sin demora
sentid el pulso en el corazón
que la suerte derriba a un valiente,
lamentad conmigo.

(Traducción: Mercedes Durán Palmero)

Carl Orff (1895-1982)

Compositor y pedagogo alemán encuadrado en el Neoclasicismo del s. XX con obras que reflejan una gran simplicidad estructural y un carácter primitivo que pretende llegar a un público lo más amplio posible.

El elemento fundamental de sus composiciones y de su método de enseñanza musical es el ritmo, factor que genera la melodía y que proporciona el equilibrio entre los sentimientos y la razón.

Audición

♩=120-132
pp
sem-per cres-cis aut de - cre-scis; vi - ta de - te - sta - bi - lis
nunc ob - du - rat et tunc cu - rat lu - do men-tis a - ci - em,
e - ge - sta-tem, po - te - sta-tem dis - sol - vit ut gla - ci - em.
Bo.
p
Sors im - ma - nis et in - a - nis, ro - ta tu vo - lu - bi - lis,

sta-tus ma-lus, va-na sa-lus sem-per dis-so - lu - bi - lis,
ob-um - bra-tam, et ve - la-tam mi-hi quo-que ni - te - ris;
Bo.
p
nunc per lu-dum dor-sum nu-dum fe-ro tu - i sce-le - ris.
Bo.
p
♩=144
Sors sa - lu-tis et vir - tu-tis mi-hi nunc con - tra - ri - a
Bo.
f

Audición

est af - fec-tus et de - fec-tus sem-per in an - ga - ri - a.
Bo.
Hac in ho-ra si-ne mo-ra cor-de pul-sum tan - gi - te;
Bo.
Pto.
quod per sor-tem ster-nit for-tem, me-cum om - - - nes plan - gi -
Bo.
Pto.
♩= 160
te!
Bo.
Pto.

En resumen

El sonido de la Edad Media

Durante toda la Edad Media predomina el sonido de la música vocal basada en el modelo del canto gregoriano, con melodías modales de ámbito reducido y diseños en arco.

La sonoridad de las nuevas formas de polifonía se apoya en las consonancias fundamentales de 4ª, 5ª y 8ª, que dan a la música un carácter áspero y primitivo.

El sonido de los instrumentos es agudo y penetrante, con pequeñas agrupaciones de solistas de escaso volumen.

1

La **civilización griega** consideraba la música como un arte de origen divino. Sus leyendas atribuyen la invención de los instrumentos a determinados dioses y otorgan a la música poderes sobrenaturales.

2

El concepto de música en Grecia englobaba el arte de los **sonidos,** la **poesía** y la **danza.**

La música era de textura monódica con acompañamiento heterofónico. Utilizaba notación alfabética para las alturas y pies métricos para medir las duraciones.

3

Las **escalas griegas** eran modales y su distinta sonoridad provocaba distintos «ethos» o comportamientos que hacían de la música una disciplina fundamental en la educación.

4

La **Edad Media** comprende los siglos V al XV, un periodo dominado por el poder de la Iglesia y por un profundo teocentrismo que dará lugar al predominio de la música religiosa.

5

El **canto gregoriano** es el canto litúrgico de la iglesia cristiana, con texto en latín y de textura monódica. Utiliza escalas modales y un ritmo libre basado en la acentuación y fraseo del texto.

6

La **música profana** está representada por las canciones de trovadores. Utilizan la textura monódica y las escalas del gregoriano pero se cantan en lenguas vernáculas acompañadas de instrumentos y poseen un ritmo más marcado.

7

La **polifonía** nace a finales del s. IX y se desarrolla en tres etapas:

- Polifonía primitiva (s. IX-XII): polifonía improvisada sobre la base del gregoriano.
- Ars Antiqua (s. XII-XIII): las voces se miden utilizando los pies métricos griegos.
- Ars Nova (s. XIV): aparece la notación mensural y la canción polifónica profana.

8

La **danza** fue utilizada en la Antigua Grecia como una parte fundamental de la educación. El cristianismo prohibirá la danza pero en la Edad Media encontramos ejemplos que reciben el nombre genérico de **estampie.**

9

Los **instrumentos medievales** presentan una gran variedad de formas y denominaciones. Se utilizan para acompañar las canciones profanas y para la interpretación de danzas y procesiones.

10

La **música en España** refleja la diversidad de sus culturas.

Los reinos musulmanes mantienen su tradición popular de canciones en la música andalusí.

Los reinos cristianos adoptarán el canto gregoriano y recibirán la influencia de la música de trovadores y de la polifonía europea.

Mis progresos

UNIDAD 1	SOBRESALIENTE ¡SOY MUY COMPETENTE!	NOTABLE SOY BASTANTE COMPETENTE PERO PUEDO MEJORAR ALGO	BIEN SOY COMPETENTE PERO PUEDO MEJORAR BASTANTE	SUFICIENTE SOY COMPETENTE PERO DEBO MEJORAR BASTANTE	INSUFICIENTE ME FALTAN COMPETENCIAS ¡DEBO ESFORZARME MUCHO MÁS!
He aprendido	Comprendo las características y funciones de la música en la Antigüedad y siempre utilizo el lenguaje técnico apropiado para describirlas. Identifico siempre los principales géneros y formas musicales de la Edad Media con sus ejemplos y compositores más representativos. Reconozco las distintas manifestaciones de la música medieval en España y siempre valoro la importancia del patrimonio cultural español. Siempre identifico los ejemplos musicales trabajados situándolos en su contexto y describiendo sus rasgos más característicos.	Comprendo las características y funciones de la música en la Antigüedad y casi siempre utilizo el lenguaje técnico apropiado para describirlas. Identifico casi siempre los principales géneros y formas musicales de la Edad Media con sus ejemplos y compositores más representativos. Reconozco las distintas manifestaciones de la música medieval en España y casi siempre valoro la importancia del patrimonio cultural español. Casi siempre identifico los ejemplos musicales trabajados situándolos en su contexto y describiendo sus rasgos más característicos.	Comprendo las características y funciones de la música en la Antigüedad y a veces utilizo el lenguaje técnico apropiado para describirlas. Identifico a veces los principales géneros y formas musicales de la Edad Media con sus ejemplos y compositores más representativos. Reconozco las distintas manifestaciones de la música medieval en España y a veces valoro la importancia del patrimonio cultural español. A veces identifico los ejemplos musicales trabajados situándolos en su contexto y describiendo sus rasgos más característicos.	Comprendo las características y funciones de la música en la Antigüedad pero me cuesta utilizar el lenguaje técnico apropiado para describirlas. Me cuesta identificar los principales géneros y formas musicales de la Edad Media con sus ejemplos y compositores más representativos. Reconozco algunas de las manifestaciones de la música medieval en España y a veces valoro la importancia del patrimonio cultural español. Me cuesta identificar los ejemplos musicales trabajados situándolos en su contexto y describiendo sus rasgos más característicos.	No comprendo las características y funciones de la música en la Antigüedad y no sé utilizar el lenguaje técnico apropiado para describirlas. No sé identificar los principales géneros y formas musicales de la Edad Media con sus ejemplos y compositores más representativos. No sé reconocer las distintas manifestaciones de la música medieval en España y no valoro la importancia del patrimonio cultural español. No sé identificar los ejemplos musicales trabajados situándolos en su contexto y describiendo sus rasgos más característicos.
Sé hacer	Participo en la interpretación de piezas vocales, instrumentales o coreográficas atendiendo al conjunto y asumiendo distintos roles. Desarrollo las habilidades relacionadas con la interpretación con actitud abierta y respetuosa, tomando conciencia de mis propias posibilidades. Siempre manejo de forma autónoma distintos tipos de partituras como apoyo a las actividades musicales del aula. Elaboro con mucha facilidad composiciones sencillas imitando los rasgos característicos del estilo y las formas musicales trabajadas.	Participo en la interpretación de piezas vocales, instrumentales o coreográficas atendiendo al conjunto y casi siempre asumo distintos roles. Desarrollo las habilidades relacionadas con la interpretación con actitud abierta y respetuosa, y casi siempre tomo conciencia de mis propias posibilidades. Casi siempre manejo de forma autónoma distintos tipos de partituras como apoyo a las actividades musicales del aula. Elaboro con facilidad composiciones sencillas imitando los rasgos característicos del estilo y las formas musicales trabajadas.	Participo en la interpretación de piezas vocales, instrumentales o coreográficas atendiendo al conjunto y a veces asumo distintos roles. Desarrollo las habilidades relacionadas con la interpretación con actitud abierta y respetuosa, y a veces tomo conciencia de mis propias posibilidades. A veces manejo de forma autónoma distintos tipos de partituras como apoyo a las actividades musicales del aula. Elaboro sin dificultad composiciones sencillas imitando los rasgos característicos del estilo y las formas musicales trabajadas.	Participo en la interpretación de piezas vocales, instrumentales o coreográficas atendiendo al conjunto pero no asumo distintos roles. Desarrollo las habilidades relacionadas con la interpretación con actitud abierta y respetuosa, pero me cuesta tomar conciencia de mis propias posibilidades. Manejo, con un poco de ayuda, distintos tipos de partituras como apoyo a las actividades musicales del aula. Me cuesta un poco elaborar composiciones sencillas imitando los rasgos característicos del estilo y las formas musicales trabajadas.	Participo en la interpretación de piezas vocales, instrumentales o coreográficas pero no atiendo al conjunto y no asumo distintos roles. Desarrollo las habilidades relacionadas con la interpretación pero no muestro una actitud abierta y respetuosa, y no tomo conciencia de mis propias posibilidades. Me cuesta manejar distintos tipos de partituras como apoyo a las actividades musicales del aula. No sé elaborar composiciones sencillas imitando los rasgos característicos del estilo y las formas musicales trabajadas.
La tecnología y yo	Navego por internet sin dificultad para investigar sobre los periodos históricos estudiados y encuentro mucha información interesante. Tengo un dominio muy elevado de las herramientas TIC para la realización de las actividades propuestas.	Navego por internet sin dificultad para investigar sobre los periodos históricos estudiados y normalmente encuentro información interesante. Tengo un dominio alto de las herramientas TIC para la realización de las actividades propuestas.	Navego por internet sin dificultad para investigar sobre los periodos históricos estudiados y a veces encuentro información interesante. Tengo suficiente dominio de las herramientas TIC para la realización de las actividades propuestas.	Navego por internet con cierta dificultad para investigar sobre los periodos históricos estudiados y me cuesta encontrar información interesante. Tengo poco dominio de las herramientas TIC para la realización de las actividades propuestas.	Me cuesta mucho navegar por internet para investigar sobre los periodos históricos estudiados y no sé encontrar la información. No tengo dominio de las herramientas TIC para la realización de las actividades propuestas y no sé utilizarlas.
¿Sé trabajar en grupo?	Asumo mi rol y aporto ideas al grupo sin interferir en el trabajo de los demás.	Asumo mi rol y aporto ideas al grupo pero tiendo a interferir en el trabajo de los demás.	Asumo mi rol y aporto ideas al grupo pero interfiero en el trabajo de los demás.	Asumo mi rol pero no aporto ideas al grupo e interfiero en el trabajo de los demás.	No asumo mi rol ni aporto ideas al grupo e interfiero en el trabajo de los demás.

2 Renacimiento

- **música vocal**
  - **religiosa**
    - coral
    - anthem
    - motete
  - **profana**
    - madrigal
    - chanson
    - villancico
- **música instrumental**
  - adaptación de obras vocales
  - improvisaciones
  - variaciones
  - música de danza

Actividades iniciales

1. Observa el cuadro cronológico que encontrarás en las páginas siguientes e indica los datos históricos de los acontecimientos y de los personajes que reconozcas.

2 Renacimiento

	Vamos a aprender a...	Competencias
Interpretación y creación	Desarrollar las técnicas de interpretación (vocal, instrumental y de movimiento) y expresión musical, tanto individuales como en grupo. Participar en las actividades musicales con la disposición adecuada para la superación de dificultades y para el enriquecimiento del grupo. Reconocer los elementos básicos del lenguaje musical utilizando el vocabulario técnico apropiado para describirlos. Improvisar y realizar pequeñas composiciones utilizando los elementos del lenguaje musical característicos del estilo o las formas musicales trabajadas. Leer música en el contexto de las actividades del aula como apoyo a las tareas de interpretación y creación.	CMCT CPAA CSC SIE
Escucha	Valorar el silencio como condición previa para participar en las audiciones. Escuchar obras del repertorio más significativo de la música en el Renacimiento apreciando su valor como fuente de conocimiento y enriquecimiento cultural y personal. Reconocer los ejemplos musicales trabajados en clase relacionándolos con la época, el compositor y la forma musical correspondiente. Ejercitar la interiorización sonora como base de la escucha activa para identificar las principales características en las audiciones trabajadas. Leer música en el contexto de las actividades del aula como apoyo a las tareas de audición.	CPAA CSC SIE CEC
Contextos musicales y culturales	Reconocer la cronología del Renacimiento y los rasgos más significativos que definen dicho periodo histórico situando en su contexto las distintas manifestaciones musicales. Conocer las principales formas de la música vocal religiosa en el Renacimiento y sus compositores más representativos. Conocer las principales formas de la música vocal profana en el Renacimiento y sus compositores más representativos. Conocer las principales formas de la música instrumental en el Renacimiento, sus instrumentos y sus compositores más representativos. Conocer las principales formas de danza en el Renacimiento. Conocer las principales manifestaciones de la música del Renacimiento en España y sus compositores más representativos. Relacionar las cuestiones técnicas aprendidas con la evolución de la historia de la música. Valorar la asimilación y empleo de los conceptos musicales básicos necesarios a la hora de emitir juicios de valor o "hablar de música". Elaborar juicios y criterios personales, mediante un análisis crítico, de los diferentes usos sociales de la música, aplicándolos a situaciones cotidianas y valorando la contribución de la música a la vida personal y a la de la comunidad. Mostrar interés por conocer músicas de diferentes características, épocas y culturas, y por ampliar y diversificar las propias preferencias musicales adoptando una actitud abierta y respetuosa.	CCL CSC SIE CEC
Música y tecnología	Utilizar con autonomía distintas fuentes de información para investigar y realizar trabajos sobre fuentes literarias, históricas y artísticas relacionadas con el Renacimiento. Manejar los recursos tecnológicos para el aprendizaje de la música y para la realización de sencillas producciones musicales. Investigar en Internet y en fuentes audiovisuales ejemplos de las distintas manifestaciones musicales del Renacimiento realizando una valoración personal.	CCL CPAA SIE CD

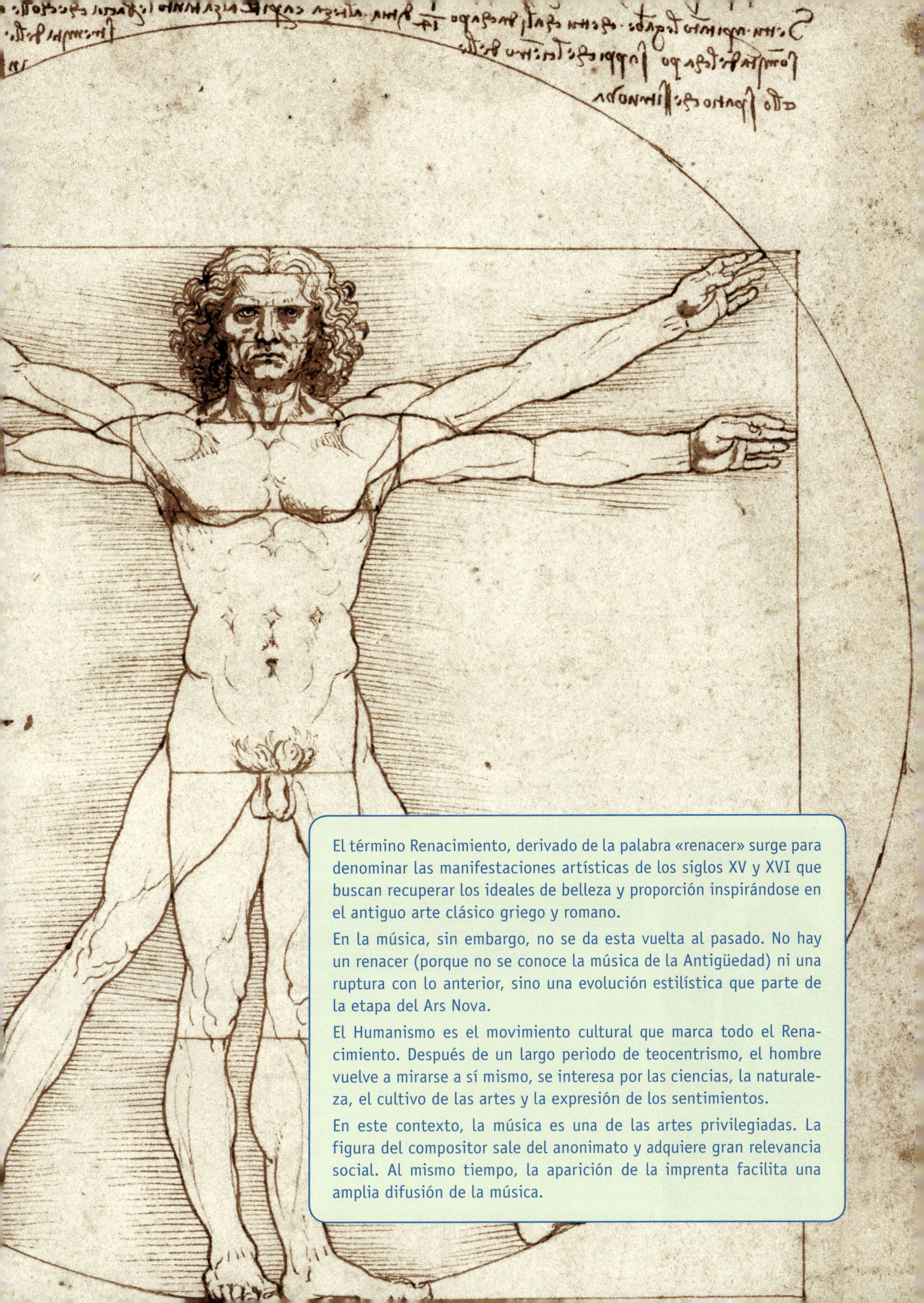

El término Renacimiento, derivado de la palabra «renacer» surge para denominar las manifestaciones artísticas de los siglos XV y XVI que buscan recuperar los ideales de belleza y proporción inspirándose en el antiguo arte clásico griego y romano.

En la música, sin embargo, no se da esta vuelta al pasado. No hay un renacer (porque no se conoce la música de la Antigüedad) ni una ruptura con lo anterior, sino una evolución estilística que parte de la etapa del Ars Nova.

El Humanismo es el movimiento cultural que marca todo el Renacimiento. Después de un largo periodo de teocentrismo, el hombre vuelve a mirarse a sí mismo, se interesa por las ciencias, la naturaleza, el cultivo de las artes y la expresión de los sentimientos.

En este contexto, la música es una de las artes privilegiadas. La figura del compositor sale del anonimato y adquiere gran relevancia social. Al mismo tiempo, la aparición de la imprenta facilita una amplia difusión de la música.

CUADRO CRONOLÓGICO DEL RENACIMIENTO

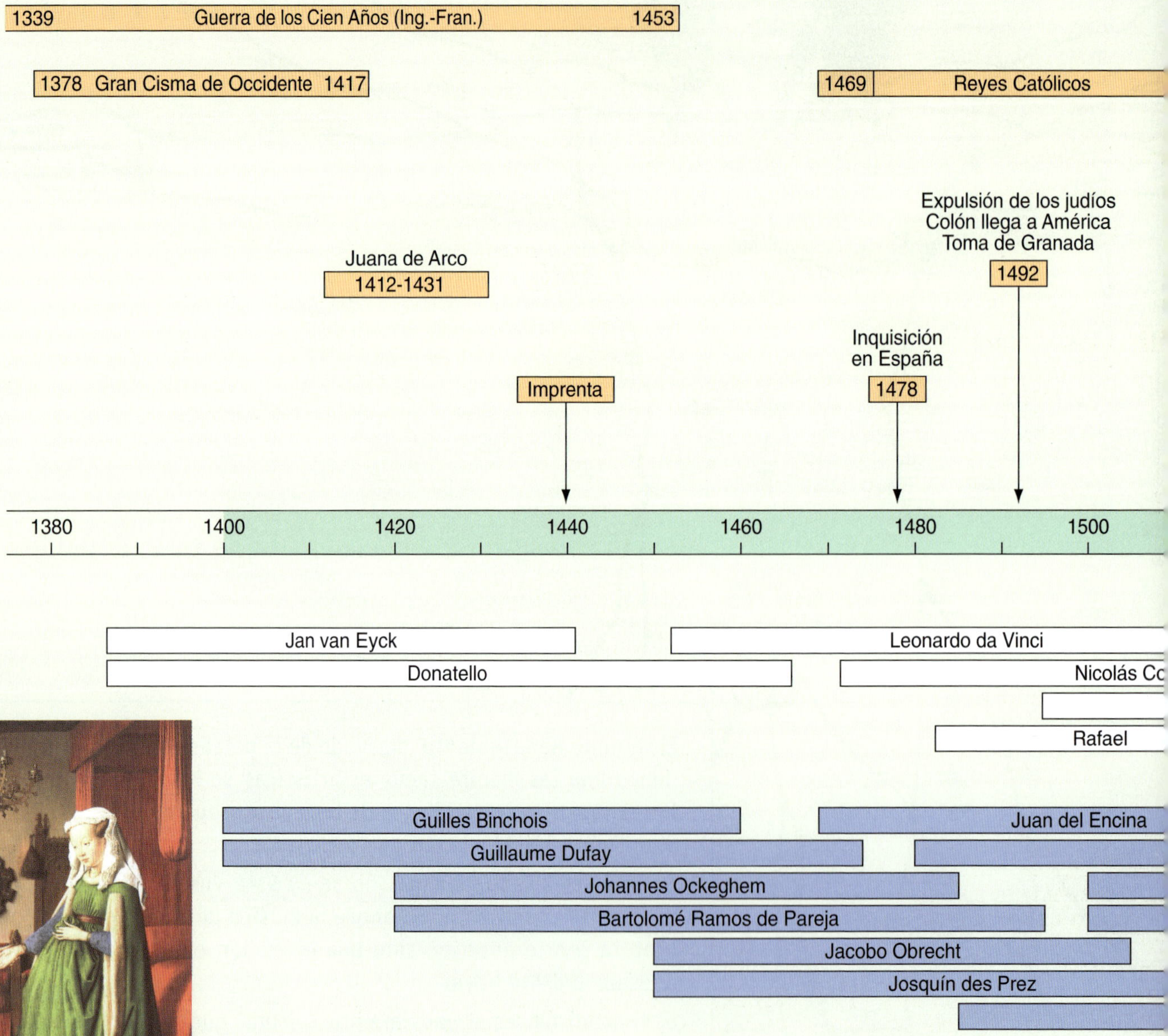

El matrimonio Arnolfini, de Jan van Eyck.

Capilla Sixtina *(Creación de Adán)*, de Miguel Ángel.

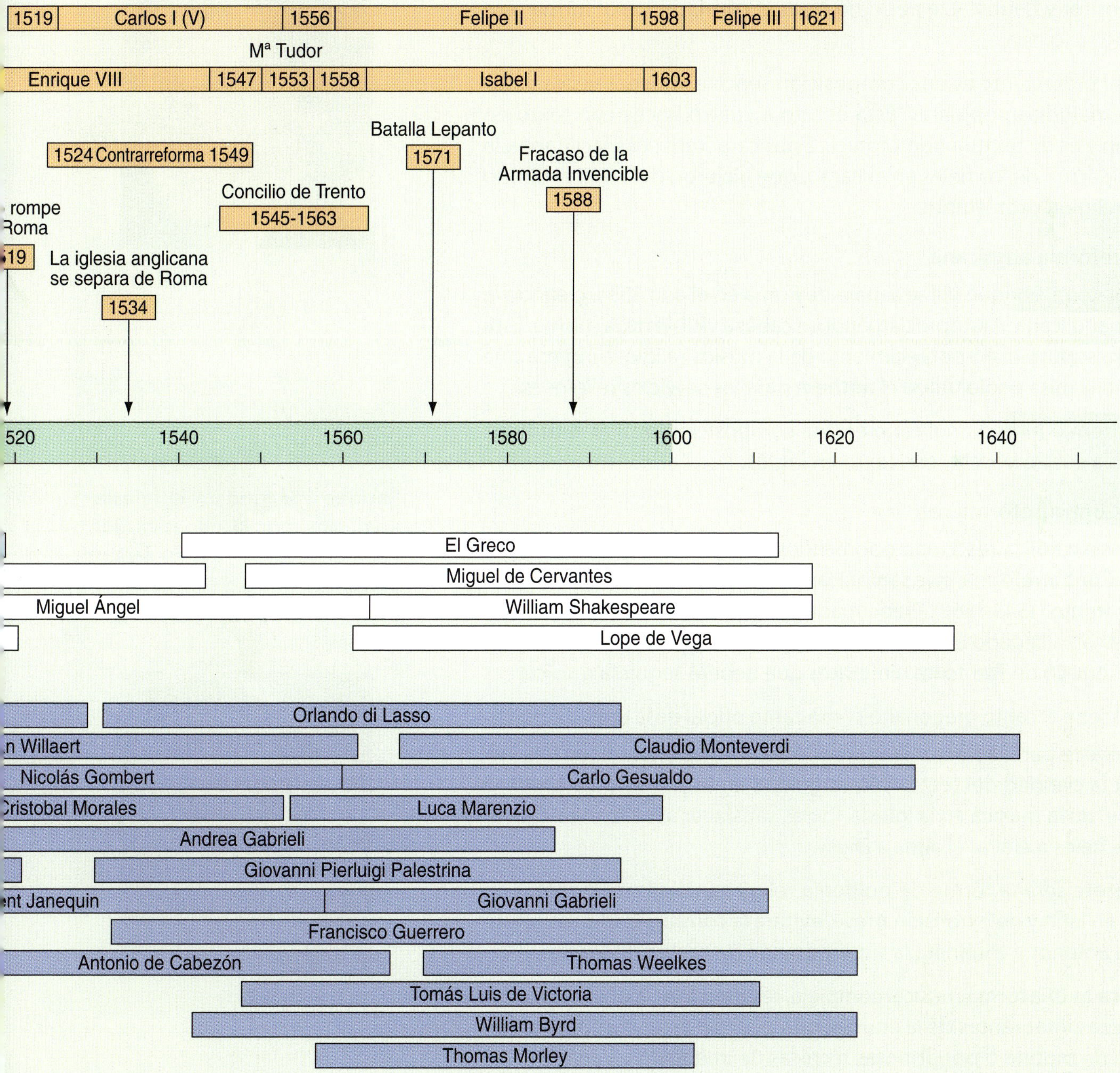

1 Música vocal religiosa

Durante el Renacimiento, la Iglesia sufre luchas internas que rompen con la unidad del cristianismo. Las nuevas religiones protestantes buscarán formas nuevas para su liturgia. La Iglesia católica continuará su rica tradición musical llevando la polifonía a su máximo esplendor, hasta el punto de que este periodo se conoce como «el Siglo de Oro de la polifonía».

La reforma protestante

En Alemania, Martín Lutero rompe con Roma en el año 1519, estableciendo el protestantismo. Lutero consideraba la música como lo más importante después de la teología y su elevada formación musical (era compositor y flautista) le permitió crear el **coral,** principal forma musical de su iglesia.

El **coral** protestante es una composición sencilla, muchas veces basada en melodías populares. Está escrito a cuatro voces con texto en alemán y es de textura homofónica. Estas características facilitaban la participación de los fieles en el canto, que hicieron del coral el himno de la religión protestante.

La reforma anglicana

En Inglaterra, Enrique VIII se separa de Roma en el año 1534, creando la Iglesia anglicana y autoproclamándose cabeza visible de la misma. Esta ruptura supuso el empobrecimiento de la música religiosa inglesa que eliminó la misa y solo utilizó el **anthem** para los servicios religiosos.

El **anthem** o himno anglicano es una composición similar al motete, escrito a cuatro voces y con texto en inglés.

La Contrarreforma católica

La Iglesia católica reaccionó oponiéndose al protestantismo con la llamada Contrarreforma, que sentará las bases de su doctrina en el Concilio de Trento (1545-1563). Preocupada por la excesiva complejidad a la que se había llegado en la polifonía, la Iglesia católica marcará también en el Concilio de Trento las directrices que deberá seguir la música:

- Mantiene el canto gregoriano como canto oficial de la Iglesia católica.
- Establece para la polifonía una serie de normas encaminadas a «vigilar la claridad del texto» y la «dignidad en la expresión» ya que el papel de la música en la Iglesia «no es satisfacer al oído, sino ayudar a los fieles a elevar el alma a Dios».

El **motete** será la forma de polifonía religiosa más importante. Con texto en latín y de extensión breve, evitará la complejidad contrapuntística anterior y eliminará la superposición de textos diferentes.

La **misa** es una forma musical compleja, resultado de la unión de todas las piezas integrantes de la liturgia, que pueden estar compuestas en forma de motete o por distintas técnicas de imitación y variación.

Los compositores más importantes de la Contrarreforma son Giovanni Pierluigi da Palestrina (1525-1594), Orlando di Lasso (1531-1594) y los españoles Cristóbal Morales (1500-1553) y Tomás Luis de Victoria (1548-1611).

Martín Lutero (1483-1546)

Lutero iniciará la reforma protestante por su desacuerdo con la venta de indulgencias y los abusos de la Iglesia católica.

Enrique VIII (1491-1547)

Enrique VIII fundará la Iglesia anglicana por la negativa del Papa Clemente VII a la anulación de su matrimonio con Catalina de Aragón, la primera de sus seis esposas.

ACTIVIDADES

1. Escucha este ***Ave María*** de **Tomás Luis de Victoria** y sigue la audición con ayuda de la partitura. Es un motete a cuatro voces que canta el texto de la oración *Ave María* en latín.

17

– Identifica en la partitura los cambios de ritmo y los diferentes tratamientos de la textura. ¿Para qué agrupación vocal está escrito? ¿En qué sección se escucha el texto con mayor claridad?

2 Música vocal profana

La música vocal profana irá cobrando en este periodo cada vez mayor importancia frente a la religiosa. Las formas musicales varían según los países y se desarrollan ligadas a las formas poéticas del momento tratando todos los temas relacionados con el hombre y sus emociones.

El madrigal

Forma vocal italiana a cuatro o cinco voces, de textura polifónica compleja y con un carácter marcadamente descriptivo. La música intenta ser fiel reflejo del texto, utilizando elemento expresivos («madrigalismos») para representar su significado o reforzar sus emociones.

Los compositores más importantes son Orlando di Lasso (1531-1594), Carlo Gesualdo (1560-1630) y Claudio Monteverdi (1567-1643).

La chanson

Forma vocal francesa a varias voces y de textura polifónica, normalmente con acompañamiento instrumental. Posee un carácter descriptivo y emplea con frecuencia onomatopeyas musicales, como cantos de pájaros, efectos naturales, escenas urbanas, de caza, batallas, etc.

Los compositores más representativos son Josquin des Prez (1440-1521) y Clément Janequin (1485-1558).

Cuarteto mixto

La música vocal profana también se basa en la polifonía y utiliza como agrupación más frecuente el cuarteto mixto formado por las voces extremas de mujer y de hombre: soprano, contralto, tenor y bajo.

ACTIVIDADES

1. Escucha la chanson ***Los gritos de París*** de **Clément Janequin,** en la que recrea el ambiente bullicioso del mercado de la ciudad con el siguiente texto:

18

¿Queréis oír los gritos de París? ¿Dónde está el gentío?
¡Ricos pasteles calientes! ¿Quién los va a tomar?
¡Vino blanco, clarete, tinto, por seis céntimos!
¡Tarta de queso caliente! ¡Llévesela por medio sous! ¡Ricas tartas, pequeñas como barquillos!
¡Bebed esto! ¡Vinagre de vino! ¡Arenque rojo, arenque blanco! ¿Necesitan un poco de salsa verde? ¡Mostaza fina! ¡Ramas secas!
¡Zapatos viejos! ¡Buenos troncos duros de madera! ¡Col fría!
¿Quién quiere leche? ¡Soy yo, me estoy muriendo de frío!
¡Guisantes! ¡Mi preciosa lechuga, mis ricas cebolletas!
¡Cerezas dulces! ¿Necesitan algo de arena?
¡Preciosa, verdaderamente bonita! ¡Estoy sacando dinero: lo necesitaba!
¡Consiga un pequeño beneficio! ¡Rastros! ¡Cerillas! ¡Botas viejas!
¡Ciruelas de Saint Julien! ¡Judías de Maretz!
¡Pongo celosos a los maridos! ¡Mis preciosos puerros, perejil, espinacas!
¡Melocotones de Corbeil! ¡Naranjas! ¡Almohazas limpias! ¡Charlotte, amor mío!
¡Grelos! ¡Preciosas escobas! ¡Rábanos dulces!
¡Brie excelente! ¡Rosarios por un penique! ¡Castañas de Lyon!
¡Chirivías, grelos! ¡Preciosas balanzas! ¡Cerillas secas! ¡Vino joven!
¿Necesitan grava, necesitan madera? ¡Repostería caliente, col fría!
¡Junte su montón de leña! ¡Madera seca!
¡Aros, preciosos aros! ¡Velas finas! ¡Haces de astillas!
En París ponen paja en el puente pequeño. Si queréis oír más, ¡id a preguntarles!

– Analiza la tímbrica y la textura y explica las descripciones musicales del texto.

3 Música instrumental

Durante el Renacimiento la música instrumental, hasta entonces marginada, irá ganando un creciente interés por parte de los compositores. Se perfeccionan los instrumentos y sus técnicas y, por primera vez, se compone música específica para instrumentos.

La Iglesia continúa con la prohibición del uso de instrumentos, ligados a cultos paganos «peligrosos» para sus fieles, por lo que la música instrumental tendrá que desarrollarse en el ámbito profano.

Por una parte, continuará sirviendo de acompañamiento a la música vocal profana. Por otra, surgirá una verdadera música instrumental independiente del canto y su texto.

A partir de estos momentos, se empieza a anotar la música, que hasta entonces se improvisaba o se ejecutaba de memoria. Sin embargo, el carácter improvisatorio tan arraigado en la práctica instrumental, seguirá vigente durante el Renacimiento y tendrá su reflejo en la utilización de distintas técnicas de ornamentación y variación características de muchas formas de la música instrumental.

La tablatura

La música instrumental dará lugar a nuevos sistemas de notación como la tablatura, que indica al músico mediante números, letras o figuras cómo producir en su instrumento el sonido requerido.

3.1. Formas instrumentales

La mayor parte de las formas instrumentales del Renacimiento responden a tres tipos básicos de composición:

- **Piezas adaptadas de obras vocales**

Mantienen la estructura y la textura típica de las formas vocales originales y son el resultado de la adaptación, espontánea y necesaria, para poder sustituir voces por instrumentos que ofrecen nuevas posibilidades. A este tipo pertenece el **ricercare** (derivado del motete) y la **canzona** (derivada de la chanson).

- **Piezas basadas en la improvisación**

Puede improvisarse sobre una melodía dada o «cantus firmus» o puede inventarse la música libremente, sin ningún punto de referencia. A este tipo pertenece la **fantasía** y la **toccata,** piezas en las que el compositor desarrolla plenamente su creatividad.

- **Piezas basadas en la variación**

El compositor parte de un tema sencillo que después repite con distintas modificaciones. Las variaciones pueden hacerse transformando el material del que se parte (cambios de diseños melódico-rítmicos, ornamentaciones) o añadiendo cosas nuevas.

Junto a estas formas, la **danza,** convertida en uno de los entretenimientos preferidos de la nobleza, contará con uno de los repertorios más importantes de la música instrumental que estudiaremos con mayor profundidad en el siguiente epígrafe.

Los compositores más destacados de música instrumental son Andrea Gabrielli (1510-1586) y Giovanni Gabrielli (1557-1612) con obras para conjunto y John Dowland (1563-1626) con obras para virginal y laúd.

Melodías prestadas

La utilización de melodías preexistentes, normalmente tomadas del ámbito popular, fue un recurso muy habitual aprovechado por casi todos los compositores.

Estas melodías servirán de base de la composición como «cantus firmus» sobre el que se construye la polifonía o como tema de partida para la elaboración de variaciones e improvisaciones.

3.2. Los instrumentos

En la música de conjunto todavía no existe el concepto de orquesta como grupo estable, de manera que los instrumentos no se especifican en la partitura y las obras son interpretadas según los medios disponibles en cada ocasión.

De todas formas, podemos hablar de una incipiente preocupación por la interpretación instrumental que se refleja en la publicación de los primeros tratados que describen algunos instrumentos y sus técnicas, normalmente escritos en lenguas vernáculas y dirigidos a músicos prácticos.

Las familias instrumentales se dividen en dos categorías en función de su potencia sonora y no de sus similitudes tímbricas o de ejecución:

- **Música alta:** formada por instrumentos de gran potencia sonora. Son agrupaciones destinadas para la interpretación al aire libre en acontecimientos públicos.
- **Música baja:** formada por instrumentos de intensidad suave. Son agrupaciones destinadas a la interpretación en espacios interiores.

Los instrumentos solistas preferidos son los de cuerda pulsada (laúd y vihuela) y los de teclado (órgano y clave), todos ellos polifónicos.

Aumenta el número de instrumentos de viento y muchos de ellos se construyen en familias de distintos tamaños para abarcar la tesitura completa de las voces.

Inicios de la organología

El primer intento serio de estudio de los instrumentos fue el tratado del compositor y teórico alemán Michael Praetorius (1571-1620) titulado *Syntagma musicum*, que describe los instrumentos de la época y el modo de tocarlos.

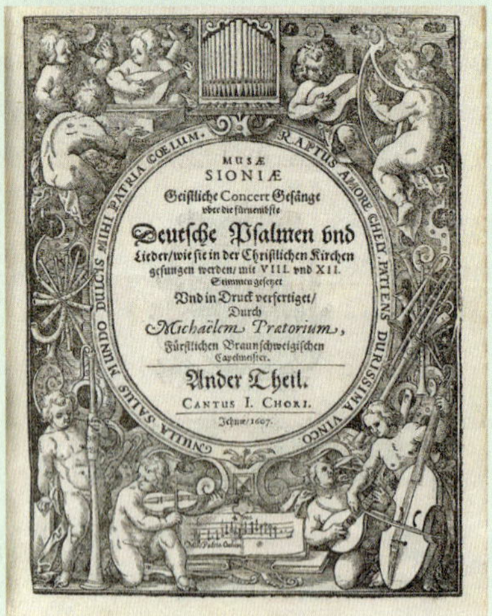

ACTIVIDADES

1. Observa las ilustraciones de los principales instrumentos del Renacimiento e indica la clasificación completa de cada uno de ellos:

Chirimía

Vihuela

Serpentón

Espineta

Cromorno

Flauta

Laúd

Viola de gamba

Órgano

4 La danza en el Renacimiento

La sociedad refinada del Renacimiento adoptó la danza como uno de los entretenimientos preferidos de la nobleza. Un buen cortesano debía tener una adecuada formación musical y esta incluía el cultivo de la danza.

Buena parte del éxito de la música instrumental de este periodo se debe a la música destinada a la danza.

La necesidad de componer una música para ser bailada condiciona su estructura, ya que los pasos obligan a una regularidad en las frases musicales que permita marcar fácilmente los desplazamientos. Así, la música de danza se caracteriza por la utilización de frases cortas y simétricas, con cadencias claras, ritmos marcados y frecuentes repeticiones.

Los pares de danza

Las danzas solían presentarse agrupadas en parejas contrastantes con una primera danza de pasos en ritmo binario y tempo lento, seguida de una segunda danza de giros o saltos, más rápida y en ritmo ternario.

Uno de los pares de danza más célebres fue la combinación de pavana y gallarda, ambas se escribían temáticamente relacionadas.

- La **pavana** es una danza de carácter procesional en ritmo binario lento y ceremonioso. Suele estar compuesta por tres partes, cada una de las cuales se repite dos veces.
- La **gallarda** es una danza animada y en ritmo ternario. Compuesta a partir de la pavana, responde a su misma estructura, pero con una coreografía más exigente.

A partir del s. XV surgirán los primeros maestros de danza, que establecerán reglas y pasos precisos, enseñando a bailar a los cortesanos y publicando manuales con la coreografía y la música de las danza de moda.

El más célebre de los manuales de danza es la *Orchésographie,* del maestro Arbeau, publicado en 1588. Utiliza las letras del alfabeto para indicar los pasos y proporciona consejos tan útiles antes del baile como «escupir y sonarse la nariz con moderación» o «elegir a la dama que mejor olor desprenda».

El origen del ballet

La vinculación del arte dramático con la corte provocará enseguida la introducción de la danza en el teatro, que comenzará a desarrollarse como un arte propio sometido a unas reglas muy severas.

A partir de este momento podemos hablar de dos géneros de danza diferenciados: la danza de sociedad, que irá conociendo éxitos y modas más o menos duraderos, y la danza teatral, que dará origen al ballet moderno.

El primer ballet de la historia es el *Ballet comique de la Reine,* encargado por Catalina de Medici para los esponsales del duque de Joyeuse con Margarita de Lorena y representado en París en 1581. Interpretado por nobles aficionados, es la primera representación que combina música, poesía, decoración y danza en un solo escenario.

Danza popular y danza cortesana

Las danzas populares se transformarán en danzas sociales utilizadas como entretenimiento por la nobleza. Así comienza en este periodo la diferenciación entre danza popular o folclórica (bailada por el pueblo) y danza cortesana o de salón (bailada por la aristocracia).

↑ Baile en la Corte de Enrique III celebrado con ocasión del matrimonio entre el duque de Joyeuse y Margarita de Lorena (24 de septiembre de 1581).

ACTIVIDADES

1. Interpreta esta ***Pavana*** y ***Gallarda*** de **Claude Gervaise,** publicadas en uno de sus libros de *Danceries.*

PAVANA

GALLARDA

Realiza ahora una pequeña coreografía siguiendo las instrucciones de Arbeau:

a. La pavana es fácil de bailar, pues consiste en dos pasos simples más uno doble hacia delante seguidos de dos pasos simples y uno doble hacia atrás. Los pasos hacia delante comienzan con el pie izquierdo y los pasos hacia atrás lo hacen con el derecho.

b. La gallarda consiste en cinco pasos distribuidos en seis pulsos. En los pulsos 1 al 4 se dan cuatro pasos (uno por cada pulso) saltando sobre un pie mientras se da una patada al aire con el otro. En el pulso 5 se da un gran salto agitando las dos piernas en el aire y en el pulso 6 se descansa.

5 El Renacimiento en España

5.1. Música vocal religiosa

La música religiosa constituye el repertorio más abundante de la música vocal, unida a la Iglesia católica y siguiendo las directrices marcadas por el Concilio de Trento.

El **canto gregoriano** sigue manteniéndose como canto oficial de la Iglesia, así que será en las formas polifónicas donde los compositores desarrollen su labor de creación utilizando como principal forma el **motete.**

Los compositores más representativos Cristóbal Morales (1500-1553), Francisco Guerrero (1527-1599) y Tomás Luis de Victoria (1548-1611).

5.2. Música vocal profana

A pesar de la importancia de la música religiosa, la producción de música vocal profana, ahora ya compuesta para varias voces (textura polifónica), tendrá un destacado papel en ámbitos cortesanos y populares.

La polifonía profana española posee un marcado carácter popular que aportará a la música europea un repertorio totalmente original basado en melodías tradicionales, ritmos bailables, empleo del estilo silábico y de una textura homofónica sencilla en la que las voces discurren a la vez.

Las principales formas, típicamente españolas, son: el **romance,** el **villancico** y la **ensalada.**

El romance

Es una canción estrófica de carácter narrativo compuesta para varias voces en textura homofónica, que aborda contenidos históricos, legendarios o acontecimientos sociales.

La estructura estrófica del texto se corresponde con una melodía compuesta por cuatro frases musicales distintas, que se repiten igual para cada uno de los cuatro versos de la estrofa.

El villancico

Es una forma de canción emparentada con las cantigas medievales de copla y estribillo. Compuesto normalmente a cuatro voces con textura homofónica, sigue un texto estructurado en estribillo y coplas. Su principal característica es que los últimos versos de la copla hacen de «volta», repitiendo la melodía del estribillo para anunciar su vuelta.

La ensalada

Es una forma de canción a cuatro o cinco voces que consiste en la mezcla (de ahí el nombre) de diferentes géneros, formas y textos en una sola composición. No constituye un repertorio numeroso, pero sí es una forma original de gran frescura, con pasajes descriptivos y burlescos combinados con temas serios.

Los compositores más representativos de la música profana española son Juan del Enzina (1469-1529), Francisco de Peñalosa (1470-1528), Mateo Flecha *el Viejo* (1483-1553) y Juan Vázquez (1500-1560).

Época de esplendor

El Renacimiento supone para España la etapa más brillante de su historia con un desarrollo político y económico extraordinario que tendrá su reflejo en el apogeo de las artes y las letras, y de manera especial, en la música.

Los reyes españoles se convertirán en fervientes defensores del catolicismo y su Contrarreforma, lo que favorecerá un abundantísimo repertorio de música vocal religiosa, caracterizado por su austeridad y profundidad de sentimiento.

Al mismo tiempo, se crearán numerosas capillas musicales cortesanas encargadas de procurar entretenimiento a los nobles, incluso en sus desplazamientos por otros países, de manera que la música profana española podrá recoger y unir las distintas corrientes musicales europeas.

Canto de «villanos»

La denominación de «villancico» hace referencia a un canto popular de «villanos», nombre que se daba a los habitantes de las villas o aldeas.

Con el paso del tiempo, el villancico incorporará temas de carácter religioso y empezará a cantarse en las iglesias asociado a la navidad, dando lugar al género de canción que conocemos en la actualidad.

5.3. Música instrumental

Al igual que sucede con la música profana, la música instrumental española estará al corriente de las formas y técnicas de composición europeas, asumiendo sus principales características y aportando algunos rasgos propios.

Así, las principales formas de música instrumental siguen el modelo que ya hemos visto de piezas adaptadas de obras vocales, basadas en la improvisación y la variación o composiciones destinadas a la danza.

La forma de la variación recibirá en España el nombre de «**diferencias**» y será uno de los repertorios más característicos, que utilizará con frecuencia melodías prestadas del ámbito popular o temas de otros compositores.

Además de las agrupaciones instrumentales de la época, destinadas en su mayoría a la interpretación de danzas, los instrumentos solistas más importantes serán la vihuela y el órgano.

Entre los compositores más representativos destacan Luis de Narváez (1499-1555) y Luis de Milán (1500-1561) en la música para vihuela, y Antonio de Cabezón (1510-1566) y Francisco Salinas (1513-1590) en la música para órgano.

↑ Monumento a Francisco Salinas (Burgos).

ACTIVIDADES

1. Interpreta el romance ***¿Qué es de ti, desconsolado?*** de **Juan del Enzina:**

¿Qué es de ti, desconsolado?
¿Qué es de ti, rey de Granada?
¿Qué es de tu tierra y tus moros?
¿Dónde tienes tu morada?

Reniega ya de Mahoma
y de su secta malvada
que vivir en tal locura
es una burla burlada.

Torna, tórnate buen rey
a nuestra ley consagrada,
porque, si perdiste el reino
tengas el alma cobrada.

¡Oh, Granada ennoblecida
por todo el mundo nombrada,
hasta aquí fuiste cautiva
y ahora ya libertada!

– Analiza su estructura indicando la correspondencia de versos y frases musicales.

Desafío

«**Música y poesía**»

Comenta la *Oda a Francisco Salinas* escrita por el poeta **Fray Luis de León** (1527-1591), amigo íntimo de Salinas, en la que refleja su admiración por el compositor y por la música como la primera de todas las artes.

El aire se serena
y viste de hermosura y luz no usada,
Salinas, cuando suena
la música extremada
por vuestra sabia mano gobernada.

A cuyo son divino
mi alma, que en olvido está sumida,
torna a cobrar el tino
y memoria perdida
de su origen primera esclarecida.

Y como se conoce,
en suerte y pensamiento se mejora;
el oro desconoce,
que el vulgo ciego adora:
la belleza caduca engañadora.

Traspasa el aire todo
hasta llegar a la más alta esfera,
y allí oye de otro modo
de no perecedera
música, que es de todas la primera.

Ve cómo el maestro
a aquesta inmensa cítara aplicado,
con movimiento diestro
produce el son sagrado,
con que este eterno templo es sustentado.

Y como está compuesta
de números concordes, luego envía
consonante respuesta;
y entrambas a porfía
mezclan una dulcísima armonía.

Aquí la alma navega
por un mar de dulzura, y, finalmente,
en él ansí se anega,
que ningún accidente
extraño y peregrino oye y siente.

¡Oh desmayo dichoso!
¡Oh muerte que das vida! ¡Oh dulce olvido!
¡Durase en tu reposo,
sin ser restituido
jamás a aqueste bajo y vil sentido!

A aqueste bien os llamo
gloria del Apolíneo sacro coro,
amigos, a quien amo
sobre todo tesoro;
que todo lo demás es triste lloro.

¡Oh! suene de contino,
Salinas, vuestro son en mis oídos,
por quien al bien divino
despiertan los sentidos,
quedando a los demás amortecidos.

Francisco Salinas perdió la vista de niño pero estudió humanidades, canto y órgano. Fue catedrático de música en la Universidad de Salamanca, donde coincidió con Fray Luis de León.

- Explica la interpretación que hace de la música hablando de la música material y sus efectos sobre el alma y de la música celestial.

Revista musical

El Coral pedagógico de Lutero

«Ningún cristiano desconoce, a mi entender, que cantar himnos es una cosa buena y grata para el Señor; ya que de todos es conocido no solamente el ejemplo de los profetas y de los soberanos del Antiguo Testamento (que glorificaban a Dios cantando y tocando instrumentos de cuerda) sino también la costumbre de la mayoría de los cristianos de cantar salmos desde el principio. Es más, San Pablo lo confirma y recomienda las grandes personalidades que canten de memoria salmos al Señor para que la palabra de Dios y su enseñanza pueda difundirse y practicarse en todas las modalidades.

Por tanto, para empezar bien y animar a los que pueden hacerlo mejor, he reunido ciertos cantos espirituales para difundir por todas partes y promover el evangelio, que ahora por gracia de Dios ha recobrado fuerza.

Además, estos cantos han sido adaptados para cuatro voces por el motivo que yo deseaba: que los jóvenes (aparte de eso, puedan y deben estar educados musicalmente) tuvieran a su alcance alguna cosa para que se deshicieran de sus cancioncillas de amor y cantos licenciosos, y en su lugar pudieran aprender cosas moralmente sanas y de este modo someterse con alegría al bien.

Y como no soy partidario de que todas las artes deban suprimirse o sucumbir, como ciertos beatos pretenden, pido que todo cristiano piadoso quiera aceptar todo esto, ¡ojalá! Dios le conceda talento y lo ayude a promoverlo.

Además, desgraciadamente, el mundo es tan débil e indiferente en lo referente a la educación de los pobres jóvenes que no se debe de ninguna manera dejar que las cosas sigan así. ¡Ojalá! Dios nos conceda su gracia. Amén.»

Crítica de la polifonía

«La música entre los antiguos fue la más espléndida de todas las artes. Con ella crearon efectos cargados de fuerza que nosotros, en la actualidad, no somos capaces de producir bien a la hora de conmover las pasiones y los afectos del alma.

Veo y escucho la música de nuestro tiempo, que algunos dicen ha llegado a un grado de refinamiento y perfección que nunca antes existió o pudo conocerse. Esto está claro, la música de hoy día no es el producto de la teoría, sino solo una aplicación de la práctica. «Kyrie eleison» quiere decir «Señor, ten piedad de nosotros». El músico antiguo habría expresado esta súplica usando el modo mixolidio, el que evocaba un sentimiento de contrición en el corazón y el alma. Y si no hubiese logrado hacer que su oyente llorase, por lo menos habría ablandado a toda mente endurecida a sentir piedad.

En la actualidad, estas cosas se cantan de cualquier forma y se las mezcla según una manera dudosa e indiferente. En resumen, me gustaría que cuando una misa se cantase en la iglesia, la música se viese reducida al significado fundamental de las letras, gracias a ciertos intervalos y números, que fuera apta para conmover nuestros sentimientos por la religión y la piedad.

En nuestro tiempo, los músicos han dedicado todo su arte y esfuerzo a escribir pasajes imitativos, con los cuales mientras una voz dice «Sanctus», la otra entona «Sabaoth», mientras otra más hace lo mismo con «Gloria tua», mediante aullidos, rugidos y tartamudeos, con lo cual recuerdan más a los gatos en enero que a las flores en mayo.»

Carta del obispo Bernardino Cirillo (1549).

Los efectos de la **Música**

Según el teórico y compositor Johannes Tinctoris (1435-1511), autor del primer diccionario de términos musicales y de otros tratados técnicos, la música cumple 19 funciones distintas:

Alegrar a Dios.

Adornar las alabanzas a Dios.

Aumentar el gozo de los beatos.

Hacer que la Iglesia militante sea igual que la triunfante.

Preparar para la recepción de la bendición divina.

Impulsar los sentimientos hacia la piedad.

Alejar la tristeza.

Ablandar la dureza del corazón.

Conducir al éxtasis.

Elevar la mente terrenal.

Apartar la mala voluntad.

Alegrar a los hombres.

Sanar a los enfermos.

Atenuar el trabajo.

Incitar los ánimos a la lucha.

Atraer el amor.

Aumentar la alegría de los banquetes.

Dar fama a quien la practica.

Beatificar las almas.

Sting y el pop del Renacimiento

Sting, la estrella del pop, exlíder del grupo británico Police, ha dado un giro radical a su carrera grabando el disco *Songs from the labyrinth* con música de John Dowland (1563-1626), laudista de la corte de Inglaterra.

El interés de Sting por la música del Renacimiento surgió cuando le regalaron un laúd y algunos amigos músicos le animaron a cantar las románticas y misteriosas canciones de Dowland, en realidad, uno de los primeros cantautores del pop inglés.

Sting asistió a clases de canto en la Schola Cantorum Basiliensis, el templo de los expertos en música antigua, y se hizo construir un laúd de mayores dimensiones más apropiado para el tamaño de sus manos de bajista.

Ha renunciado a las ventas millonarias y a los conciertos multitudinarios para adentrarse con amor y curiosidad en una música que invita a la reflexión y requiere de espacios pequeños y silenciosos.

La música de las misas según el Concilio de Trento

Todas las cosas deben estar ordenadas de tal manera que las misas lleguen tranquilamente a los oídos y corazones de aquellos que las escuchen, cuando todo se ejecute con claridad y velocidad correcta.

En el caso de aquellas misas que se celebren con canto y órgano, que en ellas nada profano se entremezcle, sino solo himnos y preces divinas. Debe constituirse todo el plan del canto según los modos musicales, no para que proporcione un placer vacío a los oídos, sino de tal forma que las palabras las entiendan claramente todos y así el corazón de los oyentes se vea arrastrado a desear las armonías celestiales.

También se desterrará de la iglesia toda música que contenga, bien en el canto o en la ejecución del órgano, cosas que sean lascivas o impuras.

La educación Renacentista

Baltasar de Castiglione, en su libro *El cortesano* (1528), habla de las virtudes y conocimientos que debe tener el cortesano ideal. En este tratado de buenas maneras, Castiglione incluye el conocimiento y la práctica de la música como uno de los principales atributos del perfecto caballero:

Habéis de saber, señores, que este nuestro Cortesano hará al caso que sea músico; y además de entender el arte y cantar bien por la partitura, ha de ser diestro en tocar diversos instrumentos. Porque, si bien lo consideramos, ningún remedio hay mayor ni más honesto para las fatigas del cuerpo y pasiones del alma que la música. En especial en las cortes de los príncipes, donde no solamente es buena para desenfadar, más aún para que con ella sirváis y deis placer a las damas, las cuales de tiernas y de blandas, fácilmente se deleitan y se enternecen con ella.

Castiglione también defiende la educación musical para las mujeres. Deben saber cantar, tocar algún instrumento y bailar, pero con las limitaciones propias de la época para una mujer virtuosa:

Y así, en el danzar, no querría verla con unos movimientos muy vivos y levantados, ni en el cantar o tocar me parecería bien que usase aquellas disminuciones fuertes y replicadas que traen más arte que dulzura. Asimismo, los instrumentos que ella toque, estoy en que sean conformes con esta intención. Imaginad ahora qué cosa tan desgraciada sería ver a una mujer tocando el tambor o una flauta, u otros instrumentos semejantes; y la causa de esto es la aspereza de ellos, que empaña o quita aquella suavidad mansa que tan propiamente y bien se asienta en las mujeres. Pero si alguna vez le dijeren que baile o toque o cante, debe esperar primero que se lo rueguen un poco; y cuando lo hiciere, hágalo con un cierto miedo, que no llegue a incomodarla, sino que solamente aproveche para mostrar en ella una vergüenza natural de mujer casta, la cual es contraria de la desvergüenza.

Autoevaluación

1 **Resuelve en tu cuaderno el crucigrama contestando a las definiciones que se indican a continuación:**

Horizontales

1. Forma instrumental basada en la improvisación y cuyo nombre alude a la idea de probar a tocar.
2. Primera danza de la pareja típica del Renacimiento de ritmo binario lento y ceremonioso.
3. Movimiento con el que la Iglesia católica reaccionó a la reforma protestante.
4. Forma vocal profana típica de España con estructura estrófica y carácter narrativo que relata sucesos históricos y acontecimientos.
5. Himno de la religión protestante creado por Lutero, con texto en alemán, melodías populares y textura homofónica.

Verticales

1. Forma instrumental derivada de la adaptación del motete.
2. Forma instrumental derivada de la adaptación de la chanson.
3. Forma vocal profana de origen francés que utiliza una textura polifónica y posee un carácter descriptivo con frecuentes onomatopeyas musicales.
4. Segunda danza de la pareja típica del Renacimiento, derivada de la pavana, en ritmo ternario y de carácter animado que se baila con saltos acrobáticos.
5. Nombre que recibe en España la forma instrumental basada en las variaciones de un tema.

6. Tipo especial de notación instrumental que indica mediante números, letras o figuras cómo producir el sonido requerido en el instrumento.
7. Forma vocal profana típica de España que mezcla diferentes géneros, formas y textos en una sola composición aderezada con aceite, vinagre y sal.
8. Forma de polifonía religiosa utilizada por la Contrarreforma católica.
9. Forma compleja de polifonía religiosa resultado de la unión de todas las piezas integrantes de la liturgia.
10. Forma instrumental basada en la improvisación y cuyo nombre alude a la idea de dar rienda suelta a la imaginación.
11. Instrumento polifónico de teclado y soplo indirecto muy utilizado por los músicos españoles.
12. Forma vocal profana típica de España de textura homofónica estructurada en coplas (con volta) y estribillo.

6. Textura polifónica imitativa utilizada con más medida y prudencia en el motete.
7. La reforma de Lutero se llamó así porque estaba en desacuerdo con la Iglesia.
8. Danza teatral que tiene su origen en el Renacimiento combinando música, poesía y baile en un solo escenario.
9. Forma vocal profana de origen italiano, de textura polifónica refinada que intenta expresar el significado del texto.
10. Familia instrumental que interpreta música de intensidad suave.
11. Entretenimiento preferido de la nobleza que impulsará el desarrollo de la música instrumental.
12. Familia instrumental que interpreta música de gran intensidad.
13. Textura polifónica sencilla en la que las voces discurren a la vez.
14. Instrumento polifónico de cuerda punteada, precedente de la guitarra.

2 **Copia en tu cuaderno y completa los siguientes enunciados:**

- La Reforma protestante de Lutero utiliza el... como principal forma musical.
- La Reforma anglicana utiliza el... que es una forma similar al motete.
- La Contrarreforma católica sienta las bases de su doctrina en...
- La principal forma de polifonía religiosa de la Contrarreforma es...
- Los compositores más importantes de la Contrarreforma son...
- El madrigal es...
- La chanson es...
- Las formas instrumentales del Renacimiento responden a tres tipos...
- Las familias instrumentales se dividen en dos categorías...
- Los compositores más importantes de música instrumental son...
- Respondiendo a su finalidad, la música de danza se caracteriza por...
- La pareja de danzas más célebre del Renacimiento es la combinación de...
- El primer ballet de la historia es... representado en París en 1581.
- La música religiosa en España sigue las directrices de...
- Las principales formas de la música vocal profana española son...
- Los principales compositores del Renacimiento español son...

Interpretación

1 Interpreta el villancico ***Más vale trocar*** de **Juan del Enzina** utilizando la audición como apoyo.

Fíjate bien en las tres frases musicales que componen la pieza y señala primero su correspondencia con los distintos versos del texto que te presentamos para poder interpretar cada frase en el momento oportuno:

Frase A

Frase B

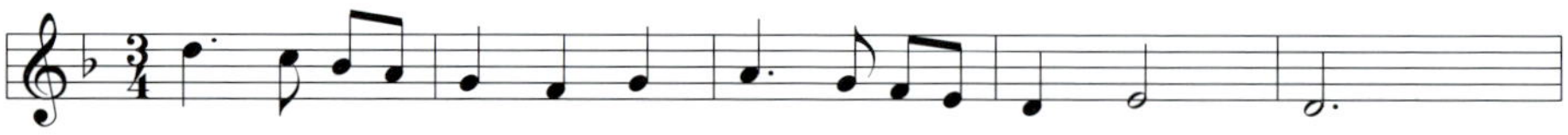

Frase C

Juan del Encina (1269-1529)

Compositor salmantino, fue también poeta y dramaturgo, lo que le permitió trabajar como director de espectáculos del duque de Alba.

Toda su producción musical es de género profano y con un marcado carácter popular adecuado para el entretenimiento.

Su villancico *Más vale trocar* aparece recogido en el *Cancionero de Palacio,* que recopila gran parte de su producción y de otros compositores de la época de los Reyes Católicos.

Más vale trocar placer por dolores
que estar sin amores.

Donde es gradecido es dulce el morir
vivir en olvido, aquel no es vivir.
Mejor es sufrir pasión y dolores
que estar sin amores.

Es vida perdida vivir sin amar
y más es que vida saberla emplear.
Más vale penar sufriendo dolores
que estar sin amores.

La muerte es victoria do vive aflicción
que espera haber gloria quien sufre pasión.
Más vale prisión de tales dolores
que estar sin amores.

El que es más penado más goza de amor
que el mucho cuidado le quita el temor.
Así que es mejor amor con dolores
que estar sin amores.

No teme tormento quien ama con fe
si su pensamiento sin causa no fue.
Habiendo porqué más vale dolores
que estar sin amores.

Amor que no pena no pida placer
pues ya le condena su poco querer.
Mejor es perder placer por dolores
que estar sin amores.

- Explica ahora la estructura de este villancico indicando las distintas frases que componen el estribillo y la copla.

Creación

1 **«Melodías populares prestadas»**

Te proponemos como ejemplo la obra titulada ***Diferencias Cavallero*** de **Antonio de Cabezón.** Es una forma de variación (diferencias) para órgano, compuesta sobre una tonada popular que debió gozar de gran aceptación durante el siglo XVI, pues aparece recogida también por otros compositores en distintas obras.

a. Compara los siguientes ejemplos:

- Francisco Salinas (1513-1590) la recoge como modelo de canción popular en su tratado *De musica libri septem:*

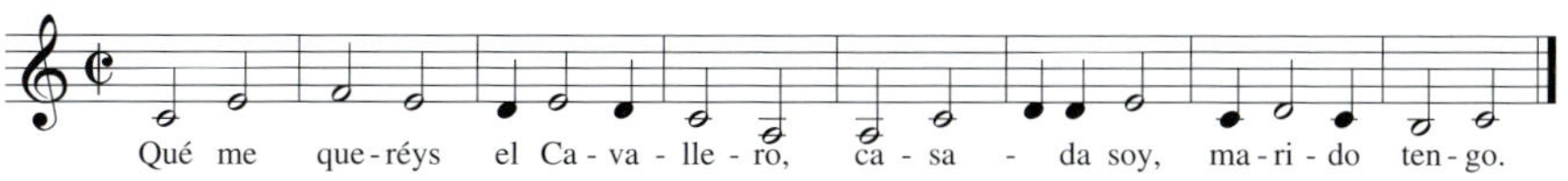

- Nicolás Gombert (1495-1556), compositor flamenco que trabajó en la capilla de Carlos V, la emplea como melodía de un villancico:

- Diego Pisador (1500-1557) la utiliza en su *Libro de música para vihuela:*

- Cristóbal Morales (1500-1553) se sirve de la misma melodía como cantus firmus en su misa *Dezilde al Cavallero:*

- Antonio de Cabezón partirá de la siguiente tonada para elaborar sus diferencias:

b. Escucha la pieza de Antonio de Cabezón e identifica la melodía. Primero se expone claramente y después se repite en cuatro variaciones distintas.

1 10

c. Escribe ahora tu propia versión de la misma melodía y prueba después a realizar con ella algunas variaciones siguiendo el modelo que acabas de escuchar:

- Puedes hacer variaciones melódicas añadiendo notas de adorno breves.
- Puedes hacer variaciones rítmicas cambiando la figuración, añadiendo puntillos, aumentando o disminuyendo los valores.

Antonio de Cabezón (1510-1566)

Compositor y organista, ciego desde la infancia, trabajó al servicio del emperador Carlos V y después de su hijo Felipe II.

Sus viajes por las cortes extranjeras acompañando al rey en sus visitas le permitieron conocer a los mejores compositores de su tiempo.

La mayor parte de su producción está destinada al órgano y se basa en melodías del cancionero español.

Audición

1. Escucha la canción ***Mille Regretz*** del compositor francés **Josquin des Prez.** Es una chanson a cuatro voces escrita en el año 1520 para Carlos I, conocida como la *Canción del Emperador* y convertida en una de las más populares de su época.

11

Mille Regretz de vous habandoner
Et d'eslonger vostre fache amoureuse,
Jay si grand dueil et paine douloureuse,
Quon me verra brief mes jours definer.

Tengo mil penas de dejaros
y de alejarme de vuestro rostro enamorado,
siento tanto dolor y tristeza
que pronto veréis mi vida terminar.

2 Escucha ahora ***La canción del Emperador*** de **Luis de Narváez,** publicada en *Los seis libros del delphin de música*. Es una adaptación para vihuela de la chanson *Mille Regretz*.

1 12

a. Identifica la melodía de Josquin señalando las notas en la partitura.

b. Analiza en las dos audiciones el género, la forma y los distintos elementos musicales.

Audición

3 Escucha la canción ***Flow, my tears*** de **John Dowland.**

13 Es una canción con acompañamiento de laúd, sin duda la más célebre de todas las composiciones de Dowland. El comienzo descendente de su melodía, de carácter tan melancólico, fue imitado por muchos de sus contemporáneos y convertido en un motivo musical muy conocido.

Flow, my tears, fall from your springs,
exiled for ever: let me mourn
where night's black bird her sad infamy sings,
there let me live forlorn.

Down, vain lights, shine no more,
no nights are dark enough for those
that in despair their last fortunes deplore,
light doth but shame disclose.

Never may my woes be relieved,
since pity is fled,
and tears and sighs and groans my weary days
of all joys have deprived.

From the highest spire of the contentment,
my fortune is thrown,
and fear, and grief, and pain for my desertsare
my hopes, since hope is gone.

Hark, you shadows, that in darkness dwell,
learn to contemn light, happy,
happy they that in hell
feel not the world's despite.

Fluid, lágrimas mías, caed de vuestras fuentes,
exiliadas para siempre: dejadme que yo llore allí
donde el negro pájaro de la noche canta su triste infamia,
allí dejadme vivir abandonado.

Apagaos, luces vanas, no brilléis más,
ninguna noche es suficientemente oscura para aquellos
que en la desesperación deploran sus últimas fortunas,
la luz ve pero solo revela la vergüenza.

Nunca mis desgracias podrán ser aliviadas,
puesto que la compasión ha huido,
y las lágrimas y los suspiros y los gemidos a mis cansados días
han privado de toda alegría.

Desde el pináculo más alto de la satisfacción
mi fortuna está lanzada al abismo,
y el miedo, el lamento y el dolor bien merecidos
son mis esperanzas, pues la esperanza ha desaparecido.

Escuchad, vosotras sombras que en la oscuridad moráis,
aprended a despreciar la luz,
felices, felices son aquellos que en el infierno
no sienten el rencor del mundo.

(Traducción: María Albertos Díaz)

- Analiza la forma musical indicando la correspondencia de las frases musicales con los distintos versos.

En resumen

El sonido del Renacimiento

La música del Renacimiento es mucho más natural y expresiva que la de la Edad Media. Utiliza formas y proporciones sencillas y añade las consonancias suaves de 3ª y 6ª.

La textura homofónica tiende a una concepción vertical de acordes y la textura contrapuntística enlaza las distintas melodías de forma continua y uniforme.

La música profana iguala en importancia a la religiosa y nace la música instrumental utilizando los instrumentos de conjunto en familias de distintos tamaños y tesituras.

1. El **Renacimiento** es el periodo comprendido entre los siglos XV y XVI. A diferencia del resto de las artes, la música no vuelve a los modelos clásicos sino que evoluciona tomando como base la etapa anterior del Ars Nova.

2. Bajo la influencia del **Humanismo,** el compositor busca la libertad de su creación y la música adquiere un gran prestigio social al servicio de las distintas religiones y de la ostentación de las clases altas.

3. La **música vocal religiosa** refleja la división de la Iglesia. El **coral** será el himno de la Iglesia protestante de Lutero y el **anthem** la forma religiosa anglicana. La Contrarreforma católica basará su música en la claridad expresiva del texto llevando la polifonía a su máximo esplendor con el **motete.**

4. La **música vocal profana** busca reflejar el sentido expresivo del texto a través de las distintas formas de canción polifónica: el **madrigal** en Italia y la **chanson** en Francia.

5. La **música instrumental** se independiza del canto y se empiezan a componer obras específicamente instrumentales basadas en la adaptación de obras vocales y en las técnicas de improvisación y variación.

6. La **danza** gozará de gran aceptación contribuyendo al desarrollo de la música instrumental.

   Distinguimos dos tipos de danzas:

   – la **danza de sociedad** con el par de danzas compuesto por pavana y gallarda.

   – la **danza teatral** que da origen al ballet.

7. Las **familias instrumentales** se clasifican según su intensidad en música alta o baja. Los instrumentos **solistas** más importantes serán el laúd, la vihuela, el órgano y el clave.

8. La **música española** vive en el Renacimiento su etapa más brillante. La música religiosa llega a su cumbre con el desarrollo de la polifonía en motetes y misas. La música profana aportará canciones polifónicas como el romance, el villancico y la ensalada.

Mis progresos

Unidad 2	Sobresaliente ¡Soy muy competente!	Notable Soy bastante competente pero puedo mejorar algo	Bien Soy competente pero puedo mejorar bastante	Suficiente Soy competente pero debo mejorar bastante	Insuficiente Me faltan competencias ¡Debo esforzarme mucho más!
He aprendido	Comprendo las características y funciones de la música en el Renacimiento y siempre utilizo el lenguaje técnico apropiado para describirlas. Identifico siempre los principales géneros y formas musicales del Renacimiento con sus ejemplos y compositores más representativos. Reconozco las distintas manifestaciones de la música del Renacimiento en España y siempre valoro la importancia del patrimonio cultural español. Siempre identifico los ejemplos musicales trabajados situándolos en su contexto y describiendo sus rasgos más característicos.	Comprendo las características y funciones de la música en el Renacimiento y casi siempre utilizo el lenguaje técnico apropiado para describirlas. Identifico casi siempre los principales géneros y formas musicales del Renacimiento con sus ejemplos y compositores más representativos. Reconozco las distintas manifestaciones de la música del Renacimiento en España y casi siempre valoro la importancia del patrimonio cultural español. Casi siempre identifico los ejemplos musicales trabajados situándolos en su contexto y describiendo sus rasgos más característicos.	Comprendo las características y funciones de la música en el Renacimiento y a veces utilizo el lenguaje técnico apropiado para describirlas. Identifico a veces los principales géneros y formas musicales del Renacimiento con sus ejemplos y compositores más representativos. Reconozco las distintas manifestaciones de la música del Renacimiento en España y a veces valoro la importancia del patrimonio cultural español. A veces identifico los ejemplos musicales trabajados situándolos en su contexto y describiendo sus rasgos más característicos.	Comprendo las características y funciones de la música en el Renacimiento pero me cuesta utilizar el lenguaje técnico apropiado para describirlas. Me cuesta identificar los principales géneros y formas musicales del Renacimiento con sus ejemplos y compositores más representativos. Reconozco algunas de las manifestaciones de la música del Renacimiento en España y a veces valoro la importancia del patrimonio cultural español. Me cuesta identificar los ejemplos musicales trabajados situándolos en su contexto y describiendo sus rasgos más característicos.	No comprendo las características y funciones de la música en el Renacimiento y no sé utilizar el lenguaje técnico apropiado para describirlas. No sé identificar los principales géneros y formas musicales del Renacimiento con sus ejemplos y compositores más representativos. No sé reconocer las distintas manifestaciones de la música del Renacimiento en España y no valoro la importancia del patrimonio cultural español. No sé identificar los ejemplos musicales trabajados situándolos en su contexto y describiendo sus rasgos más característicos.
Sé hacer	Participo en la interpretación de piezas vocales, instrumentales o coreográficas atendiendo al conjunto y asumiendo distintos roles. Desarrollo las habilidades relacionadas con la interpretación con actitud abierta y respetuosa, tomando conciencia de mis propias posibilidades. Siempre manejo de forma autónoma distintos tipos de partituras como apoyo a las actividades musicales del aula. Elaboro con mucha facilidad composiciones sencillas imitando los rasgos característicos del estilo y las formas musicales trabajadas.	Participo en la interpretación de piezas vocales, instrumentales o coreográficas atendiendo al conjunto y casi siempre asumo distintos roles. Desarrollo las habilidades relacionadas con la interpretación con actitud abierta y respetuosa, y casi siempre tomo conciencia de mis propias posibilidades. Casi siempre manejo de forma autónoma distintos tipos de partituras como apoyo a las actividades musicales del aula. Elaboro con facilidad composiciones sencillas imitando los rasgos característicos del estilo y las formas musicales trabajadas.	Participo en la interpretación de piezas vocales, instrumentales o coreográficas atendiendo al conjunto y a veces asumo distintos roles. Desarrollo las habilidades relacionadas con la interpretación con actitud abierta y respetuosa, y a veces tomo conciencia de mis propias posibilidades. A veces manejo de forma autónoma distintos tipos de partituras como apoyo a las actividades musicales del aula. Elaboro sin dificultad composiciones sencillas imitando los rasgos característicos del estilo y las formas musicales trabajadas.	Participo en la interpretación de piezas vocales, instrumentales o coreográficas atendiendo al conjunto pero no asumo distintos roles. Desarrollo las habilidades relacionadas con la interpretación con actitud abierta y respetuosa, pero me cuesta tomar conciencia de mis propias posibilidades. Manejo, con un poco de ayuda, distintos tipos de partituras como apoyo a las actividades musicales del aula. Me cuesta un poco elaborar composiciones sencillas imitando los rasgos característicos del estilo y las formas musicales trabajadas.	Participo en la interpretación de piezas vocales, instrumentales o coreográficas pero no atiendo al conjunto y no asumo distintos roles. Desarrollo las habilidades relacionadas con la interpretación pero no muestro una actitud abierta y respetuosa, y no tomo conciencia de mis propias posibilidades. Me cuesta manejar distintos tipos de partituras como apoyo a las actividades musicales del aula. No sé elaborar composiciones sencillas imitando los rasgos característicos del estilo y las formas musicales trabajadas.
La tecnología y yo	Navego por internet sin dificultad para investigar sobre los periodos históricos estudiados y encuentro mucha información interesante. Tengo un dominio muy elevado de las herramientas TIC para la realización de las actividades propuestas.	Navego por internet sin dificultad para investigar sobre los periodos históricos estudiados y normalmente encuentro información interesante. Tengo un dominio alto de las herramientas TIC para la realización de las actividades propuestas.	Navego por internet sin dificultad para investigar sobre los periodos históricos estudiados y a veces encuentro información interesante. Tengo suficiente dominio de las herramientas TIC para la realización de las actividades propuestas.	Navego por internet con cierta dificultad para investigar sobre los periodos históricos estudiados y me cuesta encontrar información interesante. Tengo poco dominio de las herramientas TIC para la realización de las actividades propuestas.	Me cuesta mucho navegar por internet para investigar sobre los periodos históricos estudiados y no sé encontrar la información. No tengo dominio de las herramientas TIC para la realización de las actividades propuestas y no sé utilizarlas.
¿Sé trabajar en grupo?	Asumo mi rol y aporto ideas al grupo sin interferir en el trabajo de los demás.	Asumo mi rol y aporto ideas al grupo pero tiendo a interferir en el trabajo de los demás.	Asumo mi rol y aporto ideas al grupo pero interfiero en el trabajo de los demás.	Asumo mi rol pero no aporto ideas al grupo e interfiero en el trabajo de los demás.	No asumo mi rol ni aporto ideas al grupo e interfiero en el trabajo de los demás.

3 Barroco

Actividades iniciales

1. Observa el cuadro cronológico que encontrarás en las páginas siguientes e indica los datos históricos de los acontecimientos y de los personajes que reconozcas.

3 Barroco

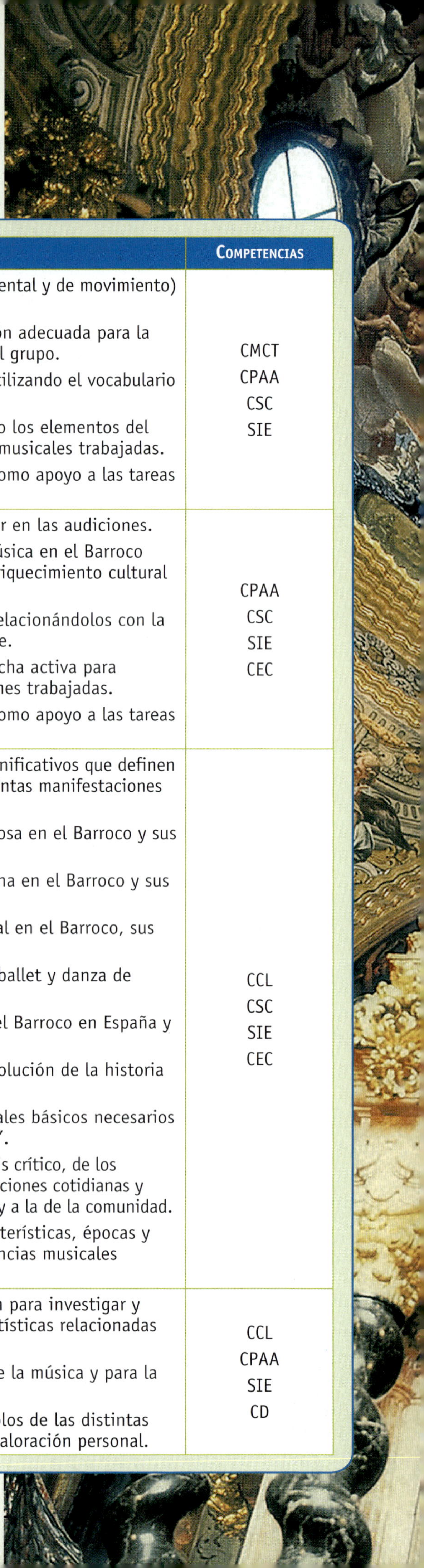

	Vamos a aprender a...	Competencias
Interpretación y creación	Desarrollar las técnicas de interpretación (vocal, instrumental y de movimiento) y expresión musical, tanto individuales como en grupo. Participar en las actividades musicales con la disposición adecuada para la superación de dificultades y para el enriquecimiento del grupo. Reconocer los elementos básicos del lenguaje musical utilizando el vocabulario técnico apropiado para describirlos. Improvisar y realizar pequeñas composiciones utilizando los elementos del lenguaje musical característicos del estilo o las formas musicales trabajadas. Leer música en el contexto de las actividades del aula como apoyo a las tareas de interpretación y creación.	CMCT CPAA CSC SIE
Escucha	Valorar el silencio como condición previa para participar en las audiciones. Escuchar obras del repertorio más significativo de la música en el Barroco apreciando su valor como fuente de conocimiento y enriquecimiento cultural y personal. Reconocer los ejemplos musicales trabajados en clase relacionándolos con la época, el compositor y la forma musical correspondiente. Ejercitar la interiorización sonora como base de la escucha activa para identificar las principales características en las audiciones trabajadas. Leer música en el contexto de las actividades del aula como apoyo a las tareas de audición.	CPAA CSC SIE CEC
Contextos musicales y culturales	Reconocer la cronología del Barroco y los rasgos más significativos que definen dicho periodo histórico situando en su contexto las distintas manifestaciones musicales. Conocer las principales formas de la música vocal religiosa en el Barroco y sus compositores más representativos. Conocer las principales formas de la música vocal profana en el Barroco y sus compositores más representativos. Conocer las principales formas de la música instrumental en el Barroco, sus instrumentos y sus compositores más representativos. Conocer las principales formas de danza en el Barroco: ballet y danza de sociedad. Conocer las principales manifestaciones de la música del Barroco en España y sus compositores más representativos. Relacionar las cuestiones técnicas aprendidas con la evolución de la historia de la música. Valorar la asimilación y empleo de los conceptos musicales básicos necesarios a la hora de emitir juicios de valor o "hablar de música". Elaborar juicios y criterios personales, mediante un análisis crítico, de los diferentes usos sociales de la música, aplicándolos a situaciones cotidianas y valorando la contribución de la música a la vida personal y a la de la comunidad. Mostrar interés por conocer músicas de diferentes características, épocas y culturas, y por ampliar y diversificar las propias preferencias musicales adoptando una actitud abierta y respetuosa.	CCL CSC SIE CEC
Música y tecnología	Utilizar con autonomía distintas fuentes de información para investigar y realizar trabajos sobre fuentes literarias, históricas y artísticas relacionadas con el Barroco. Manejar los recursos tecnológicos para el aprendizaje de la música y para la realización de sencillas producciones musicales. Investigar en internet y en fuentes audiovisuales ejemplos de las distintas manifestaciones musicales del Barroco realizando una valoración personal.	CCL CPAA SIE CD

El Barroco es el periodo artístico que comprende el siglo XVII y la primera mitad del siglo XVIII. Musicalmente, delimitamos su cronología entre dos fechas significativas: el inicio, en el año 1600, con el estreno de la primera ópera conservada y el final, en el 1750, con la muerte de J. S. Bach, el más famoso representante del Barroco musical.

El hombre de esta época ya no persigue la expresión ideal de belleza como en el Renacimiento, sino que se siente una persona sensible a la pasión y la fantasía. El arte barroco busca la expresión de los sentimientos, el sentido del movimiento y los contrastes, el gusto por el detalle y la ornamentación.

El Barroco es uno de los periodos más revolucionarios de la historia de la música. Nace la orquesta y con ella, las grandes formas instrumentales y vocales. Se establece el uso de la tonalidad y de la armonía. Surgen los primeros intérpretes virtuosos y los primeros grandes compositores.

La música estará al servicio de las grandes monarquías europeas, la aristocracia y la Iglesia, que la utilizarán como una manifestación más de su poder. El papel del músico se reduce al de un sirviente de su protector.

CUADRO CRONOLÓGICO DEL BARROCO

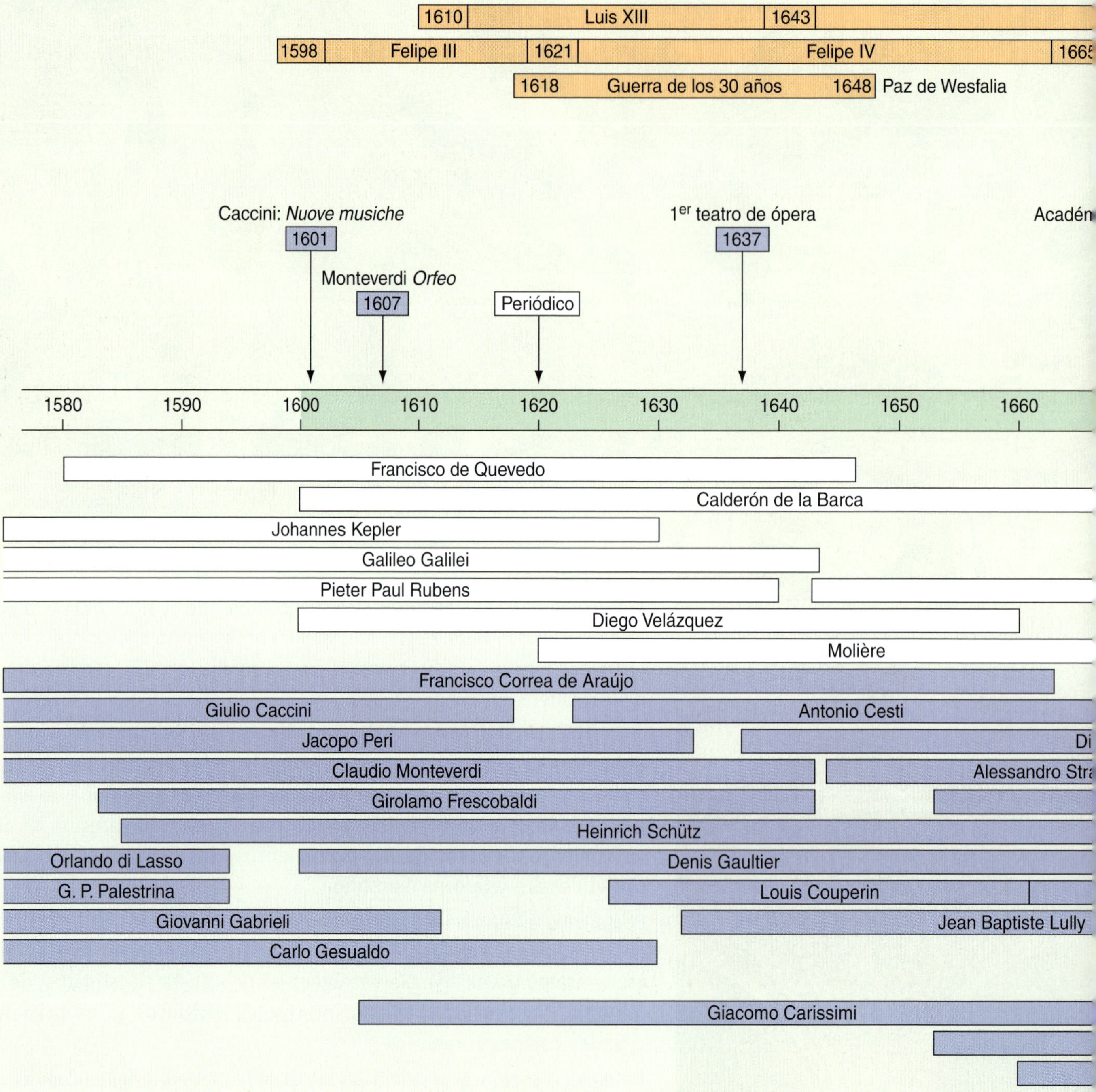

Plaza de San Pedro del Vaticano, de Gian Lorenzo Bernini.

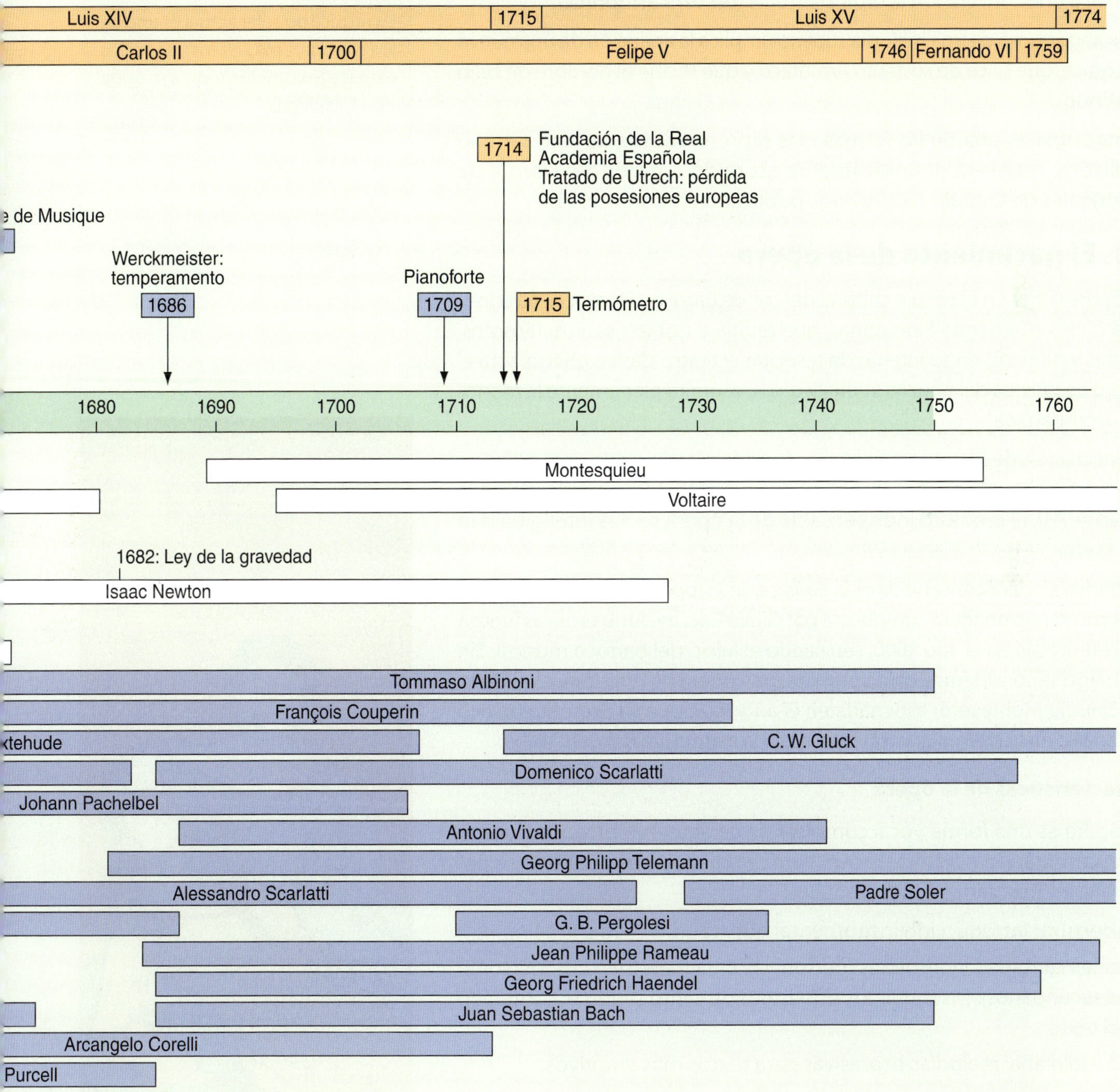

1 Música vocal profana

Durante el Barroco, los compositores siguen cultivando formas vocales heredadas del Renacimiento, pero ya no se presentan las voces superpuestas con igual importancia sino que se destacará la voz superior sobre las demás, que quedarán subordinadas al acompañamiento del canto.

Esta nueva técnica de composición conocida como **monodía acompañada** estará presente tanto en la música vocal como en la instrumental y supone el cambio de una concepción melódica-horizontal **(textura contrapuntística)** a una concepción acórdica-vertical **(textura armónica).**

El protagonismo de una melodía superior implica la aparición de una nueva voz grave, que hace de sustento armónico y que recibe el nombre de **bajo continuo.**

El **madrigal** es una de las formas más representativas de este cambio estilístico, que será definitivamente asumido a partir del *Libro V* de madrigales de Claudio Monteverdi, publicado en el año 1605.

Barroco-Pop

La monodía acompañada y el bajo continuo (melodía y acordes de acompañamiento) será la técnica de composición más utilizada hasta nuestros días.

La música popular actual es uno de los ejemplos más claros y sencillos de esta textura armónica surgida en el Barroco.

1.1. El nacimiento de la ópera

La ópera surge en el círculo cultural del conde Bardi en Florencia. La conocida como «Camerata Fiorentina», que reunía a nobles, sabios, filósofos, poetas y músicos, en su intento de resucitar el teatro clásico griego, será el punto de partida del género operístico, que asumirá plenamente la monodía acompañada.

La utilización de la monodía acompañada facilitará el principal objetivo de la ópera: que la música pueda subrayar y reforzar la expresión de la palabra. Así, el requisito indispensable de la ópera será la inteligibilidad del texto.

La primera ópera conservada es la *Eurídice* de Jacopo Peri, a la que seguiría otra con el mismo título compuesta por Giulio Caccini. Ambas obras fueron representadas en el año 1600, señalando el inicio del barroco musical. Sin embargo, la considerada como primera gran ópera de la historia es el *Orfeo* de Claudio Monteverdi estrenada en el año 1607, que ya presenta un rico desarrollo instrumental y vocal marcando la estructura del género.

Características de la ópera

La ópera es una forma vocal compleja de carácter narrativo que utiliza la representación escénica. Escrita para orquesta, coros y solistas, se desarrolla en tres partes fundamentales:

- **Obertura:** introducción instrumental que da comienzo a la obra.
- **Partes cantadas:** por solistas (personajes principales) y coros (personajes secundarios). Distinguimos dos estilos de canto según el contenido del texto:
  a) estilo aria: melodías expresivas para textos más emotivos.
  b) estilo recitativo: texto declamado para pasajes que requieren un desarrollo más ágil de la acción.
- **Interludios:** secciones instrumentales que se intercalan articulando y uniendo las distintas partes de la obra.

ACTIVIDADES

1. Escucha el aria ***Tu se' morta*** de la ópera *Orfeo* de **Claudio Monteverdi.** Es el lamento de Orfeo que tiene lugar en el Acto II cuando recibe la terrible noticia de la muerte de Eurídice y decide descender a los infiernos para recuperarla.

1 14

Tu se' morta, mia vita,
Tú ed io respiro?
Tu se' da me partita
per mai più non tornare,
ed io rimango?
No, che se I versi
alcuna cosa ponno,
n'andrò sicuro
a più profundi abissi
e intenerito il cor
del Re de l'ombre,
meco trarrotti
a riveder le stelle.
O se ciò negherammi
empio destino
rimarrò teco
in compagina di morte.
A dio terra, a dio cielo,
e sole, a Dio.

Tú estás muerta, vida mía,
¿y yo sin embargo respiro?
Tú te has alejado de mí
para nunca más volver,
¿y yo permanezco?
No, porque si los versos
tienen algún poder,
yo iré decidido
al más profundo abismo
y ablandaré el corazón
del Rey de las sombras,
yo te traeré
para ver las estrellas de nuevo.
Y si esto me fuera negado
por el malvado destino,
yo me quedaré contigo
en compañía de la muerte.
Adiós tierra, adiós cielo
y sol, adiós.

a. ¿Qué voz interpreta al personaje de Orfeo?

b. ¿Qué instrumentos distingues?, ¿cómo realizan el acompañamiento de la voz?

c. En esta aria, la música persigue reflejar y reforzar las emociones del texto: señala las partes donde la equivalencia de palabra y música sea más relevante.

Claudio Monteverdi (1567-1643)

Compositor italiano que marca la transición del Renacimiento (estilo polifónico tradicional) al Barroco (monodía acompañada) y es considerado el verdadero creador del género operístico.

La ópera *Orfeo, favola in musica* fue un encargo del duque de Mantua, que había asistido, impresionado, a la representación de la *Euridice* de Peri.

En colaboración con el escritor Alessandro Striggio, Monteverdi utilizará para su ópera el mismo argumento que su predecesor: el mito de Orfeo, símbolo del poder de la música, que volverá a ser protagonista de muchas otras óperas posteriores.

1.2. Tipos de ópera

La evolución de la ópera en el Barroco dará lugar a dos tipos principales dentro del mismo género:

a) Ópera seria

Utiliza argumentos basados en temas mitológicos y heroicos escritos en italiano y será el género preferido de la aristocracia. A este tipo pertenecen las primeras óperas y adquirirá un gran desarrollo en Italia, su país de origen.

La evolución de la ópera seria en el Barroco irá distanciándose progresivamente de los ideales iniciales de la *Camerata Fiorentina* para convertirse en un espectáculo lleno de artificios al servicio del lucimiento de los *castrati.*

Los principales compositores de este género son Alessandro Scarlatti (1660-1725) y Georg Friedrich Haendel (1685-1759).

b) Ópera bufa

Utiliza argumentos basados en la vida cotidiana, con personajes más cercanos al pueblo que presentan, con frecuencia, una crítica social a las clases altas. Posee un carácter claramente popular que se refleja en una música más sencilla que prescinde de los *castrati,* el empleo del idioma propio de cada país y la sustitución de los recitativos por pasajes dialogados. La obra que marca las características definitivas de esta ópera cómica es *La serva padrona* de Giovanni Battista Pergolesi, estrenada en el año 1733.

El imperio de los *castrati*

Los *castrati,* cantantes masculinos castrados antes de la pubertad para evitar el cambio de la voz, mantenían un timbre agudo y cristalino con la capacidad torácica de un hombre adulto, que les permitía obtener un virtuosismo técnico y una potencia vocal extraordinaria.

Al principio fueron utilizados para cantar las partes agudas de la música religiosa, pero desde comienzos del s. XVII y hasta finales del siglo XVIII se convirtieron en los principales protagonistas de la ópera seria.

Los castrati dominaron los principales escenarios del Barroco representando papeles de héroes y dioses. Voces angelicales para personajes viriles que encarnaban el gusto por el contraste y el artificio de la época.

La ópera seria se convirtió en un espectáculo para el lucimiento del *castrato,* consistente en un conjunto de arias ostentosas que respondían a una forma ternaria da capo (ABA) para que en la sección final el protagonista pudiera lucir sus dotes vocales con todo tipo de ornamentos improvisados.

La ópera se convertirá en uno de los géneros más importantes del Barroco, que irá adoptando características peculiares en cada nación. En Francia, el compositor más destacado será Jean Baptiste Lully (1632-1687), máximo exponente de la llamada «Tragédie lyrique». En Inglaterra, la ópera sienta sus bases con la obra *Dido y Eneas* del compositor Henry Purcell (1659-1695). En Alemania, la adaptación de la ópera bufa dará lugar al «singspiel» que tendrá su máximo desarrollo en el periodo siguiente.

↑ Durante el Barroco, la ópera se convierte en un espléndido espectáculo con aparatosas escenografías.

Carlo Broschi (1705-1782)

↑ Imagen de la película *Farinelli.*

Conocido como «Farinelli», fue el *castrato* más famoso de todos los tiempos. Su extraordinario virtuosismo (podía recorrer tres octavas haciendo trinos sobre cada nota) le hizo protagonista de los mejores escenarios de Europa y le procuró una inmensa fortuna.

En 1737 fue contratado por la corte española para cantar todas las noches al rey Felipe V con el fin de calmar sus «ataques de melancolía».

ACTIVIDADES

1. Escucha el aria ***When I am laid in earth*** de la ópera *Dido y Eneas* de **Henry Purcell.**

Es el lamento de Dido, su canto de despedida antes de morir a causa del abandono de Eneas.

1 15

When I am laid in earth,
may my wrongs create
no trouble in thy breast.
Remember me, but ah!
forget my fate.

Cuando esté enterrada
que mis errores no creen
aflicción en tu pecho.
Recuérdame, pero ¡oh!,
olvida mi destino.

Henry Purcell (1659-1695)

Compositor pionero del género operístico inglés con semióperas escritas para el acompañamiento de obras teatrales y con *Dido y Eneas,* la primera ópera inglesa.

Su prematura muerte, a los 36 años, impidió la consolidación de este género en Inglaterra.

La ópera *Dido y Eneas* está considerada la primera ópera inglesa. Fue estrenada en un internado para señoritas de Londres e interpretada por las propias alumnas en el año 1689, cuando la ópera italiana ya disfrutaba de todo su esplendor.

El libreto, escrito por Nahum Tate, está basado en el Libro IV de la *Eneida* de Virgilio que relata la llegada de Eneas a Cartago tras la caída de Troya y su malograda historia de amor con la hermosa Dido, reina de Cartago.

El aria de Dido tiene lugar al final de la ópera, en el Acto III, y es sin duda una de las piezas más conmovedoras de la historia de la música. Su melodía está compuesta sobre un bajo ostinato de cinco compases que responde a un diseño cromático descendente y que refuerza poderosamente el carácter de lamento.

a. ¿Qué voz interpreta al personaje de Dido? ¿Cómo se realiza el acompañamiento?

b. ¿En qué tonalidad está escrita? Analiza las distintas frases musicales y las cadencias.

2 Música vocal religiosa

La música religiosa seguirá teniendo un gran peso durante el Barroco. La iglesia protestante sigue manteniendo el coral como su forma más representativa, y la Iglesia católica continúa cultivando el motete y la misa.

Sin embargo, surgirán nuevas formas religiosas como la cantata, el oratorio y la pasión, que imitarán la grandiosidad de la ópera profana para influir emocionalmente en sus fieles.

2.1. La cantata

Etimológicamente, la palabra cantata significa «música para cantar» y nace como un término opuesto a la palabra sonata (música para «sonar» o tocar con instrumentos).

La cantata surge como una forma profana de carácter lírico-amoroso que será adoptada por la música religiosa cambiando el texto por fragmentos del Evangelio, de los Salmos, o por temas religiosos populares.

Es una forma compleja, escrita para orquesta, coro y solistas, y formada por la sucesión de recitativos y arias. En Alemania, la cantata religiosa introducirá también como seña de identidad el coral.

Los compositores más representativos de esta forma son Georg Philipp Telemann (1681-1767) y Johann Sebastian Bach (1685-1750) con más de 200 cantatas religiosas.

La cantata del café

Nombre popular de una de las cantatas profanas de Bach titulada *Callaos, no parloteéis*.

Es una obra de carácter cómico en la que el compositor se burla de la moda de tomar café que empezaba a hacer furor en su época.

Cuenta la historia de una joven que se niega a renunciar al hábito del café hasta que su padre no le encuentre un marido.

2.2. El oratorio

Esta forma puede considerarse como una ópera de tema religioso pero sin representación escénica. Más elaborado y extenso que la cantata, también es una forma compleja escrita para orquesta, coro y solistas, y formada por la sucesión de recitativos, arias y coros.

Al no ser una obra representada, el oratorio introduce la figura de un narrador y refuerza el papel de coro, que irán relatando la acción basada en los textos del Antiguo y Nuevo Testamento.

Los compositores más representativos de esta forma son Giacomo Carissimi (1605-1675) y Georg Friedrich Haendel (1685-1759), cuyo oratorio más famoso es *El Mesías*.

2.3. La pasión

Es un oratorio que trata el tema exclusivo de la pasión y muerte de Cristo inspirándose en los Evangelios. Por tanto, es una forma compleja estructurada en recitativos, arias y coros, y escrita para orquesta, coro y solistas.

La figura del narrador es el evangelista, que relata los acontecimientos en estilo recitativo, los personajes del evangelio son interpretados por solistas, y las partes de los discípulos y el pueblo las interpreta el coro.

El compositor más destacado es Johann Sebastian Bach con dos de sus obras fundamentales: *La Pasión según San Juan* y *La Pasión según San Mateo*. En estas obras, además de los recitativos, arias y coros, Bach incluye versiones de corales que refuerzan los momentos más intensos de la narración.

ACTIVIDADES

1. Escucha el coral ***Ich will hier bei dir stehen*** de *La Pasión según San Mateo* de **Johann Sebastian Bach.**

Este coral aparece cinco veces a lo largo de toda la obra, presentado cada vez en una tonalidad distinta y con textos diferentes. Bach tomó su melodía de una canción del compositor y organista alemán Hans Leo Hassler (1564-1612).

16

Ich will hier bei dir stehen
Verachte mich doch nicht.
Von Dir will ich nicht gehen
Wenn Dir Dein Herze bricht.

Wann Dein Herz wird erblasen
Im letzten Todesstoss
Als denn will ich Dich fassen
Im meinem arm und Schoss.

Quiero quedarme aquí, junto a ti,
Señor, no dejes que me aparte.
De ti yo no me iré
aunque tu corazón se vaya.

Cuando el amargo dolor te tenga
de su tormento preso,
te abrazaré entonces
en lo profundo de mi pecho.

a. Identifica la correspondencia de frases musicales y versos e indica la forma musical.

b. Analiza la textura explicando el desarrollo de las distintas voces y las cadencias.

c. Explica también la tímbrica señalando las voces que interpretan el coral y los instrumentos de la orquesta que realizan el acompañamiento.

Estrenada en Leipzig en 1729, *La Pasión según San Mateo* representa la obra cumbre de la música luterana. Estructurada en dos partes y escrita para orquesta (flautas, oboes, violines, violas, viola da gamba, órgano y continuo), solistas (soprano, contralto, tenor y bajo) y doble coro (de niños y adultos), recoge todos los formatos vocales e instrumentales de la época.

La interpretación de *La Pasión según San Mateo* en 1829 bajo la dirección del compositor romántico Félix Mendelssohn, supuso la recuperación definitiva de la figura de Bach y de su música tras casi un siglo de olvido después de su muerte.

3 Música instrumental

La emancipación de la música instrumental iniciada en el Renacimiento, llegará a su punto culminante durante el Barroco.

En este importante desarrollo desempeñará un papel decisivo la evolución técnica de los instrumentos y el nacimiento de la orquesta como un grupo estable y organizado en el que se busca el perfeccionamiento de los instrumentos y la riqueza tímbrica. El compositor cuidará el colorido de sus obras detallando en la partitura su instrumentación y el intérprete se irá especializando en su instrumento, lo que dará lugar a los primeros «virtuosos».

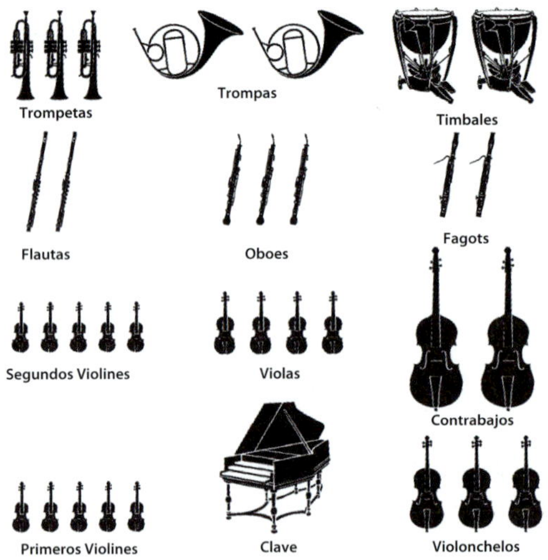

← Orquesta barroca.

En la formación de la orquesta aparecen ya todas las familias instrumentales: cuerda, viento madera, viento metal y percusión. La orquesta barroca tendrá como base fundamental la cuerda frotada y el bajo continuo, interpretado normalmente por el clave, aunque también se utilizará el arpa o el órgano.

Durante los primeros años del Barroco se mantiene una rica composición para instrumentos de teclado (órgano y clave) y para algunos instrumentos de cuerda (laúd, vihuela, violín) que sigue las pautas de las formas heredadas del Renacimiento. Son obras basadas en la improvisación, la variación, el contrapunto imitativo de las voces y piezas de danza.

3.1. La fuga

Será una de las formas más importantes para instrumentos de teclado, especialmente para órgano. Es una forma simple (de un solo movimiento) y de textura contrapuntística basada en el uso sistemático de la imitación. El tema principal, llamado «sujeto», va alternando con temas secundarios o «contrasujetos» y con partes de imitación más libres llamadas «episodios».

El estilo compositivo de la fuga se trasladará con frecuencia a la música vocal y a secciones instrumentales de obras mayores.

A mediados del s. XVII surgirán las grandes formas instrumentales barrocas que marcarán, no solo este periodo, sino toda la música posterior: la suite, la sonata y el concierto.

Los grandes luthiers

El perfeccionamiento de los instrumentos fue posible gracias al trabajo de los primeros grandes luthiers o constructores de instrumentos, especialmente de cuerda.

Los más famosos luthiers: Amati, Stradivarius y Guarnieri, vivieron en la ciudad italiana de Cremona y, al parecer, en el mismo edificio.

Se cuenta, que después de años de pacífica convivencia, Amati decidió iniciar la competencia con sus vecinos poniendo un cartel: «Hacemos los mejores violines de la ciudad». Guarnieri reaccionó enseguida poniendo el mensaje: «Hacemos los mejores violines de Italia». Stradivarius terminó con la rivalidad anunciando: «Fabricamos los mejores violines del edificio».

En clave secreta

Bach utilizó su propio nombre como «sujeto» para la composición de algunas fugas.

Las letras de su apellido

B - A - C - H

resultan en la notación alfabética alemana los sonidos

Si♭ - La - Do - Si♮

3.2. La suite

Es el resultado de la evolución de la música de danza del Renacimiento, que ya asociaba parejas de bailes de distinto ritmo y movimiento. Así, la suite del Barroco será una forma instrumental compleja compuesta por la sucesión de danzas de distinto carácter y en número variable. Todas se escriben en la misma tonalidad y suelen responder a formas binarias. La estructura más habitual de la suite barroca es:

Allemanda	Courante	Zarabanda	Giga
ritmo binario tempo lento	ritmo ternario tempo rápido	ritmo ternario tempo lento	ritmo ternario tempo rápido

Puede estar escrita para un instrumento solista o para una orquesta completa. El compositor más destacado es Johann Sebastian Bach.

Evolución de la suite

Con el paso del tiempo, la suite irá perdiendo su carácter bailable para convertirse en una forma instrumental de concierto, solo para escuchar.

En el siglo XIX se utilizará el término suite para designar un conjunto de piezas agrupadas para su interpretación en concierto, que podían provenir de la música teatral o el ballet. Hasta la música cinematográfica puede formar una suite de concierto.

3.3. La sonata

El significado del término sonata es el de «música para sonar», tocada o interpretada por instrumentos. Es una forma compleja dividida en cuatro movimientos o secciones que van contrastando en tiempos lentos y rápidos con diferentes texturas y ritmos.

Lento	Rápido fugado	Lento homofónico	Rápido

La sonata puede estar compuesta para un instrumento solista, un dúo o un trío, pero siempre con el acompañamiento del clave como bajo continuo.

3.4. El concierto

El término concierto deriva de la palabra «concertare», que expresa la idea de ordenar y juntar cosas distintas. Así, con el concierto, el concepto de contraste reflejado durante todo el Barroco en múltiples elementos, alcanza su expresión más perfecta y constituye una de las grandes formas musicales que pervivirán hasta nuestros días.

El concierto es una forma compleja compuesta por la sucesión de tres movimientos contrastantes:

Rápido	Lento	Rápido

Según cómo intervengan los instrumentos, el concierto puede ser:

a) **Concerto grosso:** para un grupo de solistas (concertino) y el resto de la orquesta (tutti) que van contrastando alternándose en la interpretación de partes nuevas y fijas (ritornello).

Los compositores más destacados son Arcangelo Corelli (1653-1713), Georg Friedric Haendel y Johann Sebastian Bach.

b) **Concerto a solo:** compuesto para un solo instrumento solista que contrasta en constante diálogo con la orquesta.

El compositor más destacado es Antonio Vivaldi (1678-1741), al que se le atribuyen más de trescientos conciertos para solista, la mayoría para violín aunque también para fagot, violonchelo y flauta.

↑ Antonio Vivaldi (1678-1741).

ACTIVIDADES

1. Escucha el primer movimiento **Allegro** del *Concierto de Brandemburgo Nº 2* de **Johann Sebastian Bach.**

17 Es un ejemplo de concerto grosso en el que contrastan dos grupos instrumentales: el concertino, formado por un pequeño grupo de solistas que también dialogan y contrastan entre sí, y el tutti o ripieno (lleno), formado por toda la orquesta.

Como corresponde al primer movimiento de un concierto, es un tempo rápido que lleva la indicación de Allegro y consiste en la alternancia de un tema principal interpretado por la orquesta (ritornello) con distintos episodios solistas.

El ritornello, que hace de estribillo, es una frase musical de ocho compases formada por cuatro células melódicas de dos compases cada una:

El concertino está compuesto por cuatro instrumentos solistas: trompeta, flauta, oboe y violín.

El tutti está compuesto por los instrumentos más característicos de la orquesta barroca: violines I y II, violas, violonchelos y bajo continuo (realizado por el clave).

– Sigue la audición identificando los temas y los instrumentos para completar en tu cuaderno un esquema como este:

Grupo instrumental	Tema
●●●	●●●
●●●	●●●
●●●	●●●
●●●	●●●
●●●	●●●
●●●	●●●
●●●	●●●
●●●	●●●
●●●	●●●
●●●	●●●

Johann Sebastian Bach (1685-1750)

Compositor alemán, el máximo representante del Barroco musical.

Aunque en su tiempo fue más reconocido como organista que como compositor, su obra es inmensa y abarca los principales géneros y estilos del Barroco, exceptuando la ópera.

Se ha calculado que un copista que transcribiera hoy todo el trabajo de Bach necesitaría 70 años para completar la tarea.

Los *Conciertos de Brandemburgo* son un conjunto de seis *concerti grossi* que Bach dedicó en 1721 al príncipe de Brandemburgo.

4 La danza en el Barroco

4.1. El desarrollo del ballet: el *ballet de cour*

El ballet fue evolucionando dentro de la corte francesa en la que había surgido e introduciendo bailarines profesionales que sustituyeron poco a poco a los cortesanos, para quienes se reservaba la entrada solemne y el gran ballet final.

Bajo el reinado de Luis XIV (1643-1715), el ballet inicia su época dorada con la creación del «ballet de cour», fruto de la colaboración de los grandes artistas protegidos del rey: el coreógrafo Pierre Beauchamp, el dramaturgo Molière y el compositor Jean Baptiste Lully (1632-1687).

El ***ballet de cour*** era una obra teatral bailada que comenzaba con una «ouverture» instrumental y terminaba con un «grand ballet» en el que, al menos una vez al año, participaba el propio rey. El desarrollo dramático consistía en una serie de «entrées» o escenas en las que se mezclaba el canto y la danza, interpretados ya exclusivamente por profesionales. Se representaban bajo decorados espléndidos, y los bailarines, al principio solo masculinos, iban adornados con lujosas vestimentas y máscaras.

Primeras y atrevidas bailarinas

La danza estuvo prohibida para las mujeres hasta 1681, pero ya a comienzos del siglo XVIII encontramos las primeras grandes bailarinas, entre las que destacan las francesas Marie Sallé (1707-1756) y Marie-Anne Camargo (1710-1770).

Ambas contribuyeron a la simplificación de las vestimentas, acortando las faldas y reduciendo el tacón en favor de una mayor libertad de movimientos. Es fácil imaginar el escándalo que provocó «La Camargo» en los escenarios cuando en 1730 subió sus faldas por encima de las rodillas.

4.2. La danza de sociedad

Durante el Barroco, gran parte de las composiciones de música instrumental siguen destinándose al baile. Se mantienen algunas danzas del Renacimiento pero surgirán nuevas formas. Así, dentro de los pares de danza, la combinación más frecuente será la formada por allemanda y courante.

- **Allemanda:** de origen alemán, es una danza calmada de pasos en ritmo binario y con una breve anacrusa inicial.
- **Courante:** su nombre deriva del francés «courant» (correr) y es una danza rápida en ritmo ternario.

Otras danzas de moda en el Barroco serán:

- **Bourrée:** danza de ronda francesa, de movimiento rápido y ritmo binario.
- **Chacona**: danza cantada de origen español, tranquila y en ritmo ternario.
- **Zarabanda:** danza solemne de origen español, en ritmo ternario y lento.
- **Giga:** danza rápida de origen inglés en compás de 6/8.

Como ya hemos visto, estas danzas pasarán a formar parte de la **suite.**

El rey bailarín

El propio Luis XIV participaba como bailarín en los espectáculos de la corte.

A él se le reservó el papel de Sol en la representación del *Ballet de la nuit* (1653), lo que dio lugar al sobrenombre de «el Rey Sol».

La danza profesional

Beauchamp dirigió la Academia Real de Danza, fundada en 1661 por Luis XIV. Gran profesor y virtuoso bailarín, a Beauchamp le debemos gran parte de la terminología de la danza y las cinco posiciones de los pies con el acompañamiento del «port de bras» (determinadas posiciones de los brazos) que utilizará el ballet clásico.

ACTIVIDADES

1. Escucha esta ***bourrée*** perteneciente a la *Música para los Reales fuegos artificiales* de **Georg Friedrich Haendel,** una suite orquestal compuesta en 1749 para la celebración de la «Paz de Aquisgrán», que puso fin a la guerra de sucesión austriaca.

Por expreso deseo del rey Jorge II que no quería que hubiera violines, en la primera interpretación dirigida por el propio Haendel en el Green Park de Londres, se utilizó una orquesta gigantesca formada por instrumentos de viento y percusión. Cuando terminó el festejo, las calles quedaron bloqueadas por la asistencia masiva de público, los fuegos artificiales provocaron el incendio del escenario y se produjeron revueltas por toda la ciudad.

1 18 Sigue la audición con ayuda de la partitura:

Este movimiento responde al característico tempo rápido de la bourrée, con ritmo binario y comienzo en anacrusa.

a. Observa la partitura y analiza la tonalidad, la textura y las distintas frases musicales.

b. Realiza un esquema identificando la forma musical y la intervención de los distintos instrumentos.

5 El Barroco en España

5.1. Música vocal religiosa

Sigue siendo el repertorio musical más importante y continúa cultivando las formas tradicionales de **motetes** y **misas** con texto en latín y destinados a las celebraciones más solemnes.

Los compositores más destacados son Joan Cererols (1618-1676) y Francisco Valls (1665-1747).

5.2. Música vocal profana

Continúa la tradición de la canción polifónica anterior, manteniendo formas tan características como el **villancico,** que comenzará a introducirse también en festividades religiosas.

Surge un nuevo tipo de canción denominado **solo** o **tono humano,** que utilizará la nueva textura de monodia acompañada con una voz solista acompañada por un instrumento, estructuras sencillas y temas de carácter sentimental.

Destacan los compositores Mateo Romero (1575-1647), conocido como el «maestro Capitán», y Juan Hidalgo (1614-1685).

5.3. Música instrumental

La música instrumental española permanecerá ajena a las corrientes europeas ignorando los nuevos estilos del concierto o la suite para seguir centrada en instrumentos solistas como el órgano y la guitarra, que sustituye a la antigua vihuela.

Aparecerá también una importante producción de música de cámara ligada a las capillas cortesanas pero con una clara influencia italiana.

Los compositores más destacados son Francisco Correa de Araujo (1575-1663) y Juan Cabanillas (1644-1712) en la música para órgano, Gaspar Sanz (1640-1710) en la guitarra, y el padre Antonio Soler (1729-1783) con una importante producción de música de cámara y teclado.

5.4. Música escénica

Los primeros ejemplos de música escénica consistirán en la introducción de números musicales dentro de la representación teatral.

Durante el Barroco, el teatro se convirtió en España en un auténtico fenómeno de masas. En todas las representaciones, la música formaba parte del espectáculo, introduciéndose normalmente en el intermedio de las escenas y al final de la obra. Eran interpretaciones vocales e instrumentales de carácter breve y no siempre en relación con el argumento.

La tonadilla

Es un género de música escénica típicamente español. Se representaba en los populares corrales de comedias y consistía en la incorporación de números musicales intercalados entre los actos de la obra teatral. Eran piezas cortas de carácter jocoso y satírico que retrataban las costumbres de la época y solían terminar con danzas populares.

Época de decadencia

Frente al esplendor musical europeo, el Barroco supone para España una larga época de decadencia musical, reflejo de su crisis política y económica y de su aislamiento internacional.

Mientras la pintura y la literatura mantienen su esplendor con personalidades como Zurbarán, Velázquez, Quevedo, Góngora, Lope de Vega o Calderón de la Barca, la música tardará mucho tiempo en asumir las innovaciones del Barroco optando por la composición de formas locales.

↑ Con el rey Felipe IV viene la decadencia del Imperio español en Europa.

Actores-músicos

A comienzos del siglo XVII, funcionaban en Madrid doce compañías teatrales que representaban las obras de los dramaturgos de la época con enorme éxito popular.

En todas estas compañías, los actores ejercían también de cantantes, bailarines e instrumentistas para intercalar números musicales en los descansos de la representación.

La ópera

Siguiendo la influencia italiana, la ópera llega a España como un género de carácter aristocrático que se desarrollará en torno a los palacios reales.

La primera ópera fue *La selva sin amor,* con libreto de Lope de Vega, estrenada en el año 1629. Sin embargo, no conocemos el nombre de su compositor ni nos ha llegado su música. La primera ópera conservada, aunque incompleta, es *Celos aun del aire matan,* con libreto de Calderón de la Barca y música de Juan Hidalgo, estrenada en el año 1660.

La zarzuela

Es un género típicamente español semejante a la ópera *comique* francesa o al *singspiel* alemán. Utiliza como idioma el castellano y consiste en la sucesión de partes cantadas (conjugando solos y coros) y partes habladas.

Los principales compositores son Sebastián Durón (1660-1716) y José de Nebra (1702-1768).

Nombre de zarzuela

La denominación de «zarzuela» se debe al nombre que se daba al palacete real de Madrid, situado en una zona de los bosques de El Pardo en la que abundaban las zarzas.

En este palacete, Felipe IV inaugurará la costumbre de hacer representar breves comedias acompañadas de música para la distracción de la corte, dando origen al género de la zarzuela.

ACTIVIDADES

1. Escucha las ***seguidillas*** de la zarzuela *Viento es la dicha de amor* de **José de Nebra** siguiendo el texto y la intervención de los personajes que te presentamos:

1 19

Zéfiro
No, que quiere mi pena
ya que te encuentro,
respirar entre quejas
los desalientos.

Liríope
Si tu pena me agravia
¿cómo pretendes
apadrinar lo fino
con lo rebelde?
No me detengas.

Zéfiro
No te me ausentes.

Liríope
¡Ay de tu mal,
si tu mal no te acaba!

Zéfiro
¡Ay de mi amor,
si mi amor no te vence!

Liríope
¿Cómo quieres que crea
tus falsedades,
si lo engañoso es sombra
de lo constante?

Zéfiro
¿Cómo por ti en la Arcadia
viviendo muero,
sin hallar más alivio
que el del desprecio?
¿Qué respondes?

Liríope
Que afable,
mas labio mientes,
que no caben piedades
donde hay desdenes.

Zéfiro
¡Qué ingrata eres!

Liríope
¡Qué osado eres!
¡Ay de tu mal,
si tu mal no te acaba!

Zéfiro
¡Ay de mi amor,
si mi amor no te vence!
¿Una vez, por consuelo,
no me permites?

Liríope
¿Qué quieres que te diga,
si ya te dije?

Amor
Que piedad no merecen
quejas impías
cuando al Amor ofenden
con lo que obligan.

Liríope
De la estatua en el bronce
mi voz se forma.

Zéfiro
Es el bronce materia
de las hermosas.
Oye mi llanto.

Liríope
¿Qué aguardas?, vete.
¡Ay de tu mal,
si tu mal no te acaba!

Zéfiro
¡Ay de mi amor,
si mi amor no te vence!

Liríope
¿Qué haré, cielos?

Amor
Vencerte, pues por vengarse
deidad que influye amando
manda que no ames.

Liríope
Ya mi respuesta oíste.

Zéfiro
Sí, pero falta
que se vuelvan finezas
tus amenazas.

Desafío

«El color de los sonidos»

El físico y matemático **Isaac Newton** (1642-1727) conocido por su Teoría de la *gravitación universal,* también investigó el terreno de la óptica realizando como principal aportación la teoría de los colores. En su tratado sobre *Óptica,* publicado en 1704, Newton relaciona el círculo cromático de los siete colores con las siete notas musicales estableciendo las siguientes correspondencias:

DO	RE	MI	FA	SOL	LA	SI
violeta	rojo	naranja	amarillo	verde	azul	añil

a. Convierte la música en colores trasladando a un dibujo en tu cuaderno el comienzo del *Preludio nº 1 en Do Mayor* de **Johann Sebastian Bach** perteneciente a su obra *El clave bien temperado:*

b. Ten en cuenta que, además de traducir las notas a colores, deberás reflejar también las distintas duraciones del sonido que responden siempre a un esquema repetido de dos tiempos y que podrás representar con un diagrama similar al siguiente ejemplo:

Revista musical

Los teatros y la ópera

Los teatros son objeto de política refinada, de la que depende la felicidad del gobierno. Con ellos adquiere el príncipe el amor de los pueblos, que nunca mejor se olvidan del yugo sino cuando están saciados o entretenidos en placeres.

Hoy se ha introducido el teatro con la música, para aliviar el ánimo y para una virtuosa creación, viéndose aparecer máquinas ingeniosas, sugeridas por el drama, que atraen y satisfacen la curiosidad universal. Se han visto elefantes al natural, camellos, carros conducidos por fieras, por caballos. Caballos por el aire, caballos que bailan, máquinas soberbias figuradas en el aire, en la tierra, en el mar con artificios extravagantes, hasta hacer descender por el aire salones reales con todos los personajes y músicos, iluminadas de noche todo el tiempo, y a hacerlas subir de nuevo con mucha admiración y miles de otras formas.

El teatro, antes de recibir ganancia alguna, encuentra muchos gastos que atañen a la representación de los dramas. El primer gasto y más considerable es el de la contrata de los hombres y las damas que cantan. Se paga al maestro que pone música al drama y sigue el gasto de los vestidos, de hacer los cambios de escena, de fabricar máquinas, del maestro de bailes, de recompensar cada noche a los operadores y a los músicos de la orquesta y de mantener iluminado el teatro. A cambio, el teatro saca la venta de los billetes, la contribución convenida con los quioscos que sirven refrescos y el alquiler de los palcos, que por ser cerca de cien, siempre es considerable.

Por muchas personas sensatas he oído criticar severamente las óperas porque en ellas se canta continuamente de forma antinatural, como si los personajes que se representan hubiesen convenido ridículamente tratar en música las cuestiones de su vida. ¿Podemos acaso imaginarnos que un patrón llame cantando a su servidor, que el amigo cantando se confiese con otro amigo, que se expresen cantando las órdenes que se dan y que se maten melodiosamente a golpes de espada o lanza los soldados en combate? Pero no creo que alguien pueda poner en duda que en el canto se pueda dar a un discurso diez veces más energía que en la declamación o en la simple lengua hablada.

En las óperas, las arias, espíritu y alma del espectáculo, representan lo más gracioso y artístico de la poesía. El aria deberá consistir en una plegaria, pero de una expresión tierna y bien distinta de la del recitativo. En cuanto al número de personajes que la canten, un aria será simple, dúo, trío o cuarteto. El recitativo saldrá mejor si es en versos breves, no solo por lo trabajoso para el compositor sino porque vuelven fastidiosamente larga la ópera.

El estilo de la ópera deberá estar dispuesto según el carácter del personaje e influido por la pasión que lo agita. Un hombre soberbio será presuntuoso, uno magnánimo, generoso, un enamorado, tierno y galán. Y como en una ópera aparecen varios personajes distintos por caracteres y por pasiones, cada uno de ellos deberá con su propio carácter expresar su voluntad y sus acciones según las leyes del decoro. Es algo sucio ahorcar gente en escena, o meterla en un horno encendido, o transformarla en osos y monstruos para hacer que refunfuñen o bramen en vez de cantar: son cosas que contravienen al decoro del teatro de la ópera. Esta es una de las razones que hacen del drama el género más alto, pero también el más difícil.

Memorie teatrali di Venecia (1681).

El secreto de los stradivarius

Antonio Stradivari (1644-1737) aprendió el oficio de luthier con Niccoló Amati para en 1666 construir su primer violín y abrir su propio taller lanzando la marca de violines «stradivarius».

Modificó las proporciones del instrumento construyendo violines más largos, delgados y robustos, de una sonoridad insuperable, que le dieron fama mundial.

Parece ser que el secreto de la perfección de los stradivarius reside en la fórmula de su barniz. Un barniz especial con una combinación única de flexibilidad, textura y colorido, que el maestro preparaba en la intimidad y que nadie más llegó a conocer.

El barniz, de característico color marrón anaranjado, no solo protege la madera del instrumento sino que constituye una especie de manto penetrante y flexible que influye enormemente en el sonido.

Los investigadores posteriores no han conseguido desentrañar ni los ingredientes ni el proceso de elaboración del barniz.

En la actualidad se conservan unos 600 violines stradivarius, algunos de ellos utilizados por los mejores intérpretes del mundo. Los ejemplares más famosos son los conocidos como «Betts», «Alard» o «Mesías» y poseen un valor incalculable.

Sacerdote sin vocación

Antonio Vivaldi (1678-1741) tuvo un difícil nacimiento. Recibió los Santos Sacramentos nada más salir al mundo y fue bautizado en su propia casa por el peligro que corría su vida. Su madre, Camilla, juró que si su hijo sobrevivía lo entregaría al servicio de la Iglesia en señal de gratitud a Dios.

Así, al cumplir los 22 años, Vivaldi obtuvo las órdenes menores y a los 25 fue ordenado sacerdote.

Conocido como el «cura rojo» (por el color de su pelo), Vivaldi había recibido las primeras enseñanzas musicales de su padre, que era «sonador de violín», y su vocación musical siempre estuvo por encima de la religiosa.

Según cuenta una crónica de la época, un día, mientras oficiaba una misa, se le ocurrió un tema musical para una obra. Sin decir palabra para no perder la inspiración, Vivaldi abandonó el altar y se encerró en la sacristía para anotar en papel su idea. Tras un largo rato volvió a la misa como si no hubiera pasado nada.

Debido a su grave falta, Vivaldi fue juzgado por un tribunal que, sin embargo, resultó más benevolente de lo esperado al considerar que su acción había sido «cosa de músicos», algo muy parecido a considerarle un loco. Así, el castigo se redujo a la privación del derecho a oficiar misas.

Trabajó como maestro de violines en el *Ospedale della Pietà,* enseñando música a las jóvenes huérfanas que se educaban allí y que estrenaron muchas de sus composiciones.

Fue el compositor más reconocido de su tiempo, especialmente por los conciertos, considerados el modelo para el género.

Un caracter duro y ambicioso

Jean Baptiste Lully (1632-1687) nació en Florencia (Italia) y su verdadero nombre era Giovanni Battista Lulli. A los 14 años viajó a París para servir a una dama de la alta sociedad que buscaba «un hermoso italianito» para conversar en su lengua.

Su ambición y su dotes musicales le permitieron entrar al servicio de Luis XIV como bailarín y violinista e iniciar una carrera imparable ganándose los favores del rey. Con 23 años fue nombrado director de la orquesta real. Poco después se casó con la hija de un alto funcionario de la corte, obtuvo la ciudadanía francesa y fue elevado a maestro de música de la familia real.

Traicionando a Molière, que había sido su colaborador en la ópera, obtuvo de Luis XIV el monopolio del teatro musical en Francia, lo que le permitió acrecentar su fama y su riqueza eliminando la competencia de otros compositores. Con nuevas intrigas, logró también el puesto de director de la Academia Real de Música, un título de nobleza y numerosas propiedades en París.

Impuso una férrea disciplina de ensayo a los músicos de la orquesta real, con los que desahogaba frecuentemente su mal humor.

Durante una interpretación de su obra *Te Deum* el 8 de enero de 1687, Lully se hirió en el pie con el bastón de mando que utilizaba para marcar el compás. La herida le produjo una terrible infección que le provocó la muerte en apenas tres meses. Separando su falta de escrúpulos de su contribución a la música, Lully está considerado el creador de la ópera francesa.

Las ganas de aprender

Johann Sebastian Bach (1685-1750) nació en una familia de larga tradición musical. Recibió las primeras clases de violín de su padre y, al quedarse huérfano con 9 años, fue acogido por su hermano mayor, con el que continuó su formación musical.

Abrumado por las exigencias musicales del niño, su hermano se vio obligado a negarle las partituras más difíciles de la biblioteca, pero Bach las cogía a escondidas y las copiaba a la luz de la luna para seguir aprendiendo mientras todos dormían.

Con 15 años realizó a pie un viaje de 270 km para ingresar en el coro de la iglesia de Lüneburg, desde donde viajará a otras localidades, también a pie, para conocer a nuevos músicos.

Con 18 años consigue el puesto de organista en Arnstad y pide un permiso de cuatro semanas para viajar a Lübeck, donde trabajaba el famoso organista Buxtehude. Recorrió andando 400 km y se quedó más tiempo del previsto, a punto de convertirse en el sustituto del maestro, pero Buxtehude le obligaba a casarse con su hija y el pobre Bach huyó espantado.

Estando al servicio del duque de Sajonia, aceptará un nuevo puesto con el príncipe de Cöthen, que le ofrecía mejores expectativas musicales. El duque, enojado por la traición de su músico, lo encarceló durante un mes.

Bach terminará su vida en Leipzig y morirá ciego, después de someterse a dos operaciones de vista fallidas.

Su monumental obra es la cumbre de la música barroca, fruto no solo de su talento sino también de su extraordinaria tenacidad.

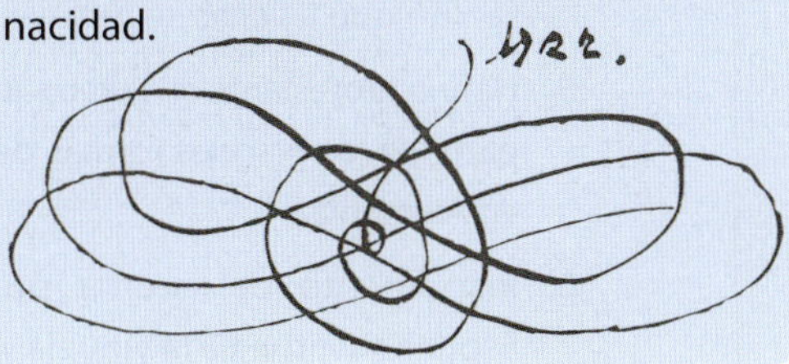

Autoevaluación

1 **Resuelve en tu cuaderno el crucigrama contestando a las definiciones que se indican a continuación:**

Horizontales

1. Instrumento de cuerda frotada protagonista de la mayoría de los conciertos a solo de Vivaldi.
2. Danza de origen español en ritmo ternario y lento que se convertirá en el tercer movimiento de la suite.
3. Tipo de ópera aristocrática escrita en italiano con argumentos heroicos y castrati.
4. Danza de ronda francesa en ritmo binario y rápido que a veces se incluye en la suite.
5. Himno protestante de Lutero que pasará a formar parte de las grandes formas de música religiosa en Alemania.
6. Instrumento de cuerda punteada que en España sustituirá a la vihuela y tendrá una gran aceptación en todos los ámbitos.

Verticales

1. Forma instrumental compleja en tres movimientos que representa a la perfección la idea del contraste barroco.
2. Instrumento de cuerda pulsada con teclado que casi siempre interpreta el bajo continuo en la orquesta barroca.
3. Forma instrumental simple basada en la persecución de un sujeto.
4. Forma vocal compleja de carácter narrativo y con representación que marca el inicio del barroco musical.
5. Estilo de canto melódico y expresivo que utilizan los protagonistas en los momentos más emotivos.
6. Forma instrumental compleja compuesta por la sucesión de varios movimientos de danza.

7. Ópera de tema religioso que como no se representa utiliza un narrador y más coros.
8. Canción polifónica española que sigue destacando en la música profana pero que también se incluirá en las fiestas religiosas.
9. Sección instrumental que enlaza las distintas escenas y partes de una ópera.
10. Comienzo instrumental de una ópera.
11. Forma vocal compleja que puede tratar temas profanos o religiosos y responde a la definición de «música para cantar».
12. Tipo de ópera de carácter popular que fuera de Italia recibirá otros nombres e incluye pasajes dialogados.
13. Constructor artesano de instrumentos, especialmente de cuerda.
14. Una línea melódica protagonista que siempre va acompañada.
15. Forma vocal profana del Renacimiento italiano que a comienzos del Barroco cambiará de la textura contrapuntística a la monodía acompañada.
16. Adaptación alemana de la ópera bufa.
17. Concierto que contrasta un grupo de solistas con el resto de la orquesta.

7. Pequeño grupo de solistas que compite con la orquesta en un concierto grosso.
8. Nombre que indica la intervención de toda la orquesta en respuestas a los solistas.
9. Danza francesa «a la carrera» y en ritmo ternario que se convertirá en el segundo movimiento de la suite.
10. Instrumento de viento con teclado que sigue siendo protagonista en la música española.
11. Danza inglesa rápida y en 6/8 que normalmente marca el final de la suite.
12. Música escénica española de carácter jocoso que se intercalaba en las comedias.
13. Danza alemana en ritmo binario y lento que suele dar inicio a la suite.
14. Intérpretes especializados capaces de ejecutar maravillas de gran dificultad técnica.
15. Estilo de canto declamado que permite un desarrollo más ágil de la acción.
16. Versión típicamente española de la ópera bufa italiana con un nombre lleno de pinchos.

2 **Copia en tu cuaderno y completa los siguientes enunciados:**

- La nueva textura armónica del Barroco recibe el nombre de... y tiene como base...
- La ópera surge en el círculo cultural de... intentando resucitar la tragedia clásica.
- La primera gran ópera de la historia de la música es... estrenada en el año...
- En el desarrollo de una ópera se distinguen tres partes fundamentales...
- La evolución de la ópera en el Barroco dará lugar a dos tipos de género...
- Los compositores más importantes de ópera son...
- Las nuevas formas de la música vocal religiosa del Barroco son...
- La orquesta barroca tiene como base fundamental...
- Las grandes formas de la música instrumental del Barroco son...
- Los compositores más importantes de música instrumental son...
- El desarrollo del ballet tiene lugar en el reinado de... con el llamado...
- Los pares de danza típicos del Barroco combinan...
- La estructura más habitual de la suite está compuesta por...
- El aislamiento de España tiene su reflejo en formas locales como...
- Los compositores españoles más destacados son...

Interpretación - Creación

1. Interpreta el ***Prólogo del Acto I*** de la ópera *Orfeo* de **Claudio Monteverdi.** Es un interludio instrumental que va conectando las distintas partes cantadas por el personaje de La Música en estilo recitativo.

   El interludio se repite después de cada estrofa a modo de ritornello o estribillo. Puedes interpretarlo con láminas y/o flautas y se puede suprimir alguna de las voces intermedias si es necesario:

El personaje de La Música declama su recitativo en un estilo silábico y sencillo, apoyado por los acordes mantenidos de Re menor y La menor (I - V).

- Improvisa tu propio recitativo teniendo en cuenta que es una forma de canción estrófica, con el mismo material para cada una de las estrofas, pero que tendrás que introducir pequeñas variaciones rítmicas para acomodar el texto.
- Realiza las intervenciones como indicamos a continuación:

La Música (recitativo)

Dal mio Parnaso amato a voi ne vegno,	*Desde mi amado Parnaso vengo a vosotros,*
incliti eroi, sangue gentil de'regi,	*ilustres héroes, sangre noble de reyes,*
di cui narra la fama eccelsi pregi,	*de quienes narra la fama sus virtudes*
né giunge al ver, perch'è tropp'alto il segno.	*sin llegar a todas, pues son demasiadas.*

Ritornello (Allegro, una vez)

La Música (recitativo)

Io la Musica son, ch'ai dolci accenti	*Yo soy la Música, quien con sus dulces sonidos*
so far tranquilo ogni turbato core,	*sabe apaciguar todos los corazones turbados,*
ed or di nobil ira ed or d'amore	*puedo provocar la ira o el amor*
posso infiammar le più gelate menti.	*y puedo encender las almas más frías.*

Ritornello (Allegro, una vez)

La Música (recitativo)

Io, su cetera d'or, cantando soglio	*Cantando con los sonidos de mi cítara de oro*
mortal orecchio lusingar talora,	*acostumbro a deleitar los oídos de los mortales,*
e in questa guisa a l'armonia sonora	*y de esta manera, con la armonía sonora*
de la lira del ciel più l'alma invoglio.	*de la lira celestial, invoco a las almas.*

Ritornello (Allegro, una vez)

La Música (recitativo)

Quinci a dirvi d'Orfeo desio mi sprona,
d'Orfeo che trasse al suo cantar le fere
e servo fe' l'inferno a sue preghiere,
gloria immortal di Pindo e d'Elicona.

Mi deseo es hablaros aquí de Orfeo,
de ese Orfeo que atrajo con su canto a las fieras
y que venció al infierno con sus plegarias,
gloria inmortal de Pindo y Helicón.

Ritornello (Allegro, una vez)

La Música (recitativo)

Or mentre i canti alterno, or lieti or mesti,
non si mova augellin fra queste piante,
né s'oda in queste rive onda sonante,
ed ogni auretta in suo cammin s'arresti.

Mientras canto alternando, ya alegre, ya triste,
que ningún pájaro se mueva en estos bosques,
que ninguna ola murmulle en estas orillas,
y que toda brisa en su camino se detenga.

Ritornello (Allegro, dos veces)

2 Interpreta la ***Zarabanda*** de la *Suite en Re menor* de **Georg Friedrich Haendel.**

En su origen español, la zarabanda era una danza de carácter sensual que llegó a estar prohibida por «impúdica y lasciva» bajo el reinado de Felipe II, aunque nunca dejó de bailarse. A finales del siglo XVI, la zarabanda pasará a la corte francesa y enseguida será conocida en el resto de los países europeos. En el siglo XVIII entrará a formar parte de la suite convertida en una danza solemne y elegante.

- Imitando lo que hace Haendel con esta zarabanda, escribe a continuación dos variaciones de la melodía que podrás interpretar manteniendo el mismo acompañamiento:

a. La primera, introduciendo notas de paso con figuraciones más breves.

b. La segunda, prolongando los valores y suprimiendo los silencios.

Audición

Los más populares del Barroco

1 Escucha la selección que te presentamos de ***Las cuatro estaciones*** de **Vivaldi.** Son un grupo de cuatro conciertos a solo de carácter descriptivo que fueron compuestos para sus alumnas del Hospital de la Piedad y publicados en 1725 dentro de la obra titulada *Il cimento dell' armonia e dell' inventione.*

El instrumento solista es el violín y la orquesta está formada por la sección completa de cuerda: violines I y II, violas, violonchelos y contrabajos.

Basándose en unos sonetos anónimos que contenían abundantes descripciones onomatopéyicas de la naturaleza, Vivaldi refleja musicalmente las estaciones del año empleando los instrumentos de cuerda para imitar el canto de los pájaros, el sonido del viento, la tormenta, etc., y para describir diferentes ambientes.

a. Fíjate bien en cada ejemplo y explica los distintos recursos musicales que utiliza Vivaldi para describir las figuras y situaciones que aparecen en el texto.

b. Sigue la audición con ayuda de las descripciones y los ejemplos musicales:

1 20 • Concierto Nº 1 «***La primavera***». Primer movimiento: **Allegro**

Llegó la primavera

y festivamente la saludan los pájaros con su alegre canto

Y entretanto, tras el suspiro del céfiro discurren las fuentes con dulce murmullo

Llegan cubriendo el aire con negro manto relámpagos y truenos anunciando la tormenta

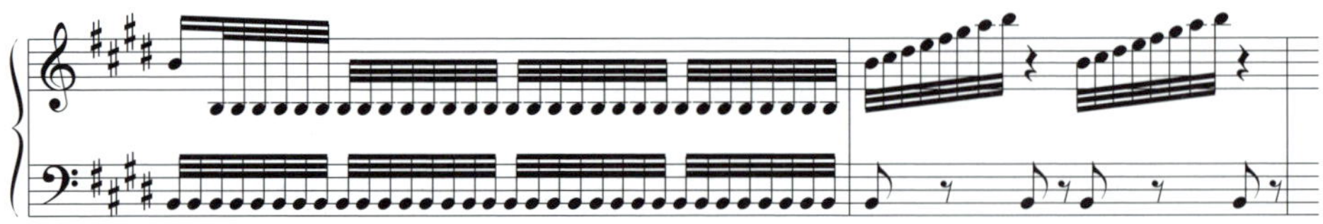

y una vez calmados, los pajarillos vuelven a su musical encanto.

- Concierto Nº 2 «**El verano**». Segundo movimiento: **Adagio**

Priva del reposo a los cansados miembros

el temor de los relámpagos y de los fieros truenos

- Concierto Nº 3 «***El otoño***». Tercer movimiento: **Allegro**

Los cazadores salen al alba a cazar con cuernos, trompetas y perros

Huye la fiera y siguen su huella

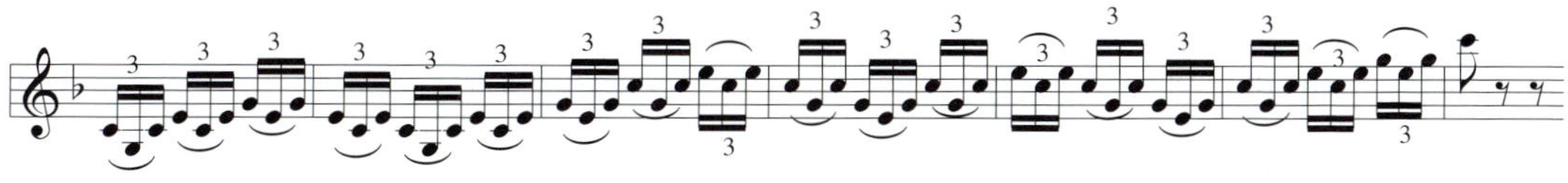

Espantada por el ruido ensordecedor de escopetas y perros,

herida y amenazada, cansada de huir, muere agotada.

- Concierto Nº 4 «***El invierno***». Primer movimiento: **Allegro non molto**

Un escalofrío en la nieve helada

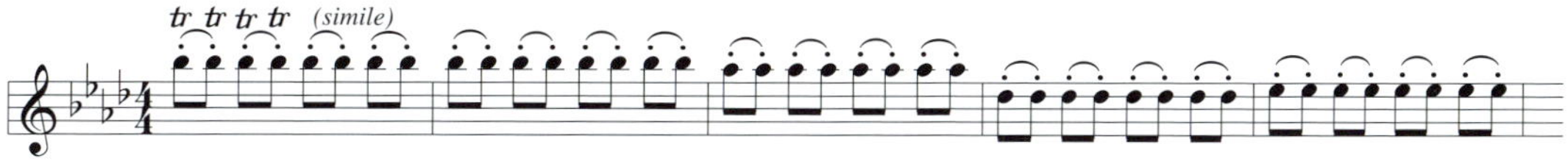

al soplo severo del terrible viento

Hay que correr, golpear los pies en el suelo todo el rato para mitigar el frío,

mientras los dientes castañetean sin cesar.

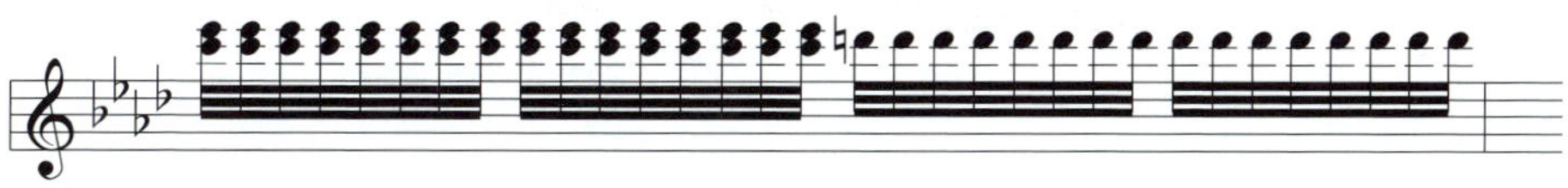

Audición

2 Escucha el famoso ***Canon en Re Mayor*** de **Johann Pachelbel,** escrito a tres voces para una pequeña orquesta de cuerda frotada y continuo, realizado por el clave.

1 21 Es una de sus escasas y modestas composiciones para música de cámara que, sin embargo, obtuvo un éxito inesperado y se ha convertido en la pieza más popular de Pachelbel y casi, en su única obra conocida.

Como ya hemos visto, el canon es una forma típicamente contrapuntística basada en la imitación, en la que una misma melodía es repetida por otras voces pero en entradas sucesivas que mantienen siempre una determinada distancia.

Las tres voces de canon de esta obra están sostenidas sobre el bajo continuo que repite siempre la misma base armónica a modo de ostinato.

– Sigue la audición identificando las principales frases musicales en su orden de interpretación:

Johann Pachelbel (1653-1706)

Compositor y organista alemán, probablemente el músico más importante de la generación anterior a Bach. La mayor parte de su vida trabajó como organista al servicio de distintas iglesias y cortes, adquiriendo una gran reputación.

Su abundante obra para órgano ejerció una profunda influencia sobre Bach.

Bajo

Frase 1

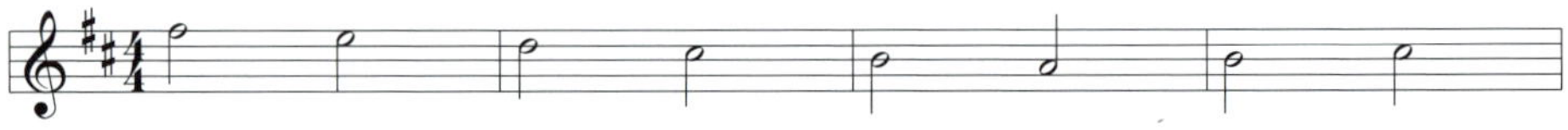

Frase 2

Frase 3

Frase 4

Frase 5

Frase 6

Frase 7

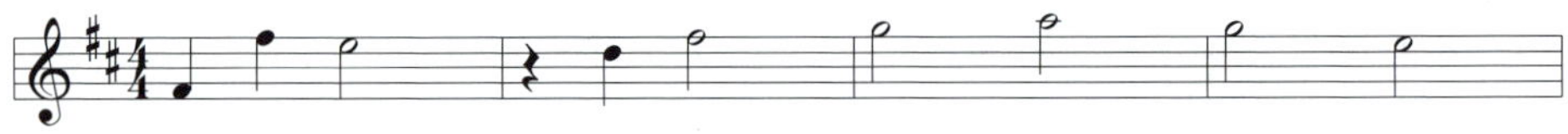

Frase 8

En resumen

El sonido del Barroco

Frente a la naturalidad del Renacimiento, la música del Barroco se caracteriza por el uso del contraste a todos los niveles: contrastes de tempo, de dinámica, de ritmo, de timbres, de planos sonoros, etc.

Es una música guiada por un ritmo mecánico y enérgico y por el dibujo de largas y ornamentadas melodías.

La nueva monodía acompañada facilitará una mayor expresividad pero convive también con el uso de la textura contrapuntística.

La música instrumental alcanza su máximo desarrollo igualando en importancia a la vocal.

1. El **Barroco** es el periodo artístico que comprende el siglo XVII y la primera mitad del XVIII. Musicalmente delimitamos su cronología entre los años 1600, con el nacimiento de la ópera, y 1750 con la muerte de J. S. Bach.

2. Es una época crucial en la historia de la música en la que se establece el uso de la tonalidad y la armonía, nace la orquesta y las primeras grandes formas de la música vocal e instrumental, surgen los primeros intérpretes virtuosos y los primeros grandes compositores.

3. La música barroca busca la expresión y el contraste a través de la monodía acompañada, el estilo concertato, el ritmo mecánico, la dinámica en terrazas y la ornamentación recargada de las melodías. Estas técnicas de composición se utilizarán en todas las manifestaciones musicales.

4. En la música vocal profana, y gracias a la nueva técnica de la monodía acompañada, surge la **ópera.** Se estructura en obertura, partes cantadas e interludios y evolucionará diferenciando dos tipos de género: la ópera seria y la ópera bufa.

5. En la música vocal religiosa nacen las grandes formas de la **cantata,** el **oratorio** y la **pasión.** Imitan la grandiosidad de la ópera y sus recursos musicales pero no se escenifican.

6. La música instrumental iguala en importancia a la vocal. Nace la orquesta que tiene como base fundamental la cuerda frotada y el continuo. Surgen las grandes formas de la música instrumental con la **suite,** la **sonata** y el **concierto.**

7. La danza teatral se desarrolla en la corte francesa con el **ballet de cour,** que conjuga música y danza con fastuosos decorados y vestimentas. Comienza la profesionalización del ballet y se codifica gran parte de su terminología y técnica.

   La danza de sociedad adoptará nuevos bailes de moda que pasarán a formar parte de la suite, cuya estructura más habitual será allemanda, courante, zarabanda y giga.

8. La **música española** optará por la composición de formas locales en lugar de seguir las grandes formas europeas. La música religiosa sigue ocupando la mayor parte del repertorio. Nacen las primeras manifestaciones de música escénica con la tonadilla, la ópera y la zarzuela. La música instrumental estará destinada especialmente al órgano y la guitarra.

Mis progresos

UNIDAD 3	SOBRESALIENTE ¡SOY MUY COMPETENTE!	NOTABLE SOY BASTANTE COMPETENTE PERO PUEDO MEJORAR ALGO	BIEN SOY COMPETENTE PERO PUEDO MEJORAR BASTANTE	SUFICIENTE SOY COMPETENTE PERO DEBO MEJORAR BASTANTE	INSUFICIENTE ME FALTAN COMPETENCIAS ¡DEBO ESFORZARME MUCHO MÁS!
He aprendido	Comprendo las características y funciones de la música en el Barroco y siempre utilizo el lenguaje técnico apropiado para describirlas. Identifico siempre los principales géneros y formas musicales del Barroco con sus ejemplos y compositores más representativos. Reconozco las distintas manifestaciones de la música del Barroco en España y siempre valoro la importancia del patrimonio cultural español. Siempre identifico los ejemplos musicales trabajados situándolos en su contexto y describiendo sus rasgos más característicos.	Comprendo las características y funciones de la música en el Barroco y casi siempre utilizo el lenguaje técnico apropiado para describirlas. Identifico casi siempre los principales géneros y formas musicales del Barroco con sus ejemplos y compositores más representativos. Reconozco las distintas manifestaciones de la música del Barroco en España y casi siempre valoro la importancia del patrimonio cultural español. Casi siempre identifico los ejemplos musicales trabajados situándolos en su contexto y describiendo sus rasgos más característicos.	Comprendo las características y funciones de la música en el Barroco y a veces utilizo el lenguaje técnico apropiado para describirlas. Identifico a veces los principales géneros y formas musicales del Barroco con sus ejemplos y compositores más representativos. Reconozco las distintas manifestaciones de la música del Barroco en España y a veces valoro la importancia del patrimonio cultural español. A veces identifico los ejemplos musicales trabajados situándolos en su contexto y describiendo sus rasgos más característicos.	Comprendo las características y funciones de la música en el Barroco pero me cuesta utilizar el lenguaje técnico apropiado para describirlas. Me cuesta identificar los principales géneros y formas musicales del Barroco con sus ejemplos y compositores más representativos. Reconozco algunas de las manifestaciones de la música del Barroco en España y a veces valoro la importancia del patrimonio cultural español. Me cuesta identificar los ejemplos musicales trabajados situándolos en su contexto y describiendo sus rasgos más característicos.	No comprendo las características y funciones de la música en el Barroco y no sé utilizar el lenguaje técnico apropiado para describirlas. No sé identificar los principales géneros y formas musicales del Barroco con sus ejemplos y compositores más representativos. No sé reconocer las distintas manifestaciones de la música del Barroco en España y no valoro la importancia del patrimonio cultural español. No sé identificar los ejemplos musicales trabajados situándolos en su contexto y describiendo sus rasgos más característicos.
Sé hacer	Participo en la interpretación de piezas vocales, instrumentales o coreográficas atendiendo al conjunto y asumiendo distintos roles. Desarrollo las habilidades relacionadas con la interpretación con actitud abierta y respetuosa, tomando conciencia de mis propias posibilidades. Siempre manejo de forma autónoma distintos tipos de partituras como apoyo a las actividades musicales del aula. Elaboro con mucha facilidad mapas históricos y musicogramas para situar las obras musicales trabajadas y describir sus características.	Participo en la interpretación de piezas vocales, instrumentales o coreográficas atendiendo al conjunto y casi siempre asumo distintos roles. Desarrollo las habilidades relacionadas con la interpretación con actitud abierta y respetuosa, y casi siempre tomo conciencia de mis propias posibilidades. Casi siempre manejo de forma autónoma distintos tipos de partituras como apoyo a las actividades musicales del aula. Elaboro con facilidad mapas históricos y musicogramas para situar las obras musicales trabajadas y describir sus características.	Participo en la interpretación de piezas vocales, instrumentales o coreográficas atendiendo al conjunto y a veces asumo distintos roles. Desarrollo las habilidades relacionadas con la interpretación con actitud abierta y respetuosa, y a veces tomo conciencia de mis propias posibilidades. A veces manejo de forma autónoma distintos tipos de partituras como apoyo a las actividades musicales del aula. Elaboro sin dificultad mapas históricos y musicogramas para situar las obras musicales trabajadas y describir sus características.	Participo en la interpretación de piezas vocales, instrumentales o coreográficas atendiendo al conjunto pero no asumo distintos roles. Desarrollo las habilidades relacionadas con la interpretación con actitud abierta y respetuosa, pero me cuesta tomar conciencia de mis propias posibilidades. Manejo, con un poco de ayuda, distintos tipos de partituras como apoyo a las actividades musicales del aula. Me cuesta un poco elaborar mapas históricos y musicogramas para situar las obras musicales trabajadas y describir sus características.	Participo en la interpretación de piezas vocales, instrumentales o coreográficas pero no atiendo al conjunto y no asumo distintos roles. Desarrollo las habilidades relacionadas con la interpretación pero no muestro una actitud abierta y respetuosa, y no tomo conciencia de mis propias posibilidades. Me cuesta manejar distintos tipos de partituras como apoyo a las actividades musicales del aula. No sé elaborar mapas históricos y musicogramas para situar las obras musicales trabajadas y describir sus características.
La tecnología y yo	Navego por internet sin dificultad para investigar sobre los periodos históricos estudiados y encuentro mucha información interesante. Tengo un dominio muy elevado de las herramientas TIC para la realización de las actividades propuestas.	Navego por internet sin dificultad para investigar sobre los periodos históricos estudiados y normalmente encuentro información interesante. Tengo un dominio alto de las herramientas TIC para la realización de las actividades propuestas.	Navego por internet sin dificultad para investigar sobre los periodos históricos estudiados y a veces encuentro información interesante. Tengo suficiente dominio de las herramientas TIC para la realización de las actividades propuestas.	Navego por internet con cierta dificultad para investigar sobre los periodos históricos estudiados y me cuesta encontrar información interesante. Tengo poco dominio de las herramientas TIC para la realización de las actividades propuestas.	Me cuesta mucho navegar por internet para investigar sobre los periodos históricos estudiados y no sé encontrar la información. No tengo dominio de las herramientas TIC para la realización de las actividades propuestas y no sé utilizarlas.
¿Sé trabajar en grupo?	Asumo mi rol y aporto ideas al grupo sin interferir en el trabajo de los demás.	Asumo mi rol y aporto ideas al grupo pero tiendo a interferir en el trabajo de los demás.	Asumo mi rol y aporto ideas al grupo pero interfiero en el trabajo de los demás.	Asumo mi rol pero no aporto ideas al grupo e interfiero en el trabajo de los demás.	No asumo mi rol ni aporto ideas al grupo e interfiero en el trabajo de los demás.

4 Clasicismo

Actividades iniciales

1. Observa el cuadro cronológico que encontrarás en las páginas siguientes e indica los datos históricos de los acontecimientos y de los personajes que reconozcas.

4 Clasicismo

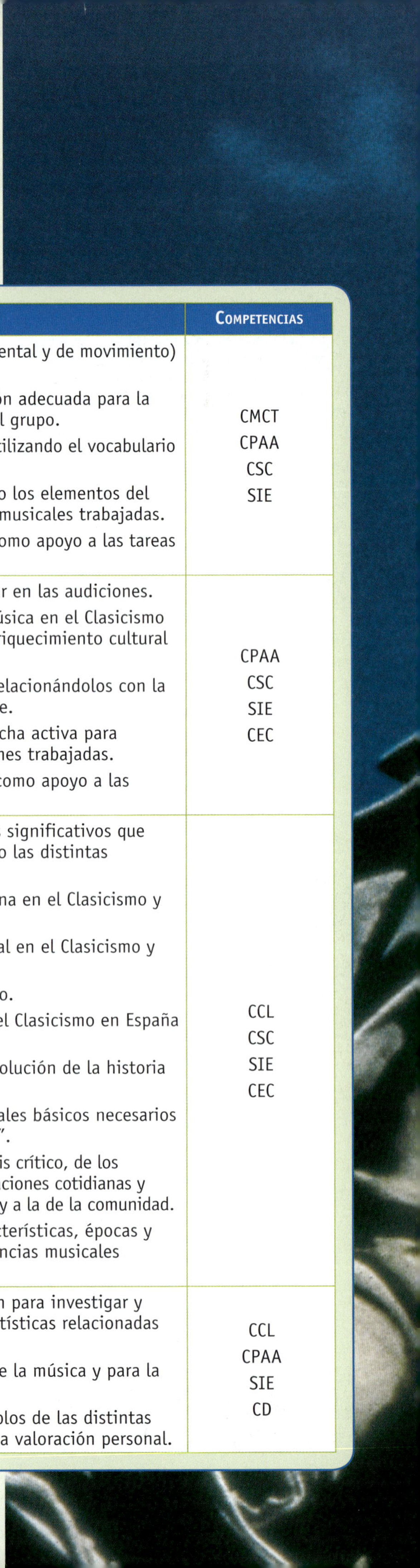

	Vamos a aprender a...	Competencias
Interpretación y creación	Desarrollar las técnicas de interpretación (vocal, instrumental y de movimiento) y expresión musical, tanto individuales como en grupo. Participar en las actividades musicales con la disposición adecuada para la superación de dificultades y para el enriquecimiento del grupo. Reconocer los elementos básicos del lenguaje musical utilizando el vocabulario técnico apropiado para describirlos. Improvisar y realizar pequeñas composiciones utilizando los elementos del lenguaje musical característicos del estilo o las formas musicales trabajadas. Leer música en el contexto de las actividades del aula como apoyo a las tareas de interpretación y creación.	CMCT CPAA CSC SIE
Escucha	Valorar el silencio como condición previa para participar en las audiciones. Escuchar obras del repertorio más significativo de la música en el Clasicismo apreciando su valor como fuente de conocimiento y enriquecimiento cultural y personal. Reconocer los ejemplos musicales trabajados en clase relacionándolos con la época, el compositor y la forma musical correspondiente. Ejercitar la interiorización sonora como base de la escucha activa para identificar las principales características en las audiciones trabajadas. Leer música en el contexto de las actividades del aula como apoyo a las tareas de audición.	CPAA CSC SIE CEC
Contextos musicales y culturales	Reconocer la cronología del Clasicismo y los rasgos más significativos que definen dicho periodo histórico situando en su contexto las distintas manifestaciones musicales. Conocer las principales formas de la música vocal profana en el Clasicismo y sus compositores más representativos. Conocer las principales formas de la música instrumental en el Clasicismo y sus compositores más representativos. Conocer las principales formas de danza en el Clasicismo. Conocer las principales manifestaciones de la música del Clasicismo en España y sus compositores más representativos. Relacionar las cuestiones técnicas aprendidas con la evolución de la historia de la música. Valorar la asimilación y empleo de los conceptos musicales básicos necesarios a la hora de emitir juicios de valor o "hablar de música". Elaborar juicios y criterios personales, mediante un análisis crítico, de los diferentes usos sociales de la música, aplicándolos a situaciones cotidianas y valorando la contribución de la música a la vida personal y a la de la comunidad. Mostrar interés por conocer músicas de diferentes características, épocas y culturas, y por ampliar y diversificar las propias preferencias musicales adoptando una actitud abierta y respetuosa.	CCL CSC SIE CEC
Música y tecnología	Utilizar con autonomía distintas fuentes de información para investigar y realizar trabajos sobre fuentes literarias, históricas y artísticas relacionadas con el Clasicismo. Manejar los recursos tecnológicos para el aprendizaje de la música y para la realización de sencillas producciones musicales. Investigar en internet y en fuentes audiovisuales ejemplos de las distintas manifestaciones musicales del Clasicismo realizando una valoración personal.	CCL CPAA SIE CD

El Clasicismo es el periodo que marca la transición de la Edad Moderna a la Edad Contemporánea. Musicalmente, delimitamos su cronología entre los años 1730 y 1820 aproximadamente.

En el resto de las artes, esta etapa se conoce con el nombre de «Neoclasicismo», ya que se produce una nueva vuelta a los ideales de la cultura grecorromana, basados en la razón al servicio del equilibrio y la belleza. La música no puede copiar los modelos clásicos de la Antigüedad, pero sí comparte la búsqueda de la perfección formal y el ideal de belleza.

El siglo XVIII es la época de la Ilustración, movimiento cultural favorecido por la burguesía y la pequeña nobleza, que llevará a la Revolución Francesa rompiendo el poder de las monarquías absolutas.

La música irá abandonado los círculos eclesiásticos y palaciegos para desenvolverse en los círculos burgueses de casas privadas, salones y conciertos públicos. El compositor irá afirmándose como un artista liberal que busca llegar a un nuevo público con una música humana y natural, elegante y agradable para todos, en la que predomina la claridad formal y la sencillez melódica.

CUADRO CRONOLÓGICO DEL CLASICISMO

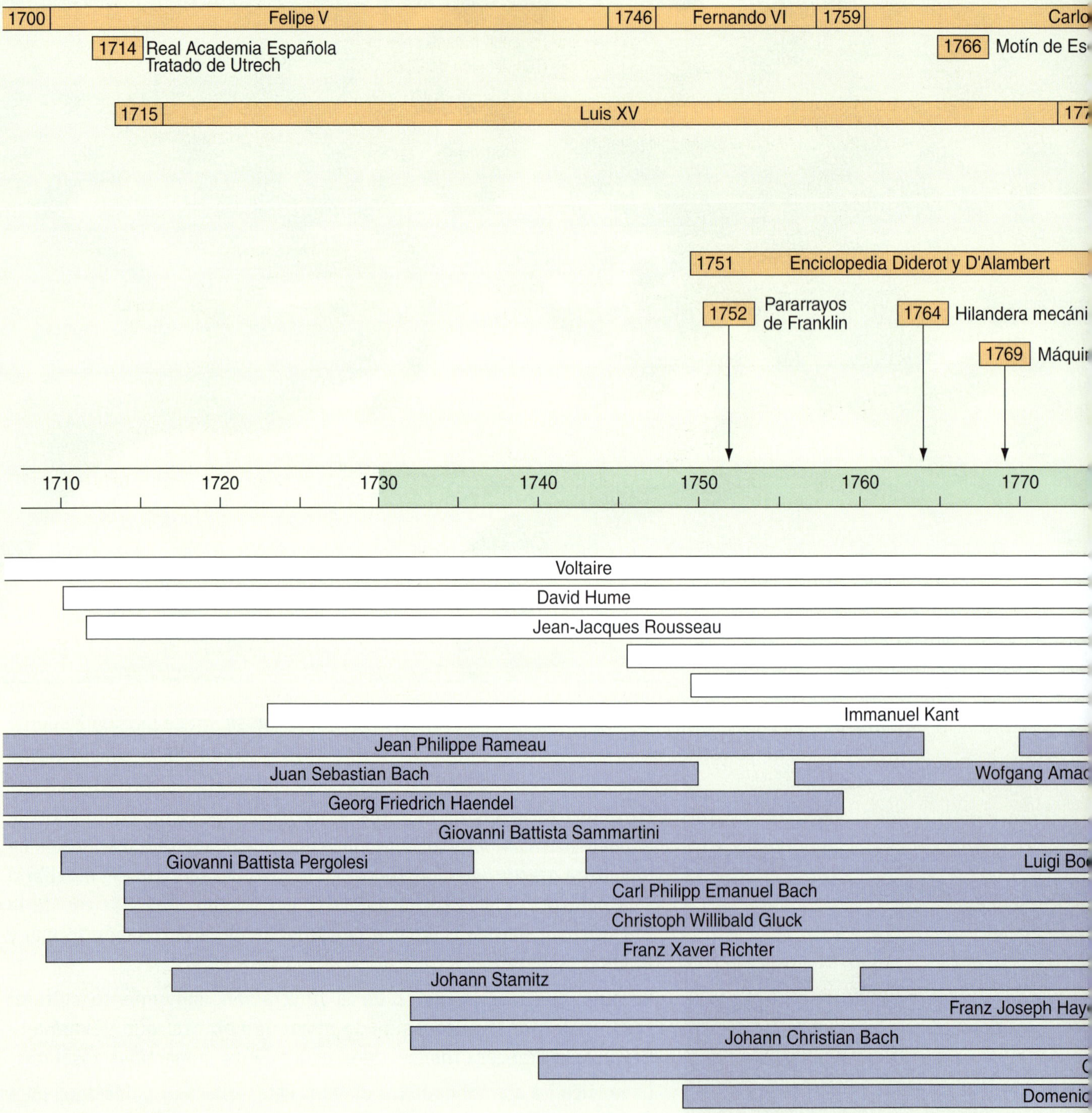

Los fusilamientos del 3 de mayo,
de Francisco de Goya.

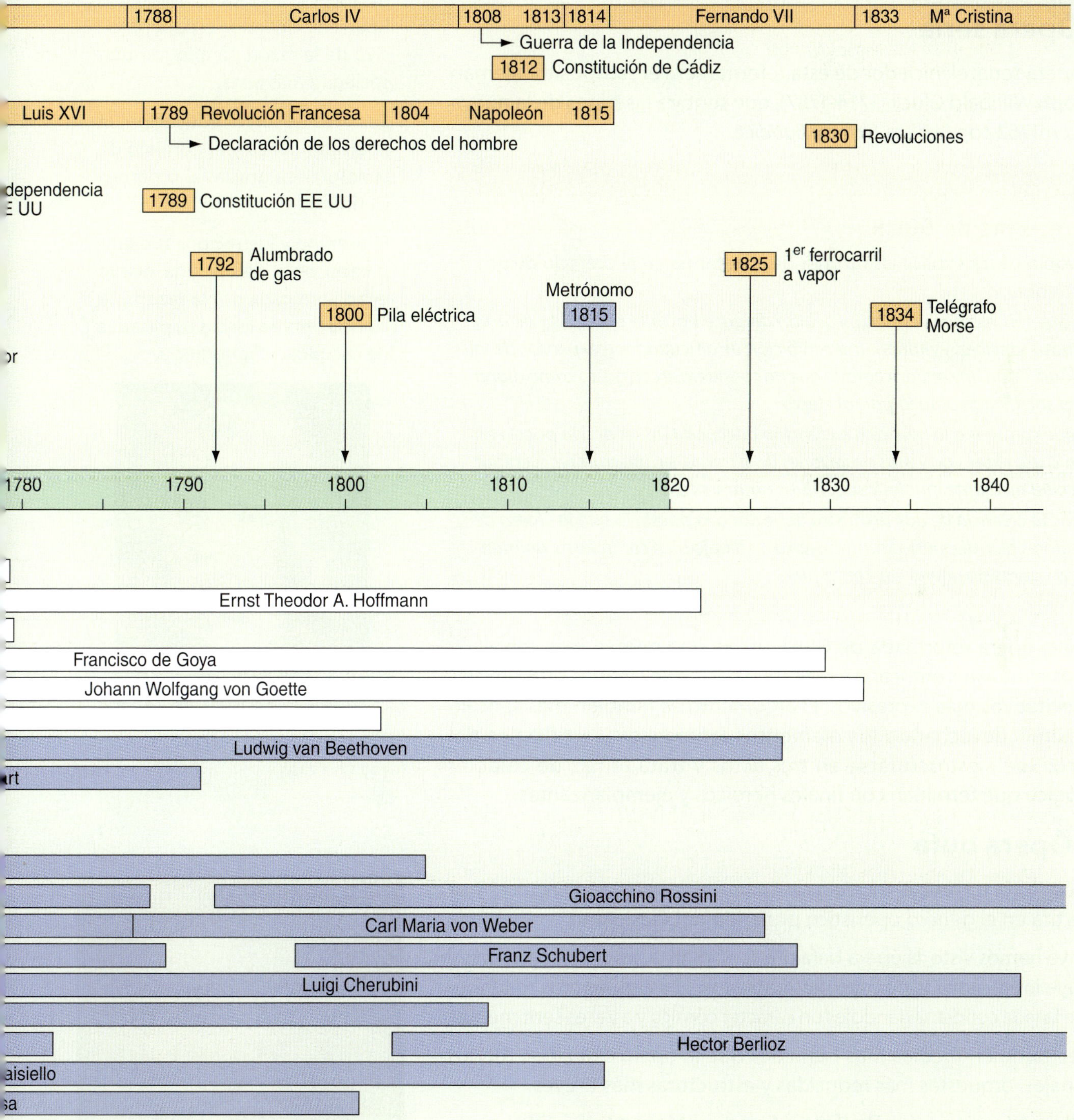

1 Música vocal profana: la ópera clasica

La ópera, nacida en el Barroco al amparo de los círculos aristocráticos, experimentará durante el Clasicismo un cambio, común al resto de las formas musicales, tendente a la naturalidad. Eliminará los excesos barrocos y acercará los argumentos y personajes al nuevo público burgués.

1.1. Ópera seria

En la ópera seria, el iniciador de esta reforma será el compositor alemán Christoph Willibald Gluck (1714-1787), que sentará las bases de la nueva ópera en 1762 con la obra *Orfeo* y *Eurídice*.

La reforma de Gluck

El propio **Gluck** explica las razones de su reforma en el prefacio de una de sus óperas:

Creí que mis mayores esfuerzos debían dirigirse hacia la búsqueda de una hermosa sencillez, evitando una exhibición de dificultades a expensas de la claridad... Y no hay regla aceptada que no considerase con gusto como digna de ser sacrificada para lograr tal efecto.

Busqué confinar a la música a su función adecuada de servir a la poesía en cuanto a la expresión y a las situaciones de la trama, sin interrumpir ni enfriar la acción mediante inútiles y superfluos ornamentos.

Soy de la creencia de que la música debe dar a la poesía lo que la viveza de los colores bien dispuestos contribuyen a un dibujo bien compuesto, animando las figuras sin alterar sus contornos.

La nueva ópera reformada de Gluck utiliza una música más sencilla y evita los contrastes entre aria y recitativo haciendo las arias más simples y los recitativos más expresivos. El argumento es también más sencillo y verosímil, desechando los elementos fantásticos y artificiales del Barroco. Suele estructurarse en tres actos y trata temas de carácter mitológico que terminan con finales heroicos y ejemplarizantes.

1.2. Ópera bufa

La ópera bufa tomará el modelo de *La serva padrona* de Pergolesi y se convertirá en el género operístico preferido del Clasicismo.

Como ya hemos visto, la ópera bufa utiliza el idioma propio de cada país y sustituye los recitativos por diálogos hablados. Los argumentos tratan temas de la vida cotidiana dándoles un carácter cómico y a veces sentimental.

Emplea también medios más humildes que la ópera seria, con menos personajes, orquestas más reducidas y estructuras más breves.

El compositor principal es Wolfgang Amadeus Mozart (1756-1791) cuyas óperas marcan la cumbre de este género, aunque también escribirá óperas serias extraordinarias.

Entre las óperas bufas de Mozart destacan *Las bodas de Fígaro,* escrita en italiano y *La flauta mágica,* escrita en alemán y, por tanto, ejemplo de singspiel.

Nuevos ideales

La Ilustración, representada por filósofos como Kant, Voltaire o Rousseau, defiende el papel decisivo de la razón para lograr una sociedad más justa.

Sus ideales son la educación, la libertad política y el dominio de la naturaleza gracias al progreso científico.

El término «Ilustración» fue empleado para definir una nueva edad iluminada por la razón y la ciencia frente a los siglos pasados de oscuridad e ignorancia.

Jean-Jacques Rousseau (1712-1778).

↑ Wolfgang Amadeus Mozart (1756-1791).

ACTIVIDADES

1. Escucha el aria ***Che farò senza Euridice?*** de la ópera *Orfeo y Eurídice* de **Christoph Willibald Gluck.**

Es el lamento de Orfeo que tiene lugar en el Acto III, el último de la ópera, cuando Orfeo pierde definitivamente a Eurídice por volver la vista atrás para mirarla mientras recorrían el camino de regreso al mundo de los vivos.

1 22

Che farò senza Euridice?	*¿Qué puedo hacer sin Eurídice?*
dove andrò senza il mio ben?	*¿a dónde ir sin mi amor?*
che farò, dove andrò	*¿qué puedo hacer? ¿a dónde ir?*
che faro senza il mio ben,	*¿qué puedo hacer sin mi amor?*
dove andrò senza il mio ben?	*¿a dónde ir sin mi amor?*
Euridice! Euridice!	*¡Eurídice! ¡Eurídice!*
Oh Dio! Rispondi! Rispondi!	*¡Oh Dios! ¡Contéstame! ¡Contéstame!*
Io son pure il tuo fedele.	*pues yo soy tu fiel esposo.*
Che farò senza Euridice?...	*¿Qué puedo hacer sin Eurídice?...*
Ah! Non m'avanza	*¡Ah! ¡No recibo*
più soccorso, più speranza,	*socorro ni esperanza,*
nè dal mondo, nè dal ciel!	*de la tierra ni del cielo!*
Che farò senza Euridice?...	*¿Qué puedo hacer sin Eurídice?...*

a. Compara esta audición con el lamento de Orfeo de Monteverdi que hemos trabajado en la unidad anterior.

b. Los dos fragmentos describen la misma situación: ¿qué diferencias encuentras?, ¿qué música te parece más apropiada para el lamento? y ¿cuál más agradable y sencilla?

ACTIVIDADES

2. Escucha el aria ***Der Vogelfänger bin ich ja*** de la ópera *La flauta mágica* de **Wolfgang Amadeus Mozart.**

Es el aria de presentación del personaje de Papageno, una especie de hombre pájaro que aspira a cuatro sabias metas en la vida: comer, beber, casarse con Papagena y tener muchos Papagenitos.

1 23

Yo soy el pajarero
siempre estoy alegre, ¡Viva!
Todos, jóvenes y viejos,
me conocen como el pajarero.
Sé cómo capturar a las aves
y soy un maestro tocando mi flauta.
Por eso siempre estoy alegre:
y todos los pájaros son míos.

Yo soy el pajarero
y siempre estoy alegre, ¡Viva!
Todos, jóvenes y viejos,
me conocen como el pajarero.
Querría poseer una red
para las muchachas
y poder capturarlas a docenas,
las encerraría conmigo y serían mías.

Si todas ellas fueran mías
las vendería a cambio de azúcar
que luego daría a mi favorita.
Y si entonces ella me besara
tiernamente, sería mi mujer
y yo su marido.
Dormiría junto a mí
y la acunaría como a una niña.

La flauta mágica es la última ópera de Mozart y el ejemplo más célebre de singspiel. Fue compuesta en tan solo tres semanas por encargo de Emmanuel Schikaneder, autor del libreto, compañero de logia de Mozart y director de una compañía de teatro popular. La ópera se estrenó el 30 de septiembre de 1791, dos meses antes de la muerte del compositor. El propio Schikaneder interpretaría el papel de Papageno en las primeras representaciones, que tuvieron un extraordinario éxito del que Mozart no pudo disfrutar.

El argumento fantástico de *La flauta mágica* refleja los ideales de la masonería, a la que pertenecían sus autores, simbolizados en la lucha entre el bien y el mal, la luz y las tinieblas, y en las pruebas de iniciación que superarán los personajes protagonistas para alcanzar la sabiduría.

Papageno, convertido accidentalmente en compañero de aventuras del príncipe Tamino, acabará transformándose, sin pretenderlo, en un verdadero héroe.

a. Comenta la descripción musical que hace Mozart de este personaje. ¿Qué voz interpreta a Papageno?

b. Analiza el esquema formal del aria identificando la correspondencia de las frases musicales con el texto.

2 Música instrumental

La emancipación de la música instrumental lograda durante el Barroco animará a los compositores del Clasicismo a continuar su desarrollo, que se verá favorecido por la introducción de nuevos instrumentos como el piano y el clarinete, la aparición de formaciones de cámara más variadas y la evolución de la orquesta.

En este desarrollo de la música instrumental tendrá un papel decisivo el cambio sociológico que provocó el paso de la música de corte a las salas de concierto públicas. Esto trajo consigo la necesidad de ampliar tanto la sonoridad de los instrumentos como la plantilla orquestal, que elimina el bajo continuo barroco y aumenta el número de instrumentos de cuerda y viento. Además, se dará al elemento tímbrico un papel fundamental, presentando las ideas musicales con un color instrumental específico.

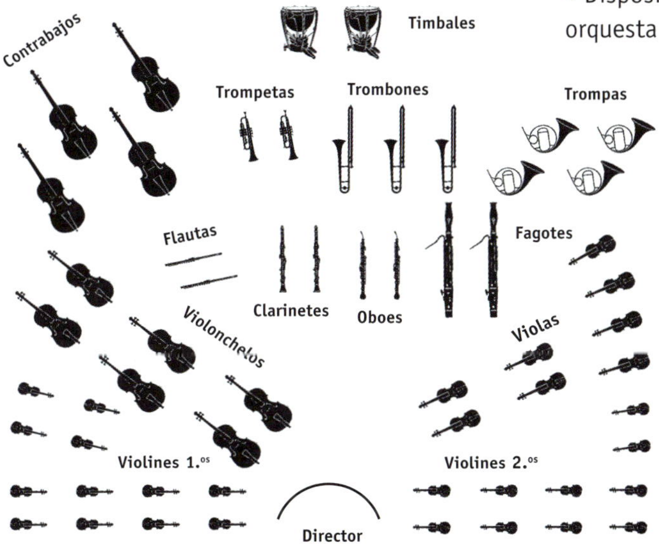

← Disposición de la orquesta clásica.

El director de orquesta

La progresiva complejidad en las composiciones orquestales hizo necesaria la presencia de un director de orquesta destinado exclusivamente a coordinar el conjunto.

Con frecuencia, los propios compositores asumirán la función de director de orquesta y ya no solo tendrán que marcar el pulso, sino también las distintas entradas de las voces y todos los aspectos expresivos referentes a la interpretación y concepción de la obra.

2.1. El esquema sonata

La sonata, forma instrumental surgida en el Barroco, se convertirá durante el Clasicismo en el principal modelo de composición que se aplicará al primer movimiento de todas las formas instrumentales.

La sonata como esquema de composición

La estructura de la sonata responde a un esquema tripartito que consta de:

- **Exposición:** presentación de dos temas musicales enlazados mediante un pasaje modulante denominado «puente». El tema A marca la tonalidad principal de la obra y suele tener un carácter enérgico. El tema B se expone en una tonalidad vecina y suele tener un carácter más lírico.
- **Desarrollo:** la música se mueve a otras tonalidades desarrollando y combinando el material de los dos temas principales.
- **Reexposición:** se vuelve a la exposición pero con pequeñas modificaciones. Los dos temas se presentan ahora en la tonalidad principal para un mayor carácter conclusivo. Suele terminar con una coda final que recoge material de uno o ambos temas.

ACTIVIDADES

1. Escucha el primer movimiento de la ***Pequeña serenata nocturna en Sol mayor*** de **Wolfgang Amadeus Mozart.** Es una obra escrita para un pequeño conjunto de cuerda que utiliza en este Allegro inicial la estructura de la sonata.

– Sigue la audición con ayuda del esquema que te facilitamos:

1 24

EXPOSICIÓN

DESARROLLO

REEXPOSICIÓN

- ¿En qué tonalidad aparecen los distintos temas? ¿Qué material utiliza la pequeña coda final?

2.2. Principales formas instrumentales

Las formas instrumentales del Clasicismo, que llevan como seña de identidad la utilización del esquema de sonata en su primer movimiento, se distinguen atendiendo a las distintas combinaciones instrumentales que participen:

- **Sonata:** forma instrumental compleja destinada a uno o dos instrumentos solistas.
- **Trío, cuarteto, quinteto, etc.:** forma instrumental compleja para agrupaciones de cámara compuestas por tres, cuatro, cinco o más instrumentos.
- **Sinfonía:** forma instrumental compleja destinada a una orquesta completa. La estructura más habitual de una sinfonía consta de cuatro movimientos:

  1º. Allegro: siempre es una forma sonata.

  2º. Adagio: puede tener forma sonata, binaria, ternaria o variaciones.

  3º. Minueto o Scherzo: movimiento en forma ternaria.

  4º. Allegro: en forma rondó, sonata o variaciones.

- **Concierto:** forma instrumental compleja para orquesta y solista, normalmente piano, violín o algún instrumento de viento. La estructura más habitual del concierto se compone de tres movimientos

  1º. Allegro: forma sonata pero con una doble exposición para su interpretación por el solista y la orquesta. Este movimiento suele terminar con una cadencia virtuosa interpretada por el solista sin apenas acompañamiento.

  2º. Adagio: puede tener forma sonata, binaria, ternaria o variaciones.

  3º. Allegro: en forma rondó, sonata o variaciones.

Observa en el siguiente cuadro el esquema más habitual de las formas instrumentales del Clasicismo:

Movimiento	Estructura formal	Tempo	Tonalidad
Primero	Sonata	Rápido	Fundamental
Segundo	Sonata / Binaria / Ternaria Tema y variaciones	Lento	Dominante
Tercero	Minueto / Scherzo	Tranquilo o Rápido	Fundamental o Relacionada
Cuarto	Rondó / Sonata Tema y variaciones	Rápido o Muy rápido	Fundamental

Los compositores más importantes de música instrumental son los tres grandes músicos del Clasicismo: Franz Joseph Haydn (1732-1809), considerado el «padre de la sinfonía», Wolfgang Amadeus Mozart (1756-1791) y Ludwig van Beethoven (1770-1827), que profundizará en los modelos de Haydn y Mozart ampliando los desarrollos para componer obras de una envergadura sin precedentes.

Concierto para solista

El concierto clásico para solista y orquesta reemplazará al concierto grosso barroco. Así, desde finales del siglo XVIII se utiliza simplemente la denominación de concierto para hacer referencia a una obra escrita para un instrumento solista combinado con la orquesta.

Beethoven (1770-1827)

Beethoven es el compositor que tenderá el puente hacia la siguiente etapa del Romanticismo. Su obra supone la cumbre del estilo clásico mientras que su vida simboliza la imagen del genio romántico, entendido como el primer compositor independiente únicamente motivado por su voluntad creadora.

3 La danza en el Clasicismo

3.1. El verdadero ballet: el *ballet d'action*

A mediados del siglo XVIII el ballet sufrirá una gran transformación de la mano del coreógrafo y bailarín francés Jean Georges Noverre (1727-1810), que plasmará sus ideas revolucionarias en el tratado *Cartas sobre la danza y los ballets,* publicado en 1760.

Noverre creará el nuevo género del ***ballet d'action,*** demostrando que la danza, el mimo y la música podían narrar una historia sin tener que recurrir a la poesía o la canción.

De esta manera surge el verdadero ballet moderno, concebido como la conjunción de música, coreografía y escena, unificados para expresar una idea dramática.

Esta nueva concepción del ballet traerá consigo otros cambios significativos:

- La importancia del argumento, normalmente con desenlace trágico, que permita la inclusión natural de la danza.
- La composición de la música al servicio de la escena, escrita especialmente para la danza, en lugar de crear pasos sobre una música compuesta de antemano.
- La utilización del cuerpo de baile como una especie de telón de fondo sobre el que actúan los principales bailarines que protagonizan el desarrollo de la acción.
- Una nueva técnica de baile en la que se da más importancia a los gestos y las expresiones del rostro y busca movimientos naturales y delicados.
- El abandono de las máscaras, las pelucas y las vestimentas poco prácticas, adaptando las ropas a la escena y época representadas.

Otros coreógrafos, como el italiano Gáspero Angiolini (1731-1803), crearon también ballets de acción o pantomima, llegando a disputar con Noverre la invención del género. Ambos trabajaron con los principales compositores del momento, especialmente con Gluck.

Bailarines virtuosos

Entre las principales figuras de la danza destacan el bailarín italiano Gaetano Vestris, capaz de realizar las más arriesgadas acrobacias y piruetas; la alemana Anna Heinel, primera bailarina que ejecutó la pirueta doble; y el francés Charles Luis Didelot, que ideó artilugios coreográficos que permitían a los bailarines «volar» sujetos por alambres invisibles.

3.2. La danza de sociedad: el minueto

A finales del siglo XVIII, la única danza importante que se mantuvo de moda fue el minueto, convertido en el símbolo de la danza aristocrática.

El **minueto** es una danza de pasos de origen francés con ritmo ternario y movimiento tranquilo. Responde a una forma tripartita compuesta por un primer minueto, un segundo minueto llamado trío (originalmente compuesto para un trío de instrumentos) y la repetición del primer minueto. Es, en realidad, una forma ternaria da capo (A B A).

Minueto I tonalidad principal	Minueto II o Trío modulación	Minueto I tonalidad principal

Aunque el minueto continuará escribiéndose y utilizándose como danza de salón durante el Clasicismo, se introducirá también como movimiento habitual en la sinfonía, la sonata y la música de cámara.

↑ El minueto fue la danza principal de la sociedad aristocrática en el siglo XVIII.

ACTIVIDADES

1. Escucha el ***minueto*** del *Quinteto de cuerda op. 13, Nº 5* del compositor italiano **Luigi Boccherini** (1743-1805).

El quinteto de cuerda que utiliza Boccherini se compone de dos violines, una viola y dos violonchelos, a diferencia de la formación clásica habitual que utiliza dos violines, dos violas y un violonchelo. Parece ser que Boccherini, virtuoso del violonchelo además de notable compositor de cámara, decidió añadir una parte más de violonchelo para poder unirse como un instrumentista más a la interpretación del cuarteto de cuerda.

El minueto es el tercer movimiento de los cuatro de que consta el Quinteto y es sin duda la más célebre composición de Boccherini, interpretada en muchas ocasiones como pieza suelta, y en la que se puede percibir claramente su carácter bailable.

– Sigue la audición identificando las distintas frases musicales que te presentamos:

1 25

Minueto

Trío

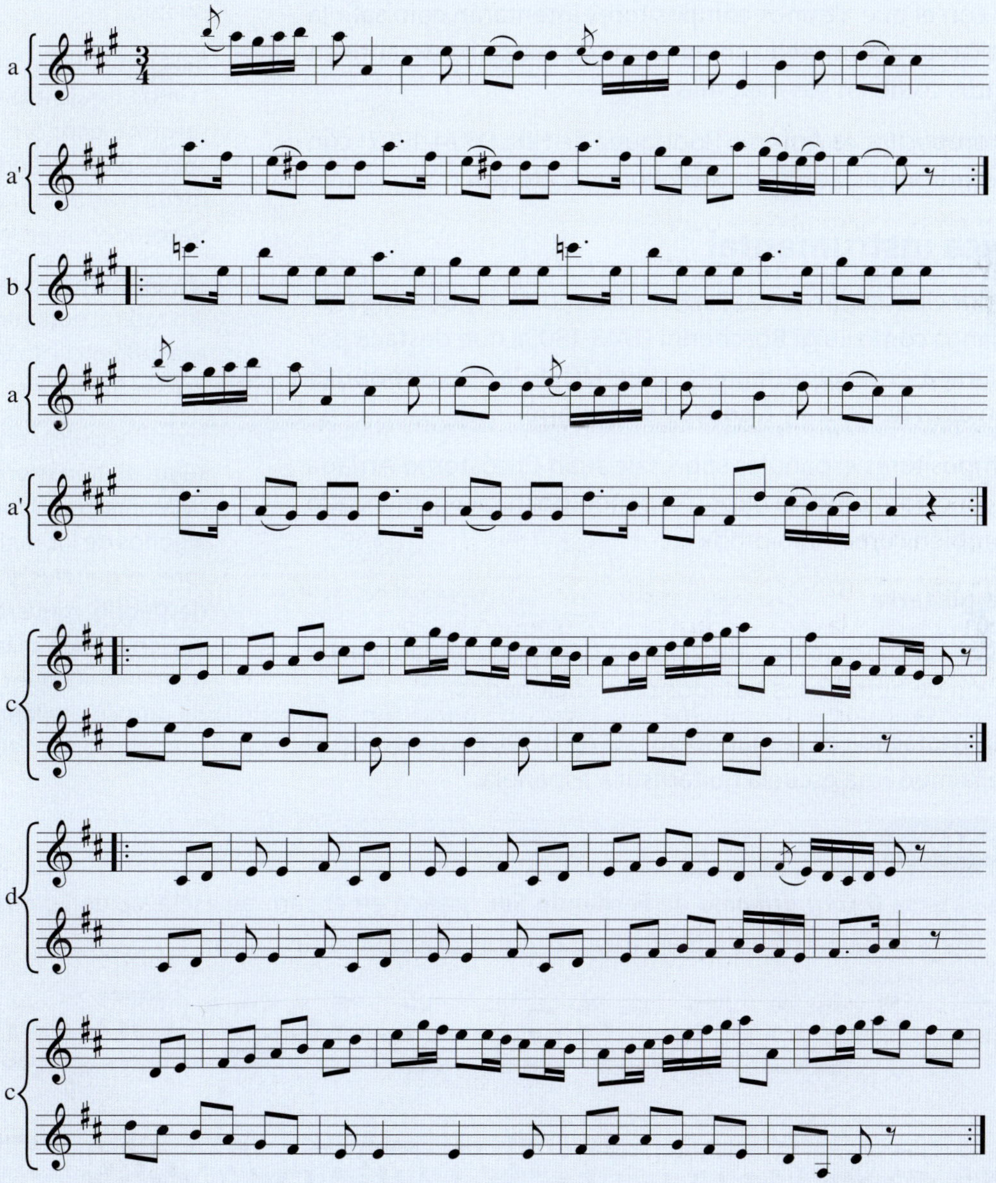

a. Elabora un esquema indicando la estructura formal del minueto completo: señala las secciones, las frases musicales y el número de compases que ocupa cada una.

b. ¿En qué tonalidad está escrito el minueto? ¿Y el trío? Cada una de estas secciones también responde a una estructura formal sencilla. ¿Cuál es?

4 El Clasicismo en España

4.1. Música escénica

La ópera

La enorme influencia de la ópera italiana hará que las compañías españolas se dediquen con éxito a la representación de óperas italianas, y compositores españoles como Vicente Martín y Soler (1754-1806) triunfen en toda Europa con obras escritas al estilo italiano.

La zarzuela

Es el género con el que algunos compositores intentarán combatir la influencia italiana, incorporando ahora temas de raíz popular tanto en sus argumentos como en sus melodías.

El principal compositor es Antonio Rodríguez de Hita (1724-1787) con zarzuelas costumbristas, como *Las labradoras de Murcia*.

4.2. Música instrumental

Tiene como principal centro la Capilla Real de la corte a la que llegarán músicos italianos como Luigi Boccherini (1743-1805), que destaca por su obra de cámara, en la que integra la influencia de la música popular española con aires de danza y rasgueos de guitarra.

Entre los compositores españoles sobresale Juan Crisóstomo Arriaga (1806-1826), conocido como «el Mozart español» por haber comenzado su carrera también como niño prodigio.

Música para guitarra

Durante el Clasicismo la guitarra alcanzará una gran popularidad gracias a la publicación de numerosos tratados para aficionados.

La figura más destacada es Fernando Sor (1778-1839), considerado el fundador de la moderna escuela guitarrística española.

Época de reformas

El Clasicismo español coincide con el reformismo o absolutismo ilustrado promovido por Carlos III y continuado por su sucesor Carlos IV que reforzará el poder del rey siguiendo la famosa máxima de «todo para el pueblo pero sin el pueblo».

Bajo la influencia de la Ilustración, la monarquía española buscó la reforma económica, política y social, promoviendo una notable recuperación que tendrá gran trascendencia en la vida cultural.

Sin embargo, la música seguirá limitada al dominio de la iglesia y a la influencia italiana favorecida por los Borbones.

Los principales centros musicales serán el monasterio benedictino de Montserrat, donde se formarán algunos de los mejores compositores españoles, y la Capilla Real de Madrid, convertida en la agrupación musical más numerosa del momento aunque con predominio de músicos italianos.

ACTIVIDADES

1. Escucha el tema ***O cara armonía*** de **Fernando Sor** basado en el coro de esclavos de *La flauta mágica* de Mozart. Fíjate en la partitura e identifica las notas principales del tema:

1 26

Desafío

«Tablatura para guitarra»

Como ya sabes, la tablatura es una forma sencilla de notación que indica de forma gráfica cómo producir los sonidos en un instrumento.

En la guitarra, la tablatura representa las seis cuerdas del instrumento mediante seis líneas horizontales ordenadas de arriba abajo desde la 1ª cuerda más aguda a la 6ª cuerda más grave. La afinación de las cuerdas se corresponde con las notas Mi', Si, Sol, Re, La y Mi que suelen indicarse en notación alfabética (e, B, G, D, A y B) y cada traste o división del mástil de la guitarra marca una distancia de semitono. La tablatura representa el lugar en el que se debe tocar la nota indicando la cuerda y el nº de traste en el que se tiene que pulsar (el 0 indica la pulsación de la cuerda al aire, sin pisar ningún traste).

a. Coloca en el siguiente diagrama el nombre de todas las notas en las distintas cuerdas y trastes de la guitarra:

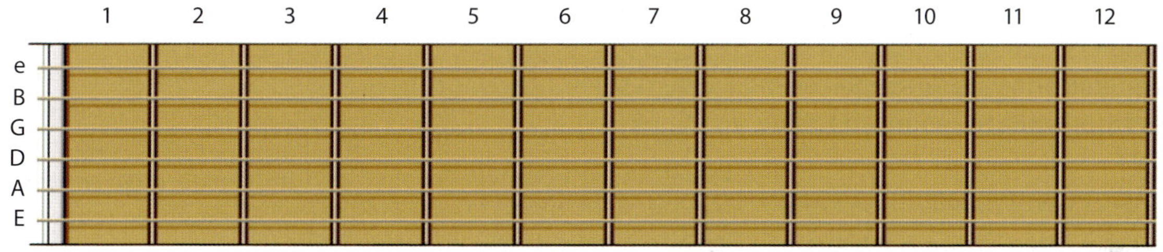

b. Interpreta el tema principal del *Himno a la alegría* de **Beethoven** siguiendo las indicaciones de la tablatura:

```
e.---------------------------------------------------
B.-0--0--1--3--3--1--0--------------0--0-------------
G.---------------------2--0--0--2--------2--2--------
D.---------------------------------------------------
A.---------------------------------------------------
E.---------------------------------------------------

e.---------------------------------------------------
B.-0--0--1--3--3--1--0--------------0----------------
G.---------------------2--0--0--2------2--0--0-------
D.---------------------------------------------------
A.---------------------------------------------------
E.---------------------------------------------------

e.---------------------------------------------------
B.-----0------0--1--0------0--1--0-------------------
G.--2----0--2---------0--2-----------2--0--2---------
D.------------------------------------------0--------
A.---------------------------------------------------
E.---------------------------------------------------

e.---------------------------------------------------
B.-0--0--1--3--3--1--0------------0------------------
G.--------------------2--0--0--2---2--0--0-----------
D.---------------------------------------------------
A.---------------------------------------------------
E.---------------------------------------------------
```

c. Transcribe ahora en notación convencional la partitura correspondiente a la melodía que has interpretado.

Revista musical

Mozart: un personaje singular

«No había nada excepcional en la presencia de este extraordinario hombre; era pequeño y su apariencia no daba muestras de su genio, aparte de sus grandes e intensos ojos. Su mirada era insegura y despistada, excepto cuando estaba sentado al teclado; entonces, ¡todo su semblante cambiaba! Entonces sus ojos se volvían serios y se llenaban de concentración; cada movimiento transmitía el sentir que expresaba en su interpretación y que tan poderosamente despertaba el ánimo de los oyentes.

Tenía unas manos pequeñas, bonitas; al tocar las movía tan tranquila y naturalmente sobre el teclado que era una delicia verlo, no menos que escucharlo. Es un prodigio que pudiera abarcar tanto con ellas, particularmente en el registro bajo. Él reconocía que este fenómeno se debía a su asiduo estudio de las obras de Bach.

Su apariencia desgarbada y su pequeña talla eran consecuencia de las tempranas exigencias a su cerebro y de la falta de ejercicio durante su infancia. Sin embargo, sus padres eran atractivos y él mismo había sido un niño guapo; pero desde los seis años se vio obligado a llevar una vida sedentaria y, además, empezó a componer a esa temprana edad.

Durante su vida, ¡cuánto escribió este hombre, especialmente en sus últimos años! Como todo el mundo sabía que Mozart prefería tocar y componer por la noche y como su trabajo era con frecuencia muy acuciante, fácilmente puede imaginarse lo mucho que sufrió su físico con tales costumbres. Su temprana muerte (si, en efecto, no se debió a causas no naturales) ha de ser atribuida principalmente a esas razones.

Pero en este desgarbado cuerpo residía un genio artístico que la Naturaleza rara vez otorga, incluso a sus tesoros más queridos».

Franz Xaver Niemetschek.
Yo conocí a Mozart (1798).

La obligaciones de Haydn con el príncipe Esterházy

Joseph Haydn será considerado un funcionario de la casa. Por lo tanto, se comportará discretamente, y con los músicos que él dirige no se mostrará brutal sino gentil, modesto, sereno y honesto, y aparecerán siempre pulcros y vestidos con librea y él cuidará de que todos los que le están subordinados cumplan las instrucciones y comparezcan con medias blancas, camisa blanca, con pelucas empolvadas y así por el estilo.

Se comportará de un modo ejemplar.

Tendrá que componer la música que Su Alteza Serena le requiera. Tales composiciones no serán comunicadas a ninguna otra persona, ni copiadas, y serán propiedad de Su Alteza Serena, y sin el conocimiento y la autorización de Su Alteza Serena no compondrá para nadie. Si se suscitaran disputas o quejas entre los músicos intentará hallarles solución, de modo que Su Gracia no se vea importunada por trivialidades.

Se ocupará y cuidará de todos los instrumentos musicales.

Está obligado a enseñar a los cantantes y admitirá que se le llame a tocar todos los instrumentos con los cuales está familiarizado.

Recibirá sus comidas en la mesa con los funcionarios.

Su Alteza Serena espera graciosamente que en todos los asuntos Joseph Haydn prestará, espontáneamente, no solo los servicios arriba mencionados sino todas las restantes órdenes de Su Gracia que pueda recibir en el futuro. Si el señor Joseph Haydn no cumple con sus obligaciones, Su Alteza Serena está en libertad de despedirlo

Contrato de Haydn,
firmado el 1 de mayo de 1761 en Eisenstadt.

Programa de actuación de Wolfgang y Nannerl Mozart

Mi hija de doce años y mi hijo de ocho, ejecutarán conciertos de los grandes maestros en varios tipos de pianos, y mi hijo también al violín. Mi hijo cubrirá con un paño el teclado y tocará como si lo tuviera a la vista. También podrá adivinar y reconocer, de cerca o a distancia, cualquier nota producida por un piano, una campana o cualquier otro instrumento. Finalmente, improvisará, durante todo el tiempo que se le pida, tanto en el órgano como en el piano, en todas las claves y tonos, incluso en los más difíciles, según la elección del público.

Leopold Mozart
(para la actuación de sus hijos
en Frankfurt, 1764)

Generosidad y buen humor

Franz Joseph Haydn (1732-1809) nació en un pueblecito austriaco, en el seno de una familia humilde y muy aficionada a la música.

Se cuenta que en las veladas musicales de la familia, el pequeño Haydn hacía como que tocaba el violín con un trozo de madera. A los 6 años realizó su primera interpretación de verdad tocando los timbales en una procesión tras haber ensayado la noche anterior con dos ollas cubiertas de trapos.

Con 8 años, ingresó en el coro de la catedral vienesa de San Esteban, destacando tanto por sus dotes musicales como por sus travesuras.

Con 29 años, entrará al servicio de los príncipes Esterházy, a quienes permanecerá vinculado hasta el final de su vida.

La bondad y el buen humor de Haydn se reflejan en algunas de sus más célebres obras:

La *Sinfonía nº 45 La despedida* fue compuesta para intentar que el príncipe Esterházy acortara sus largas vacaciones en la residencia de verano y los músicos pudieran regresar con sus familias. Añadió un quinto movimiento a los cuatro habituales, en el que los músicos iban dejando de tocar por turnos, apagando las velas de su atril y abandonando el escenario, hasta terminar solo con dos violines y la sala a oscuras. El príncipe captó la indirecta y al día siguiente todos volvieron a casa.

La *Sinfonía nº 94 Sorpresa* fue compuesta para su interpretación en Londres. Advertido de que el público inglés acostumbraba a dormir la siesta en los conciertos, Haydn incluyó al final de la repetición del primer tema en *pianísimo* un inesperado acorde en *fortísimo* acompañado de un golpe de timbal que despertó a todos los durmientes de un sobresalto.

Realmente un prodigio

Wolfgang Amadeus Mozart (1756-1791) nació en Salzburgo y es el más extraordinario talento que ha dado la historia de la música. A los 3 años comenzó a manifestar sus excepcionales dotes musicales, y su padre, Leopold Mozart, violinista y compositor, decidió volcarse por entero en su educación.

Leopold reflejaba por escrito todos los avances de su hijo: «estas ocho páginas fueron aprendidas por el pequeño Wolfgang a sus 4 años», «aprendió esta pieza entre las 9 y las 9'30 de la noche».

A los 5 años, Mozart empieza a componer sus primeras obras, que su padre anotará cuidadosamente para evitar los manchones de tinta y la imperfecta caligrafía del niño.

Con 6 años, Leopold decide iniciar una gira con sus dos hijos, Wolfgang y su hermana mayor Nannerl, por todas las cortes de Europa. Mozart ya era un virtuoso del teclado y el violín, tocaba con los ojos vendados, colocado de espaldas al clave o improvisaba e interpretaba a primera vista las más complejas partituras.

Compuso sus primeras sonatas con 7 años, una sinfonía a los 8, un oratorio a los 10 y su primera ópera con 11 años. Fue premiado y adulado por reyes y emperadores, hasta el Papa le otorgó la Orden de caballero de la Espuela Dorada.

Tan inexplicables como su talento fueron la incomprensión y el declive que sufrió al final de su vida. Mozart se rebeló contra su patrón, el arzobispo de Salzburgo, que le despidió «de un puntapié en el trasero», para intentar ganarse la vida en Viena como un compositor libre. Sin embargo, el gran público no entendió su obra y Mozart acabó muriendo en la miseria con tan solo 35 años.

El genio atormentado

Ludwig van Beethoven (1770-1827) nació en Bonn y recibió las primeras lecciones musicales de su padre, que era tenor, pero que también le impuso una severa disciplina con frecuentes castigos, probablemente fruto de su adicción al alcohol.

A pesar del duro ambiente de su infancia, Beethoven destacó como niño prodigio del piano dando su primer concierto a los 8 años y realizando su primera gira a los 11.

Viajará a Viena donde recibirá clases de Haydn y asombrará a Mozart con su capacidad de improvisación: «No le perdáis de vista, un día logrará que todo el mundo hable de él».

En Viena encontrará el aprecio a su obra y recibirá la protección de nobles y aristócratas para poder vivir de la composición.

Con 26 años empezará a padecer los primeros síntomas de una sordera progresiva que se convertirá en la mayor tragedia del músico. Beethoven se aísla de la sociedad y se acentúa su difícil carácter llegando a escribir su propio testamento en 1802, su justificación y su legado al mundo.

Por otra parte, su vida sentimental, sigue castigándole con nuevas decepciones. Siempre enamorado y siempre de mujeres casadas o aristócratas inaccesibles para él.

En 1818 la sordera ya es absoluta y Beethoven tiene que empezar a utilizar sus célebres «cuadernos de conversación» para poder comunicarse por escrito con los demás. Se refugia en la bebida, descuida su atuendo, sus comidas, sus horarios y sus escasas relaciones. Pero esa condena al silencio exterior reforzará su conciencia de genio, creador de una música extraordinariamente personal dirigida a la humanidad entera.

Autoevaluación

1 **Resuelve en tu cuaderno el crucigrama contestando a las definiciones que se indican a continuación:**

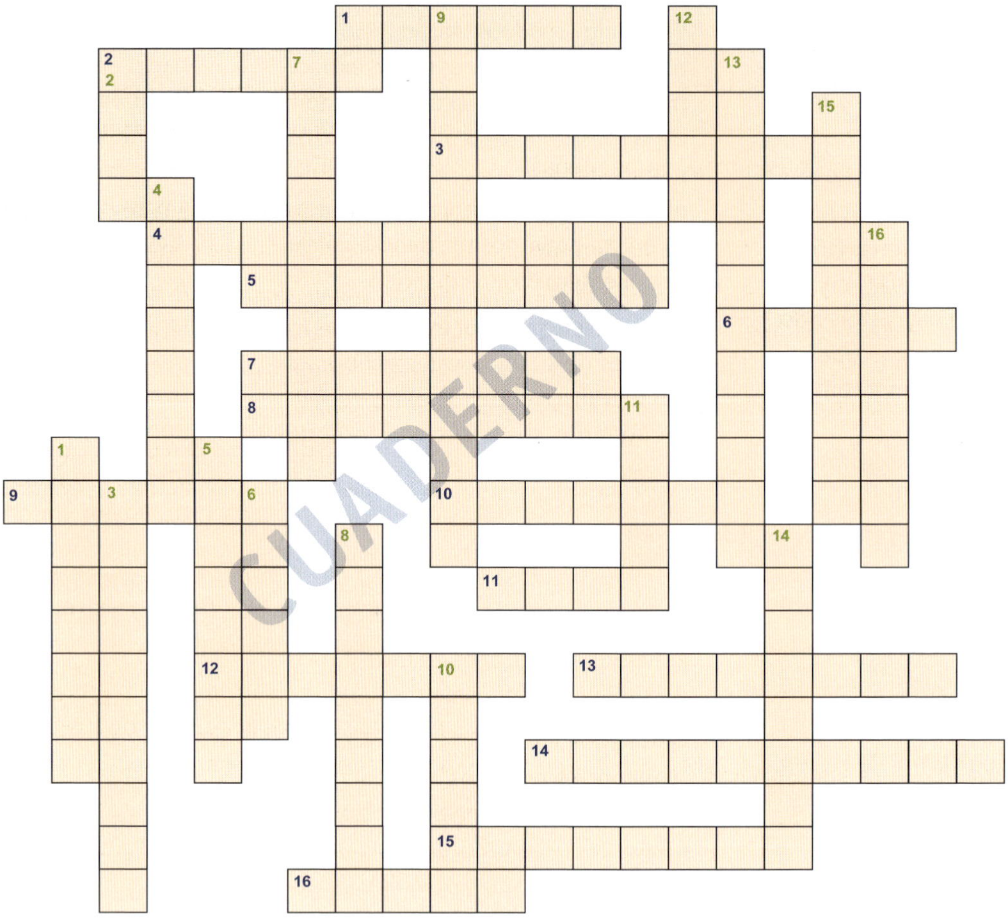

Horizontales

1. Esquema de composición que se aplica al primer movimiento de las grandes formas instrumentales clásicas.
2. Unión de música y danza para narrar una historia.
3. Instrumento de viento madera y lengüeta simple que se incorpora a la orquesta en esta época.
4. Movimiento cultural que marca todo el siglo XVIII y que defiende una nueva época iluminada por la razón y la ciencia.
5. Ópera bufa escrita en alemán que tiene su ejemplo más destacado en *La flauta mágica* de Mozart.
6. Ópera en italiano y con temas de carácter mitológico que será reformada por Gluck buscando una música más sencilla.

Verticales

1. Versión española de la ópera bufa italiana que en esta época asumirá sus temas costumbristas característicos.
2. Tipo de ópera italiana que se convertirá en el género preferido del Clasicismo, más sencilla y popular que la ópera seria.
3. Cambio a otras tonalidades, como en el puente de la sonata.
4. Gran sonata para orquesta que suele dividirse en cuatro movimientos.
5. Gran agrupación instrumental que en esta época amplía su plantilla y elimina el bajo continuo barroco.
6. El nuevo ballet de Noverre se llamó así porque mostraba la narración solo con la interpretación de los bailarines. Puedes escribirlo en francés o en castellano.

7. Aunque todavía no usa batuta, se hará necesario para coordinar a los músicos de la orquesta en todos los aspectos de la interpretación.
8. Gran sonata para orquesta y solista que se estructura normalmente en tres movimientos.
9. Las agrupaciones reducidas de instrumentos son de eso porque podían tocar en pequeñas estancias.
10. Danza de sociedad muy apreciada durante todo el siglo XVIII y que se introducirá como tercer movimiento habitual de la sinfonía, la sonata y la música de cámara.
11. Sección que marca el final de una sonata o de otras formas musicales.
12. Intérprete protagonista del concierto clásico.
13. Textura de escritura vertical basada en la armonía y utilizada de forma predominante en el Clasicismo.
14. Monasterio catalán en el que se formaron algunos de los mejores compositores españoles.
15. Agrupación de cámara compuesta por cuatro intérpretes, la más importante de cuerda frotada.
16. La sonata expone dos principales, de distinto carácter y en diferente tonalidad.

7. Primera sección de la forma sonata que presenta dos temas enlazados por un puente.
8. V grado que será uno de los pilares fundamentales de la composición.
9. En el resto de las artes esta etapa se denomina así porque supone una nueva vuelta a los ideales clásicos de la Antigüedad.
10. I grado que da nombre a la tonalidad y marca siempre el final de una composición clásica.
11. Forma vocal compleja de carácter narrativo y con representación escénica que en esta época elimina los excesos barrocos para acercarse más al público.
12. Instrumento de cuerda percutida que irá ganando protagonismo y preparándose para su época dorada en el siglo XIX.
13. Tercera sección de la forma sonata que vuelve a presentar los dos temas pero el segundo también en la tonalidad principal.
14. Agrupación de cámara compuesta por cinco intérpretes, la más importante de cuerda frotada, sobre todo para Boccherini.
15. Sección intermedia de la sonata que se mueve a otras tonalidades desarrollando el material principal.
16. Instrumento de cuerda punteada protagonista en la música española.

2 **Copia en tu cuaderno y completa los siguientes enunciados:**

- La cronología del Clasicismo es... y es la época del movimiento de...
- El iniciador de la reforma de la ópera seria es el compositor... con su obra...
- La nueva ópera reformada se caracteriza por...
- El compositor más importante de ópera bufa es... con títulos como...
- La orquesta clásica amplía... y elimina el...
- La estructura de la sonata consta de... y se aplicará a...
- Las principales formas instrumentales del Clasicismo son...
- Los principales compositores de música instrumental son...
- El ballet d'action fue creado por... y sus principales innovaciones fueron...
- La danza de sociedad de moda en el Clasicismo es...
- Las manifestaciones musicales más importantes en España son...
- Los compositores españoles más destacados son...

Autoevaluación

3 **«Teoría musical en verso»**

Lee atentamente los fragmentos que te presentamos del poema didáctico ***La Música*** del escritor español **Tomás de Iriarte.** Es uno de los mejores ejemplos del espíritu ilustrado del Clasicismo español que conjuga a la perfección la utilidad con el entretenimiento.

- Recuerda lo que has aprendido de lenguaje musical y escribe en tu cuaderno un pequeño resumen explicando todos los conceptos que aparecen en el poema.

Las voces primitivas y esenciales
que diatónicamente se suceden
por grados o intervalos naturales,
cuya serie se llama
escala, diapasón y también gama,
de siete varias en rigor no exceden;
si bien, para ajustar la escala entera,
se añade octava voz que es, en sustancia,
una repetición y consonancia
perfecta y justa de la voz primera;
pues aunque suena al doble más aguda,
de posición, no de carácter, muda.

Pero este diapasón no se divide
por espacios simétricos e iguales:
hay semitonos, tonos hay cabales;
y alternando entre sí, según lo pide
la proporción no justa, pero grata,
dan a la gama división distinta.

De primera, segunda, cuarta, quinta
y sexta voz, se sube a su inmediata
por intervalos cada cual de un tono;
mas de tercera a cuarta se procede
por espacio de un solo semitono;
y lo mismo sucede
de la séptima voz hasta la octava:
de que puede inferirse con certeza
que desde el punto en que la escala empieza
hasta el agudo término en que acaba,
no son siete los tonos intermedios,
sino cinco cabales y dos medios.

En tal distribución la escala forma
el modo que mayor se denomina;
pero para el menor se la destina
diversa progresión, diversa norma.

Entonces ya es preciso que aquel grado
de un solo semitono que contaba
entre tercera y cuarta colocado,
medie entre la segunda y la tercera,
y el otro de la séptima a la octava
entre la quinta y sexta se transfiera.

Con estas siete voces primordiales
la lengua de la Música se explica,
bien como la Pintura solo aplica
siete fijos colores cardinales.

Y si entre ellos se buscan medias tintas
para dar más realce a los objetos;
también los cinco tonos que hay completos
en dos partes distintas
o semitonos, se hallan divididos
que a la escala diatónica añadidos,
otra escala cromática componen
de intervalos que iguales se suponen:
y cuando aquella siete notas cuenta,
esta las suyas hasta doce aumenta.

Bien ordenados ya los varios sones,
van repitiendo iguales diapasones
hasta aquel punto más agudo o grave
a que elevarse o deprimirse sabe,
conforme a sus alcances o extensiones,
la humana voz o el dócil instrumento,
con cuerdas animado o con aliento.

Y aunque esta sucesión tal vez pudiera
multiplicarse casi a lo infinito,
a límites ya fijos se atempera;
pues todo lo que excede
ni distinguirse claramente puede
ni menos entonarlo se concede.

Resta, pues, que el total de los sonidos
a moderada suma reducidos,
se sujete a la norma de tres claves,
que hagan la distinción clara y segura
de los altos, los medios y los graves.

Son tres en la figura;
mas trocándose en siete
por su diversa posición o asiento
cada suerte de voz y de instrumento
tiene clave especial que la compete
y a cada cual con esta se señala
un punto fijo a que arreglar su escala.

Tales son los principios de que nace
aquella sucesiva canturía
que regular a los oídos place,
y por dulce se dijo Melodía.

Ella los intervalos de la gama
diatónica y cromática pasando,
alterna el alto y grave, el fuerte y blando,
y por varias escalas se derrama,
con giro artificioso,
desde la voz que Tónica se llama,
del canto origen, y final reposo.

Pero si la ingeniosa Melodía
tanto admira y recrea
solo entonando voces una a una,
¿Qué no hará la metódica Armonía
cuando muchas reúna
y forme la completa sinfonía?
No deleita con meras consonancias;
pues, felizmente osada y oportuna,
aun suaviza las duras disonancias.

De las combinaciones
gratas y consonantes
que nacen del concurso de dos sones,
será la más perfecta y la primera
la de dos voces entre sí distantes
por intervalo de una octava entera,
después sigue el sonido que se aparta
de otro una quinta; luego el que una cuarta;
el que cuenta el espacio de tercera,
ya mayor, ya menor; y le sucede
aquel, en fin, que guarda la distancia
de sexta, y que también adquirir puede
de mayor o menor la discrepancia.

Solo estas siete especies hay acordes;
pues todas las restantes
son falsas y discordes,
como segunda, séptima y tritono,
y algunas consonantes
que, si las falta o sobra un semitono,
de diminutas o superfluas tienen
el propio nombre, y a trocarse vienen
por aquella razón, en disonantes.

De voces que consuenan o disuenan,
dos, tres o más se juntan y encadenan,
y de sus intervalos combinados
resultan mil armónicas mixturas,
y aunque de ellas gran parte
debiera ser por sí desapacible,
las previene, las cubre y salva el arte,
con otras consonantes las enlaza,
haciendo de esta suerte más sensible,
más dulce y expresiva,
la salida o cadencia sucesiva.

Tomás de Iriarte (1750-1791)

Nació en La Orotava (Tenerife) y es uno de los escritores que mejor representan los ideales pedagógicos de la Ilustración, conocido principalmente por sus populares *Fábulas literarias.*

La Música (1779) es un poema didáctico en el que hace un completo recorrido por la teoría y la historia de la música mostrando su sólida formación.

Interpretación - Creación

1 Interpreta el ***Minueto*** de **Luigi Boccherini** que ya hemos trabajado en el tercer epígrafe del tema, con la partitura simplificada que te presentamos:

a. Compara ahora la melodía de las dos partituras, la original de la audición y la propuesta para la interpretación, e indica las diferencias más significativas. ¿En qué consiste la adaptación que hemos realizado? ¿Cuál era la tonalidad original y cuál la transportada para la interpretación?

b. Analiza el acompañamiento que realizan el resto de las voces y crea uno nuevo manteniendo el mismo esquema armónico.

2 Interpreta el coro ***Das Klinget so herrlich*** de *La flauta mágica* de **Mozart** utilizando la audición como apoyo.

27

¿Te suena? Es el coro de esclavos sobre el que Fernando Sor compuso el tema titulado *O cara armonia* que has escuchado en el último epígrafe de la unidad.

a. Compara ahora las dos partituras indicando las diferencias entre la obra original de Mozart y la adaptación para guitarra que realiza Fernando Sor.

b. ¿En qué tonalidades están escritas? ¿Cuál utiliza una textura más simple? Compara las notas principales que señalaste en el tema de Sor con la melodía principal de Mozart cantada por el primer tenor. ¿Coinciden?

c. En la partitura de Mozart, la voz del bajo es la que marca claramente el sustento armónico de la pieza. ¿Sobre qué grados está construida?

d. Convierte la voz del bajo en acordes para crear un acompañamiento más sencillo.

Audición

Los más populares del Clasicismo

1 Escucha este fragmento del 4º movimiento Presto ***O Freunde, nicht diese Töne*** de la ***Sinfonía Nº 9*** de **Beethoven.** Es su última sinfonía y, probablemente, su obra cumbre, ejemplo de la transición al Romanticismo que marca la última etapa de Beethoven.

La sección que te presentamos pertenece al célebre movimiento coral con el que concluye la sinfonía, compuesto sobre la ***Oda a la alegría*** del escritor alemán Friedrich von Schiller, un poema lleno de optimismo que exalta la fraternidad y la dignidad humana:

1 28

El estreno de la Novena

La Sinfonía nº 9 fue estrenada en Viena el 7 de mayo de 1824, bajo la dirección del propio Beethoven en su última aparición en público. Su sordera, ya absoluta, hizo necesaria la intervención de un segundo director.

Al terminar la interpretación, Beethoven permaneció absorto en su partitura sin percatarse de los aplausos entusiastas del público. Un cantante «lo asió de la manga para hacerle ver el batir de palmas y el ondear de pañuelos y sombreros, Beethoven se volvió hacia el auditorio y se inclinó».

La *Novena* es una obra de proporciones monumentales hasta entonces desconocidas, tanto por su plantilla orquestal (que incluye coro y cuarteto de voces solistas) como por su duración, 74 minutos en total.

¡Alegría! ¡Alegría!
Divina luz hija del Elíseo
llegamos llenos de entusiasmo
hasta tu santuario.
Tus hechizos unen de nuevo
lo que la inclemencia dividió.
La humanidad se hermana
donde alcanza tu influjo bienhechor.

Aquel que haya tenido la suerte
de gozar una amistad verdadera,
quien logró una mujer fiel,
debe mostrar su alegría
pues posee un alma feliz
sobre la faz de la tierra.
Y quien no haya alcanzado esto,
habrá de llorar su desgracia.

Todos bebemos la alegría
en el seno de la Naturaleza;
los buenos y los malvados
siguen su camino de rosas.
Nos besa y nos alimenta,
amistad fiel hasta la muerte.
Deleite da a los gusanos
y el querubín está ante Dios.

Alegraos viendo volar su sol
a través de cielos maravillosos.
Seguid, hermanos, vuestro camino
alegres como el héroe hacia el triunfo.

¡Abrazaos, millones de seres!
¡Un abrazo para el mundo entero!
¡Hermanos! Sobre el firmamento
ha de vivir un Padre querido.

¿Dudáis todavía, millones de seres?
Mundo ¿no presientes al Creador?
Búscalo sobre el firmamento,
ha de vivir por encima de las estrellas.

Sigue la audición con ayuda del esquema y los motivos musicales que te mostramos:

- Comienza en *presto* con toda la orquesta interpretando un violento pasaje *fortísimo.*
- Se corta bruscamente para dar paso al recitativo del barítono.

- Tempo de *allegro assai.* Oboes, clarinetes y fagotes introducen brevemente el tema de la alegría. Barítono y bajos exclaman de forma alternativa la expresión de alegría «¡Freude!».

- El barítono entona la primera exposición vocal del ***Tema de la alegría*** acompañado por la cuerda en pizzicato, y oboes y clarinetes en contrapunto.

- Contraltos, tenores y bajos, con la cuerda al unísono y en *forte,* repiten la segunda parte del tema. La orquesta cierra la frase añadiendo una pequeña coda.
- Las voces solistas contralto, tenor y barítono, comienzan en *piano* la interpretación del tema. Se une la soprano. Flautas, fagotes y violonchelos acompañan en *contrapunto.*
- El coro completo responde repitiendo la segunda parte del tema con toda la orquesta en *forte* para terminar en *piano.*
- Tenor y Barítono presentan la **primera variación** del tema con un diseño melódico de mayor movimiento. Se une la contralto y luego la soprano. Acompaña el viento madera y la cuerda frotada con trinos.

- El coro repite en *forte* la segunda parte de esta variación con valores largos y bien marcados. Repiten tres veces y en *fortissimo* la exaltación a Dios («vor Gott»).

- Después de un silencio, comienza el *allegro assai vivace* en *pianissimo* con los sonidos cortos de fagot, contrafagot y bombo apoyados después por trompas y clarinetes.
- Flautín, clarinetes y trompas comienza la **segunda variación** del tema con ritmo de marcha.

- El tenor solista presenta un contratema al que se añaden después las voces masculinas del coro.

- Continúa la orquesta en estilo fugado una última sección enérgica con continuos *sforzandos* que termina en un motivo pedal de octava con saltos ascendentes y descendentes en la cuerda.
- Sobre la nota pedal de las trompas en *pianissimo,* oboes y fagotes exponen el motivo inicial del tema, primero en modo mayor y luego en modo menor.
- Toda la orquesta y el coro en *forte* vuelven a la exposición completa del tema original repitiendo la segunda parte.

Audición

2 Escucha el aria ***Der Hölle Rache*** de *La flauta mágica* de **Mozart.** Es el fragmento más conocido de toda la ópera, en el que la malvada Reina de la Noche pide a su hija que mate a Sarastro.

1 29

¡La venganza del infierno hierve en mi corazón!
¡La muerte y el rencor me abrasan!
Si Sarastro no halla la muerte a tus manos
nunca volverás a ser hija mía.
¡Te abandonaré y maldeciré por toda la eternidad!

¡Destruidos quedarán todos los lazos
con que nos unió la Naturaleza,
si Sarastro no muere a tus manos!
¡Escuchad! ¡Dioses de la venganza!
¡Escuchad el juramento de una madre!

a. ¿Qué tipo de voz interpreta a la Reina de la Noche?

b. ¿Cómo refleja Mozart los deseos de venganza de este personaje?

En resumen

El sonido del Clasicismo

La música del Clasicismo ha perdido la rigidez de los contrastes y el ritmo mecánico del Barroco. Busca un sonido elegante y optimista con melodías naturales y equilibradas en frases simétricas de 4 y 8 compases, que construyen formas sencillas fáciles de apreciar.

Utiliza la textura armónica con sucesiones de tónica-dominante-tónica y cadencias claras.

Los cambios de dinámica se hacen más flexibles con la incorporación del *crescendo* y *diminuendo.*

La orquesta pierde el bajo continuo y gana en riqueza tímbrica facilitando el desarrollo de la música instrumental.

1

El **Clasicismo** es el periodo musical que se extiende aproximadamente entre los años 1730 y 1820.

Aunque la música no puede copiar los modelos de la Antigüedad, sí comparte con el resto de las artes la búsqueda de la perfección formal y el ideal de belleza clásico.

2

La música Clásica elimina el bajo continuo barroco y evita la complejidad contrapuntística. Es una música elegante y natural, dirigida a un público cada vez más amplio, en la que predominan las líneas melódicas sencillas y las frases regulares.

3

La música vocal profana está protagonizada por la ópera. La **ópera seria** seguirá la reforma de Gluck con una expresión más natural, tanto en la música como en los argumentos. La **ópera bufa,** con diálogos hablados y personajes cotidianos, llega a su cumbre con la obra de Mozart.

4

La música instrumental utilizará como modelo de composición el esquema tripartito de la **sonata,** compuesto por:

- Exposición: presentación de dos temas en tonalidades distintas.
- Desarrollo: elaboración del material principal modulando a otras tonalidades.
- Reexposición: vuelta a la exposición con los dos temas en la tonalidad principal.

5

La estructura de la sonata se aplicará a los primeros movimientos de las principales formas instrumentales: sonata (para uno o dos solistas), música de cámara (para trío, cuarteto, etc.), sinfonía (para orquesta) y concierto (para solista y orquesta).

6

En la danza teatral surge el ***ballet d'action*** capaz de narrar una historia con la unión de una música, compuesta específicamente para la escena, y una coreografía más expresiva.

La danza de sociedad preferida de la aristocracia será el **minueto,** que también se introduce como movimiento habitual en las formas instrumentales.

7

La **música española** vive el periodo más pobre de su historia, marcado por la hegemonía de la música italiana.

La zarzuela adoptará los temas costumbristas que serán característicos del género. En la música instrumental destaca el repertorio para guitarra.

Mis progresos

UNIDAD 4	SOBRESALIENTE ¡SOY MUY COMPETENTE!	NOTABLE SOY BASTANTE COMPETENTE PERO PUEDO MEJORAR ALGO	BIEN SOY COMPETENTE PERO PUEDO MEJORAR BASTANTE	SUFICIENTE SOY COMPETENTE PERO DEBO MEJORAR BASTANTE	INSUFICIENTE ME FALTAN COMPETENCIAS ¡DEBO ESFORZARME MUCHO MÁS!
He aprendido	Comprendo las características y funciones de la música en el Clasicismo y siempre utilizo el lenguaje técnico apropiado para describirlas. Identifico siempre los principales géneros y formas musicales del Clasicismo con sus ejemplos y compositores más representativos. Reconozco las distintas manifestaciones de la música del Clasicismo en España y siempre valoro la importancia del patrimonio cultural español. Siempre identifico los ejemplos musicales trabajados situándolos en su contexto y describiendo sus rasgos más característicos.	Comprendo las características y funciones de la música en el Clasicismo y casi siempre utilizo el lenguaje técnico apropiado para describirlas. Identifico casi siempre los principales géneros y formas musicales del Clasicismo con sus ejemplos y compositores más representativos. Reconozco las distintas manifestaciones de la música del Clasicismo en España y casi siempre valoro la importancia del patrimonio cultural español. Casi siempre identifico los ejemplos musicales trabajados situándolos en su contexto y describiendo sus rasgos más característicos.	Comprendo las características y funciones de la música en el Clasicismo y a veces utilizo el lenguaje técnico apropiado para describirlas. Identifico a veces los principales géneros y formas musicales del Clasicismo con sus ejemplos y compositores más representativos. Reconozco las distintas manifestaciones de la música del Clasicismo en España y a veces valoro la importancia del patrimonio cultural español. A veces identifico los ejemplos musicales trabajados situándolos en su contexto y describiendo sus rasgos más característicos.	Comprendo las características y funciones de la música en el Clasicismo pero me cuesta utilizar el lenguaje técnico apropiado para describirlas. Me cuesta identificar los principales géneros y formas musicales del Clasicismo con sus ejemplos y compositores más representativos. Reconozco algunas de las manifestaciones de la música del Clasicismo en España y a veces valoro la importancia del patrimonio cultural español. Me cuesta identificar los ejemplos musicales trabajados situándolos en su contexto y describiendo sus rasgos más característicos.	No comprendo las características y funciones de la música en el Clasicismo y no sé utilizar el lenguaje técnico apropiado para describirlas. No sé identificar los principales géneros y formas musicales del Clasicismo con sus ejemplos y compositores más representativos. No sé reconocer las distintas manifestaciones de la música del Clasicismo en España y no valoro la importancia del patrimonio cultural español. No sé identificar los ejemplos musicales trabajados situándolos en su contexto y describiendo sus rasgos más característicos.
Sé hacer	Participo en la interpretación de piezas vocales, instrumentales o coreográficas atendiendo al conjunto y asumiendo distintos roles. Desarrollo las habilidades relacionadas con la interpretación con actitud abierta y respetuosa, tomando conciencia de mis propias posibilidades. Siempre manejo de forma autónoma distintos tipos de partituras como apoyo a las actividades musicales del aula. Elaboro con mucha facilidad mapas históricos y musicogramas para situar las obras musicales trabajadas y describir sus características.	Participo en la interpretación de piezas vocales, instrumentales o coreográficas atendiendo al conjunto y casi siempre asumo distintos roles. Desarrollo las habilidades relacionadas con la interpretación con actitud abierta y respetuosa, y casi siempre tomo conciencia de mis propias posibilidades. Casi siempre manejo de forma autónoma distintos tipos de partituras como apoyo a las actividades musicales del aula. Elaboro con facilidad mapas históricos y musicogramas para situar las obras musicales trabajadas y describir sus características.	Participo en la interpretación de piezas vocales, instrumentales o coreográficas atendiendo al conjunto y a veces asumo distintos roles. Desarrollo las habilidades relacionadas con la interpretación con actitud abierta y respetuosa, y a veces tomo conciencia de mis propias posibilidades. A veces manejo de forma autónoma distintos tipos de partituras como apoyo a las actividades musicales del aula. Elaboro sin dificultad mapas históricos y musicogramas para situar las obras musicales trabajadas y describir sus características.	Participo en la interpretación de piezas vocales, instrumentales o coreográficas atendiendo al conjunto pero no asumo distintos roles. Desarrollo las habilidades relacionadas con la interpretación con actitud abierta y respetuosa, pero me cuesta tomar conciencia de mis propias posibilidades. Manejo, con un poco de ayuda, distintos tipos de partituras como apoyo a las actividades musicales del aula. Me cuesta un poco elaborar mapas históricos y musicogramas para situar las obras musicales trabajadas y describir sus características.	Participo en la interpretación de piezas vocales, instrumentales o coreográficas pero no atiendo al conjunto y no asumo distintos roles. Desarrollo las habilidades relacionadas con la interpretación pero no muestro una actitud abierta y respetuosa, y no tomo conciencia de mis propias posibilidades. Me cuesta manejar distintos tipos de partituras como apoyo a las actividades musicales del aula. No sé elaborar mapas históricos y musicogramas para situar las obras musicales trabajadas y describir sus características.
La tecnología y yo	Navego por internet sin dificultad para investigar sobre los periodos históricos estudiados y encuentro mucha información interesante. Tengo un dominio muy elevado de las herramientas TIC para la realización de las actividades propuestas.	Navego por internet sin dificultad para investigar sobre los periodos históricos estudiados y normalmente encuentro información interesante. Tengo un dominio alto de las herramientas TIC para la realización de las actividades propuestas.	Navego por internet sin dificultad para investigar sobre los periodos históricos estudiados y a veces encuentro información interesante. Tengo suficiente dominio de las herramientas TIC para la realización de las actividades propuestas.	Navego por internet con cierta dificultad para investigar sobre los periodos históricos estudiados y me cuesta encontrar información interesante. Tengo poco dominio de las herramientas TIC para la realización de las actividades propuestas.	Me cuesta mucho navegar por internet para investigar sobre los periodos históricos estudiados y no sé encontrar la información. No tengo dominio de las herramientas TIC para la realización de las actividades propuestas y no sé utilizarlas.
¿Sé trabajar en grupo?	Asumo mi rol y aporto ideas al grupo sin interferir en el trabajo de los demás.	Asumo mi rol y aporto ideas al grupo pero tiendo a interferir en el trabajo de los demás.	Asumo mi rol y aporto ideas al grupo pero interfiero en el trabajo de los demás.	Asumo mi rol pero no aporto ideas al grupo e interfiero en el trabajo de los demás.	No asumo mi rol ni aporto ideas al grupo e interfiero en el trabajo de los demás.

5 Romanticismo

Actividades iniciales

1. Observa el cuadro cronológico que encontrarás en las páginas siguientes e indica los datos históricos de los acontecimientos y de los personajes que reconozcas.

5 Romanticismo

	Vamos a aprender a...	Competencias
Interpretación y creación	Desarrollar las técnicas de interpretación (vocal, instrumental y de movimiento) y expresión musical, tanto individuales como en grupo. Participar en las actividades musicales con la disposición adecuada para la superación de dificultades y para el enriquecimiento del grupo. Reconocer los elementos básicos del lenguaje musical utilizando el vocabulario técnico apropiado para describirlos. Improvisar y realizar pequeñas composiciones utilizando los elementos del lenguaje musical característicos del estilo o las formas musicales trabajadas. Leer música en el contexto de las actividades del aula como apoyo a las tareas de interpretación y creación.	CMCT CPAA CSC SIE
Escucha	Valorar el silencio como condición previa para participar en las audiciones. Escuchar obras del repertorio más significativo de la música en el Romanticismo apreciando su valor como fuente de conocimiento y enriquecimiento cultural y personal. Reconocer los ejemplos musicales trabajados en clase relacionándolos con la época, el compositor y la forma musical correspondiente. Ejercitar la interiorización sonora como base de la escucha activa para identificar las principales características en las audiciones trabajadas. Leer música en el contexto de las actividades del aula como apoyo a las tareas de audición.	CPAA CSC SIE CEC
Contextos musicales y culturales	Reconocer la cronología del Romanticismo y los rasgos más significativos que definen dicho periodo histórico situando en su contexto las distintas manifestaciones musicales. Conocer las grandes formas instrumentales de la música en el Romanticismo y sus compositores más representativos. Conocer las pequeñas formas de la música en el Romanticismo y sus compositores más representativos. Conocer los principales estilos y ejemplos de la ópera romántica y sus compositores más representativos. Comprender las características de los nacionalismos musicales y reconocer sus obras y compositores más representativos. Conocer el desarrollo de la danza en el Romanticismo: los grandes ballets románticos y los principales ejemplos de danzas de salón. Conocer las principales manifestaciones de la música del Romanticismo y el Nacionalismo en España y sus compositores más representativos. Relacionar las cuestiones técnicas aprendidas con la evolución de la historia de la música. Valorar la asimilación y empleo de los conceptos musicales básicos necesarios a la hora de emitir juicios de valor o "hablar de música". Elaborar juicios y criterios personales, mediante un análisis crítico, de los diferentes usos sociales de la música, aplicándolos a situaciones cotidianas y valorando la contribución de la música a la vida personal y a la de la comunidad. Mostrar interés por conocer músicas de diferentes características, épocas y culturas, y por ampliar y diversificar las propias preferencias musicales adoptando una actitud abierta y respetuosa.	CCL CSC SIE CEC
Música y tecnología	Utilizar con autonomía distintas fuentes de información para investigar y realizar trabajos sobre fuentes literarias, históricas y artísticas relacionadas con el Romanticismo. Manejar los recursos tecnológicos para el aprendizaje de la música y para la realización de sencillas producciones musicales. Investigar en internet y en fuentes audiovisuales ejemplos de las distintas manifestaciones musicales del Romanticismo realizando una valoración personal.	CCL CPAA SIE CD

El Romanticismo comprende prácticamente todo el siglo XIX y es la época más brillante de la historia de la música ya que, por primera vez, el lenguaje del sonido adquiere la categoría de lenguaje privilegiado sobre el resto de las artes.

La música romántica es fruto de la nueva sociedad surgida de la Revolución francesa, que exalta la libertad del hombre por encima de todas las cosas. El compositor ya no está atado a un mecenas y es admirado y reconocido como «genio» creador por el público.

La pretensión romántica de «el arte por el arte», sin condicionantes, lleva a la música a una gran libertad formal y expresiva donde la melodía es el elemento más importante, el movimiento y la pulsación son más flexibles y los efectos dinámicos constantes. Habrá una rica producción de pequeñas formas de carácter íntimo escritas para piano y voz, pero también grandes formas espectaculares como la ópera y la música sinfónica.

El Nacionalismo surge como un componente más del Romanticismo que busca reforzar la idea de individualidad, de destacar lo característico y lo propio a través del uso del folclore.

CUADRO CRONOLÓGICO DEL ROMANTICISMO

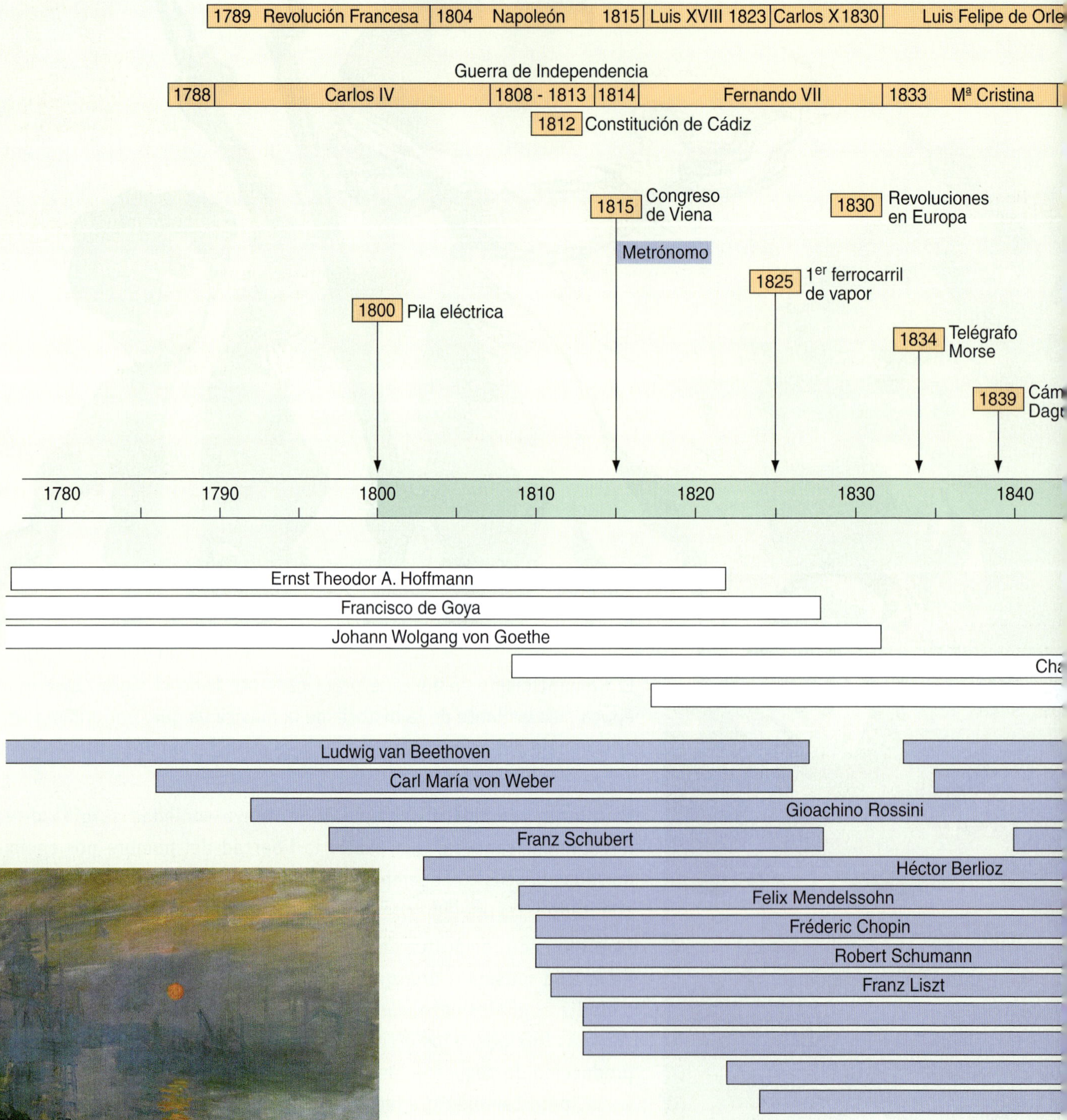

Impresión: Amanecer, de Claude Monet.

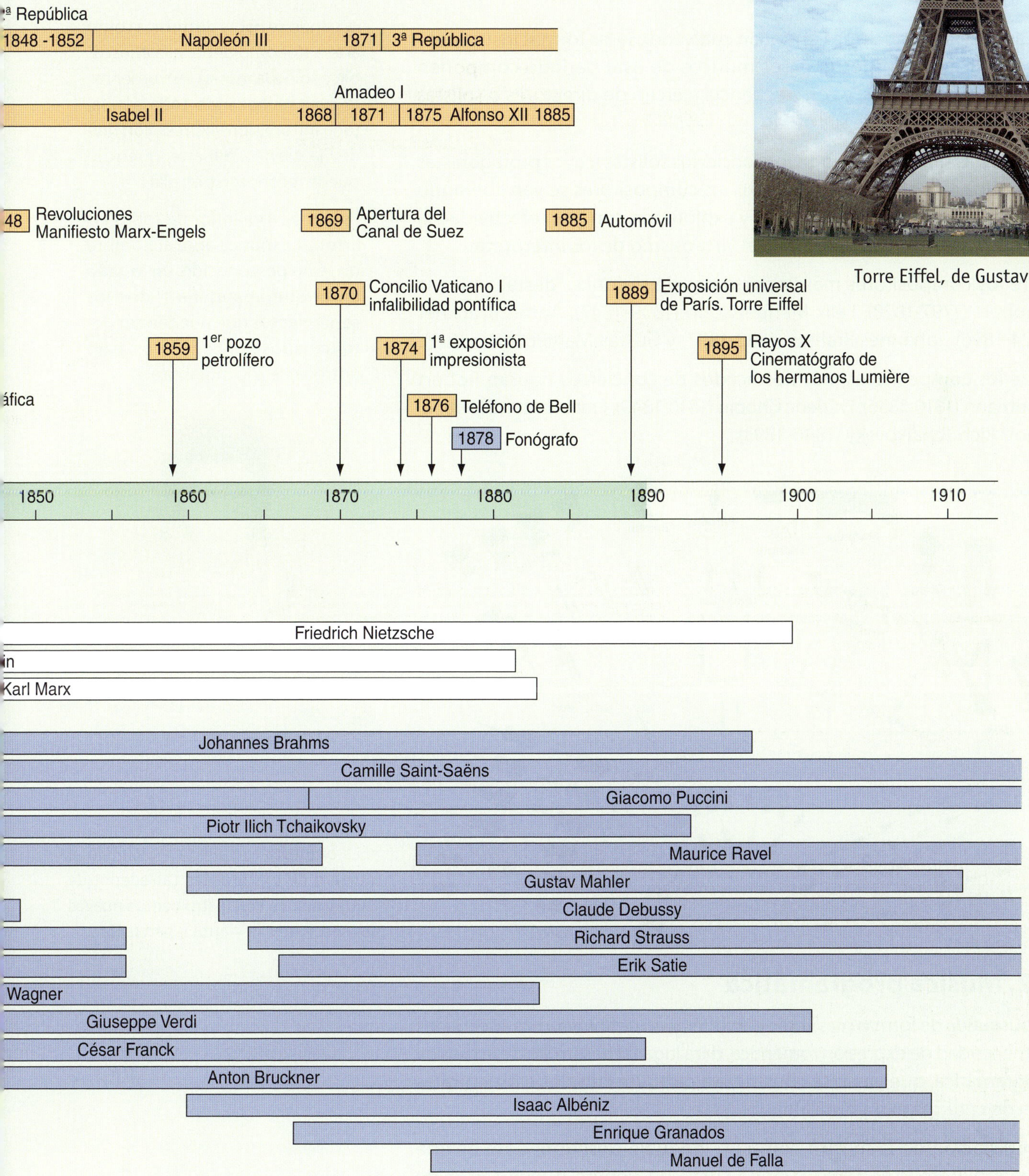

Torre Eiffel, de Gustav Eiffel.

1 Grandes formas instrumentales

La música instrumental, como lenguaje indeterminado y libre, será considerada el vehículo perfecto para la expresión romántica.

1.1. Sinfonía y Concierto

Durante el Romanticismo continúan cultivándose las formas instrumentales clásicas. Todos los grandes músicos de este periodo componen sinfonías y conciertos, y con frecuencia ejercen de directores o solistas en la interpretación de sus obras.

Tanto en las sinfonías como en los conciertos solistas (cuyos protagonistas preferidos serán el piano y el violín), los compositores se van liberando de los esquemas formales clásicos y explotando con gran efectividad la riqueza tímbrica de la orquesta y el virtuosismo de los intérpretes.

Entre los compositores más importantes de sinfonías, destacan Franz Schubert (1797-1828), Félix Mendelssohn (1809-1847), Anton Bruckner (1824-1896), Johannes Brahms (1833-1897) y Gustav Mahler (1860-1911).

Entre los compositores más destacados de conciertos figuran Robert Schumann (1810-1856), Fréderic Chopin (1810-1849), Franz Liszt (1811-1856) y Piotr Ilich Tchaikovsky (1840-1893).

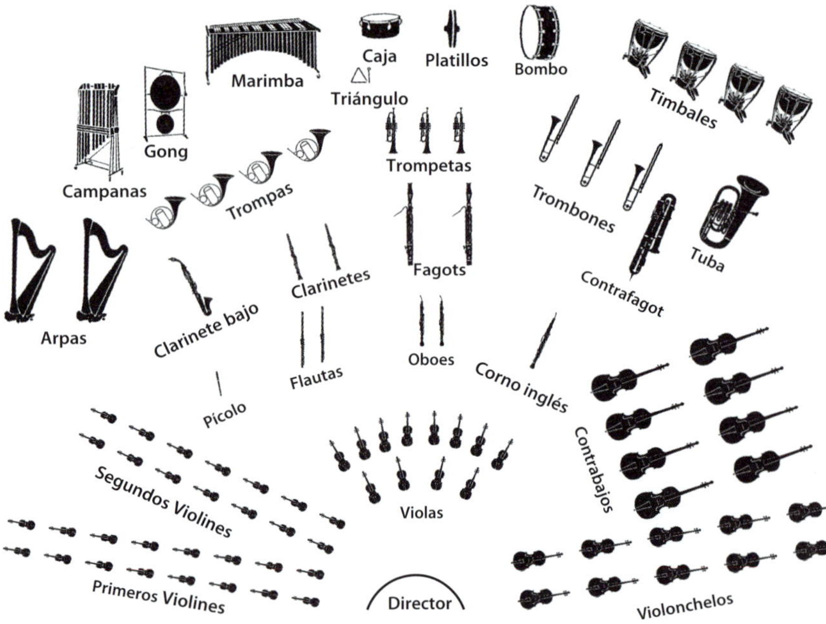

←La orquesta romántica multiplica el número de ejecutantes (alrededor de 100) y amplía con instrumentos nuevos las secciones de viento y percusión.

1.2. Música programática

La búsqueda de formas más libres y abiertas y, en definitiva, más adecuadas a la necesidad de expresión romántica, dará lugar al desarrollo de la música programática, que ya no se construye a partir de criterios estructurales sino de criterios extramusicales.

La utilización de la música como un lenguaje descriptivo no es una novedad, pero sí es ahora cuando surge un género nuevo capaz de materializar ese poder evocador. Nacen así la sinfonía programática y el poema sinfónico.

E. T. A. Hoffmann (1776-1822)

«Cuando se habla de música como arte autónomo debería circunscribirse solo a la música instrumental, la cual, rechazando toda ayuda, toda intromisión, expresa con nitidez la esencia del arte, que solo puede reconocerse en ella.

Es la más romántica de todas las artes... La música abre al hombre un reino desconocido; un mundo en el que abandona todos los sentimientos que pueden ser determinados por conceptos, para entregarse a lo inefable.»

- **La sinfonía programática**

Es una sinfonía, que en lugar de basarse en una estructura formal, se desarrolla en torno a la descripción de un programa o argumento, generalmente de carácter literario. El creador de este género es el compositor francés Hector Berlioz (1803-1869) con su obra *Sinfonía Fantástica,* subtitulada *Episodios de la vida de un artista* y compuesta en 1830. En esta sinfonía, Berlioz narra su amor no correspondido por la actriz inglesa Harriet Smithson, convirtiendo a su amada en música.

- **El poema sinfónico**

Es una composición orquestal en un solo movimiento basada en elementos poéticos o descriptivos. El creador de este género es Franz Liszt con su obra *Los Preludios* (1849), en la que describe los estados de ánimo de las *Meditaciones poéticas* del escritor Alphonse de Lamartine.

Este nuevo género de música programática será cultivado con frecuencia por los compositores románticos posteriores y especialmente por los compositores nacionalistas, que utilizarán para sus obras argumentos o imágenes que reflejen las características de sus países.

El «leitmotiv»

La música programática basa su descripción en la asociación de ideas musicales con determinados personajes, emociones, acciones u objetos, que permiten así seguir la narración al oyente.

Es lo que Berlioz llamó «idea fija» para representar a su amada y lo que más tarde Liszt y Wagner adoptarían como «leitmotiv» o motivo conductor.

ACTIVIDADES

1. Escucha el primer movimiento titulado ***Sueños - Pasiones*** de la *Sinfonía Fantástica* de **Berlioz.**

Berlioz escribió la *Sinfonía Fantástica* a los 27 años, una verdadera autobiografía subtitulada *Episodios de la vida de un artista,* en la que narra su sufrimiento amoroso. El propio Berlioz resume el argumento de su obra en las notas al programa:

«Un joven músico, de enfermiza sensibilidad y ardiente imaginación, se envenena con opio en un arrebato de desesperación amorosa. La dosis de narcótico, demasiado pequeña para ocasionarle la muerte, le sume en un pesado sueño acompañado de visiones extrañas, durante el cual sus sensaciones, sus sentimientos, sus recuerdos, se traducen en su cerebro enfermo en pensamientos e imágenes musicales. Hasta la mujer amada se ha convertido para él en una melodía, en una especie de idea fija que surge ante él y que oye por todas partes.»

El primer movimiento refleja la profunda tristeza del joven músico, pero también la alegría y la pasión despertada por su amada. Es la expresión de su lucha entre la angustia del desamor y la tierna esperanza.

Sigue la audición con ayuda de los motivos que te presentamos y escribe una redacción expresando la emoción que te sugiere:

- Comienza con una introducción de carácter melancólico en un tempo muy lento *(Largo):*

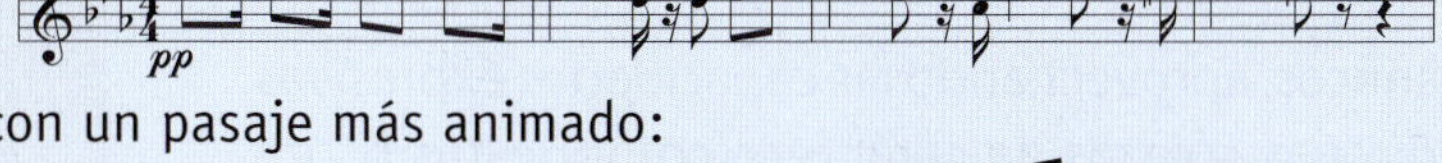

- Contrasta enseguida con un pasaje más animado:

- En la segunda parte *(Allegro agitato ed appassionato),* aparece la «idea fija» que representa a la amada y que se convertirá en el tema principal de la obra:

2 Pequeñas formas

Las pequeñas formas son también otra faceta de la expresión romántica, opuesta a los alardes instrumentales de la música sinfónica y los grandes conciertos. Es una música de salón, compuesta para el disfrute en veladas íntimas.

↑ A lo largo del romanticismo se van a desarrollar unas formas musicales intimistas y privadas compuestas para ser escuchadas en pequeños grupos.

2.1. El lied

Denominación alemana que significa en general canción, el lied es una forma breve escrita para voz y piano sobre un texto poético.

Son piezas de estilo popular, sencillas y cortas, fáciles de cantar incluso por los no profesionales, en las que la melodía se une al piano para expresar su humor y significado.

Las formas más utilizadas por el lied responden a esquemas muy simples. El más frecuente será el lied estrófico, con la misma música para todas las estrofas del poema. También es común la forma bipartita de dos secciones diferentes que normalmente se repiten. Y la forma tripartita, en la que la tercera sección es repetición de la primera.

• **Lied estrófico**	A	A	A
• **Lied bipartito**	|: A :|	|: B :|	
• **Lied tripartito**	A	B	A

Entre los compositores más destacados de lieder figuran Franz Schubert y Robert Schumann. En época más tardía también cultivarán esta forma compositores como Hugo Wolf y Gustav Mahler.

2.2. El piano

Es el instrumento preferido del Romanticismo ya que, por sus características, permite la interpretación y la expresión individual del sentimiento.

Además, en esta época, el piano llega a su máxima perfección técnica gracias a los grandes fabricantes (Pleyel, Erard) que han mejorado el sistema de palancas para hacer el teclado más sensible al toque del intérprete y han añadido el pedal de resonancia que permite liberar y mantener el sonido.

Los compositores románticos, aprovechando las capacidades expresivas del piano, crearán pequeñas «piezas de carácter», compuestas sobre estructuras simples o libres, en las que dan rienda suelta a los sentimientos y la fantasía.

Los títulos de estas piezas son muy variados y reflejan sentimientos intimistas (nocturno, balada, preludio), imaginación (rapsodia) o recurren a temas y danzas populares (vals, polonesa, mazurca).

Entre los compositores más destacados de música para piano figuran Franz Schubert, Fréderic Chopin, Robert Schumann y Franz Liszt.

Chopin y Liszt fueron, además, los más grandes intérpretes de su tiempo, rivalizando en su virtuosismo al piano con brillantes composiciones de extraordinaria dificultad.

El piano

El piano será el instrumento de moda en el Romanticismo, presente siempre en los grandes auditorios de conciertos, en los salones y en todos los hogares de la burguesía acomodada.

ACTIVIDADES

1. Escucha el lied ***Heidenröslein*** *(Rosa de zarza)* de **Franz Schubert** y sigue la audición en la partitura:

Una rosa encontró el niño,
rosa de zarza,
fresca y tierna lo hechizó
y él contento se dirigió
hacia la flor que hechiza.
Rosa, rosa, roja flor,
rosa de zarza.

Dice el niño: yo te cortaré,
rosa de zarza;
dice la flor: y yo te pincharé
para que te acuerdes bien
porque soy punzante.
Rosa, rosa, roja flor,
rosa de zarza.

Él, arisco, la cortó,
rosa de zarza;
pero la rosa lo pinchó
y él ciertamente lloró,
porque era punzante.
Rosa, rosa, roja flor,
rosa de zarza.

El poema es del escritor alemán Johann Wolfgang von Goethe (1749-1832) pionero y uno de los principales representantes del romanticismo literario, será uno de los poetas preferidos por los compositores de *lieder*. Schubert escribió más de 600 *lieder* que abarcan todas las emociones posibles y distintos tratamientos, desde los más sencillos y livianos a los más complejos y dramáticos.

a. Analiza la melodía y el acompañamiento del piano. ¿En qué tonalidad está escrita? ¿A qué tipo de textura corresponde? ¿Cómo se llama la parte final que hace el piano?

b. ¿Cuál es el ámbito melódico de la voz? ¿Qué estilo de canto utiliza? ¿Te parece una melodía adecuada al significado del poema?

c. Explica la estructura formal de este lied, identificando las distintas frases musicales y su correspondencia con el texto.

ACTIVIDADES

1. Escucha el ***Preludio Nº 4*** en Mi menor de **Fréderic Chopin** y sigue la audición en la partitura:

Es uno de los 24 preludios compuestos por Chopin en su *Opus 28,* una colección de piezas escritas en todas las tonalidades, mayores y menores, que conjuga la faceta expresiva con la finalidad didáctica.

El *Preludio Nº 4* no es un ejemplo de composición brillante y virtuosística, pero sí refleja el carácter íntimo y emotivo que define la obra de Chopin, con una inspirada y lírica melodía y un refinado acompañamiento armónico.

Observa el contraste entre la mano derecha, que «canta» la melodía, y la mano izquierda, que hace el acompañamiento con acordes en bloque manteniendo siempre el pulso de corchea.

a. Señala y explica las indicaciones de expresión y dinámica que aparecen en la partitura.

b. Analiza la estructura formal de esta pieza y compara su composición con el lied de Schubert que hemos trabajado en la audición anterior. ¿Cuáles son las diferencias?

c. Redacta en un breve texto la emoción o el sentimiento que te provoca esta pieza.

3 La ópera romántica

Durante el Romanticismo, la ópera experimenta una gran evolución que lleva a este género a su cumbre más alta y lo convierte en el espectáculo preferido de la burguesía acomodada. Se construyen grandes teatros por toda Europa y los cantantes (sobre todo las voces agudas, tenor y soprano) se convierten en verdaderos «divos» gracias al lucimiento vocal de sus arias.

Los países más importantes en el desarrollo de la ópera romántica serán Italia, Francia y Alemania.

↑ Gioacchino Rossini (1792-1868).

3.1. La ópera en Italia

En Italia, cuna de la ópera, es donde surgen las principales escuelas que marcarán la evolución del género en el resto de Europa.

Gioacchino Rossini (1792-1868) es la figura que representa la transición de la ópera clásica a la romántica. Su obra *El barbero de Sevilla* compuesta en 1816, fue la ópera más representada y aclamada durante todo el siglo XIX.

↑ Gaetano Donizetti (1797-1848).

Gaetano Donizetti (1797-1848) con *L'elisir d'Amore* y Vincenzo Bellini (1801-1835) con *Norma,* son los máximos representantes del «**bel canto**», estilo vocal tan expresivo como espectacular que tenía como objeto la exhibición del cantante mediante pasajes melódicos de gran exigencia técnica que se desarrollaban en el registro agudo de la voz.

Giuseppe Verdi (1813-1901) representa la cumbre de la ópera italiana con obras como *Nabucco, Rigoletto, La Traviata* o *Aida.* No abandona el ideal del bel canto pero construye melodías más sencillas con ritmos claramente marcados (componía sus airas con el tic-tac del metrónomo) y otorga una gran importancia a los coros.

A finales del siglo XIX la corriente del realismo literario se traslada a la música creando una nueva tendencia denominada **verismo.** Los argumentos de las óperas se centrarán en personajes de la vida cotidiana, reflejando sus emociones de forma realista, sin idealizaciones románticas.

Los principales representantes del verismo son Pietro Mascagni (1863-1945) con *Cavalleria rusticana,* Ruggiero Leoncavallo (1857-1919) con *Pagliacci* y Giacomo Puccini (1858-1924) con *La Bohème, Tosca* o *Madame Butterfly.*

3.2. La ópera en Francia

Giacomo Meyerbeer (1791-1864) creador del género denominado «**grand opéra**» con obras como *Los Hugonotes.* Es un tipo de ópera de argumentos heroicos con lujosas escenografías que incluyen ballets y enormes orquestas y masas corales.

Jacques Offenbach (1819-1880) es el principal representante de la denominada «**opereta**», un tipo de ópera cómica de argumentos humorísticos que incluye pasajes dialogados y danzas de moda. Su obra más célebre es *Orfeo en los infiernos.*

Georges Bizet (1838-1875), cuya ópera *Carmen,* de carácter realista y ambientada en Sevilla, utiliza danzas y temas populares.

Otra versión de Orfeo

La opereta *Orfeo en los infiernos* de Offenbach es una absurda parodia del mito de Orfeo en la que la pobre Eurídice, harta de que su marido no deje de tocar el violín, lo abandona por otra compañía mejor.

En su enérgica obertura incluye el famoso baile del cancán, una danza muy rápida y en ritmo binario en la que las bailarinas, dispuestas en fila, levantan las piernas al frente alternativamente agarrándose las faldas y enseñando sus enaguas.

ACTIVIDADES

1. Escucha el aria ***Casta Diva*** de la ópera *Norma* de **Vincenzo Bellini.** Es uno de los ejemplos más célebres del «bel canto», en el que la sacerdotisa Norma, protagonista de la obra, canta su plegaria a la luna pidiendo que reine la paz.

Casta diosa, que
con tu esplendor de plata
iluminas estos antiguos
y sagrados bosques,
vuelve hacia nosotros
tu hermoso semblante
sin nube y sin velo,
sin velo, sí, sin velo.

Templa, oh diosa,
esos ardientes corazones
y derrama sobre la tierra
la paz que haces reinar
en el cielo.

2. Escucha la habanera ***L'amour est un oiseau rebelle*** de la ópera *Carmen* de **Georges Bizet.** Es el aria más popular de Carmen, una bella gitana que despliega en esta habanera toda su sensualidad para seducir al cabo Don José.

El amor es un pájaro rebelde
que nadie puede domar,
de nada sirve llamarlo
si le conviene rehusar.

De nada valen
amenazas o ruegos,
uno habla bien,
el otro se calla,
y es al otro al que prefiero,
no ha dicho nada;
pero me gusta.

3. Compara estos dos fragmentos explicando las diferencias en el estilo, la forma musical y el desarrollo de la línea vocal.

3.3. La ópera en Alemania

El iniciador de la ópera romántica alemana es Carl Maria von Weber (1786-1826) con obras de argumentos legendarios en los que la naturaleza y lo sobrenatural son protagonistas. Su ópera más conocida es *El cazador furtivo.*

Sin embargo, la gran figura de la ópera alemana es Richard Wagner (1813-1883) que, partiendo de la tradición romántica, iniciará una gran reforma del género de enorme trascendencia en toda la música posterior.

El gran Wagner

Wagner cambió la ópera como nadie lo había hecho antes, y no solo la ópera, sino también la música en general. Lo que este hombre provocó, sus creaciones y su pensamiento, legaron al mundo algo diferente. Agitó las pasiones de los hombres como ningún artista lo ha hecho nunca. Su música es tan odiada como venerada. Lo único que se mantiene más allá de las disputas es su grandeza.

(Stanley Sadie)

Wagner concibe la ópera como una «obra de arte total» en la que se aglutinan todos los elementos (poesía, música, escenarios, acción) de forma inseparable. Su idea es crear un **«drama musical»** continuo en el que las escenas se encadenan sin distinción utilizando técnicas como el leitmotiv, la «melodía infinita» sin marcar cadencias claras, un tratamiento protagonista de la orquesta con grandes efectos colorísticos y dinámicos, y armonías cromáticas en constante modulación.

Los textos de sus óperas, escritos por el propio Wagner, están inspirados en la mitología germánica. Entre sus monumentales obras destacan *Tannhäuser,* la tetralogía de *El anillo de los Nibelungos* (formada por *El oro del Rhin, La Walkiria, Sigfrido* y *El ocaso de los dioses*) y *Tristán* e *Isolda.*

El leitmotiv wagneriano

La orquesta de Wagner utiliza el leitmotiv para representar todo tipo de objetos, personajes y emociones. Además, estos temas musicales se van transformando a lo largo de la ópera para indicar variaciones en la narración o relacionar ideas.

En *El anillo de los Nibelungos* Wagner llega a utilizar más de 100 leitmotivs que describen con detalle el desarrollo de toda la acción.

ACTIVIDADES

1. Escucha la famosa ***Cabalgata de las Walkirias*** de la ópera *La Walkiria* de **Richard Wagner,** perteneciente al ciclo de *El Anillo de los Nibelungos,* una monumental obra inspirada en leyendas germánicas de dioses, héroes mortales y nibelungos, una raza de enanos que vive en el reino de las sombras.

2 6

La *Cabalgata de las Walkirias* introduce el Acto III de la ópera y presenta a las Walkirias, ocho mujeres guerreras hijas del dios Wotan, que surcan el cielo galopando en sus caballos y llevando a lomos a los guerreros muertos en combate.

a. Sigue la audición identificando los dos temas principales que la componen:

a) El leitmotiv principal de la Cabalgata que describe el galopar de los caballos:

b) El grito de batalla de las Walkirias:

b. Realiza un esquema mostrando la intervención de los dos temas y los instrumentos más destacados en cada sección.

4 Los nacionalismos

Los nacionalismos surgen a mediados del siglo XIX como un componente más del movimiento romántico que busca acentuar la individualidad y la autonomía musical y cultural de los distintos países.

Muchos de los compositores románticos ya habían utilizado fuentes propias de su folclore. Es el caso de Chopin con sus *Polonesas* y *Mazurcas,* o de Liszt con sus *Rapsodias húngaras.* Sin embargo, es a partir de las revoluciones europeas de 1848 cuando se desarrolla realmente una conciencia nacionalista en la que cada país busca resaltar su identidad rescatando su tradición cultural y su folclore.

Este movimiento adquiere especial importancia en aquellos países que apenas habían tenido peso en el desarrollo artístico dejándose dominar por la influencia de otras naciones. Rusia, Hungría, Checoslovaquia, los países Escandinavos, España, algunos países de Hispanoamérica o Estados Unidos, buscan salir de su inferioridad cultural investigando su historia y recuperando sus tradiciones.

La música nacionalista se caracteriza por el uso del folclore en dos formas distintas:

a) Copiando literalmente las fuentes, por ejemplo, introduciendo una melodía tradicional dentro de una obra.

b) Imitando o recreando sus rasgos musicales característicos: escalas y patrones melódicos, ritmos de danzas, técnicas de variación, etc.

En **Rusia** el movimiento nacionalista se inicia con la figura de Mijail Glinka (1804-1857) y su ópera *Una vida por el Zar* con la que intentó crear un género nacional basado en el folclore ruso. La influencia de Glinka tendrá su continuación en el llamado «Grupo de los Cinco» formado por Cesar Cui (1835-1918) con la ópera *El prisionero del Caúcaso,* Mily Balakirev (1837-1910) con el poema sinfónico Tamara, Alexander Borodin (1833-1887) con la ópera *El príncipe Igor* y el poema sinfónico *En las estepas del Asia Central,* Modest Mussorgsky (1839-1881) con la música programática de *Una noche en el monte pelado* y *Cuadros de una exposición* y Nikolai Rimsky-Korsakov (1844-1908) con *Sherezade* y la ópera *Sadko.*

Dentro de un nacionalismo más moderado, figuran los compositores Piotr Ilich Tchaikovsky (1840-1893) con sus ballets *Cascanueces* y *El lago de los cisnes,* y Sergei Rachmaninov (1873-1943) con su obra para piano.

En los **países escandinavos,** destaca la obra del noruego Edvar Grieg (1843-1907), con la música incidental de *Peer Gynt,* y el finlandés Jan Sibelius (1865-1957) con el poema sinfónico *Finlandia.*

En **Checoslovaquia,** el nacionalismo está representado por Bedrich Smetana (1824-1884) con el ciclo de poemas sinfónicos *Mi Patria* y Anton Dvorak (1841-1904), célebre por la *Sinfonía del Nuevo Mundo.*

En **Hungría,** los compositores más importantes son Béla Bartók (1881-1941) y Zoltán Kodály (1882-1967), ambos autores de numerosas investigaciones y recopilaciones del folclore húngaro.

Puente al siglo XX

El nacionalismo musical sirve de puente entre el siglo XIX y el XX, ya que en muchos países se prolonga conviviendo con otros movimientos musicales contemporáneos.

↑ Modest Mussorgsky (1839-1881).

↑ Piotr Ilich Tchaikovsky (1840-1893).

↑ Anton Dvorak (1841-1904).

En **Estados Unidos** destaca el compositor George Gershwin (1898-1937) con una clara influencia del jazz, como en *Rapsodia in blue, Un americano en París* y la ópera *Porgy and Bess.*

En **Hispanoamérica** el compositor más representativo es el brasileño Heitor Villalobos (1887-1959), con sus *Chôros* para guitarra basados en ritmos y bailes indígenas.

ACTIVIDADES

1. Escucha el fragmento que te presentamos de ***El Moldava*** perteneciente al poema sinfónico *Mi Patria* de **Bedrich Smetana.**

Es el segundo de los seis poemas sinfónicos que componen el ciclo, en el que se describe el desarrollo del río Moldava desde su nacimiento en pequeños manantiales hasta que atraviesa Praga y confluye con el Elba.

2 7

2. Escucha el comienzo de la ***Rapsodia in blue*** de **George Gershwin.** Fue compuesta para su interpretación por la banda de jazz de Paul Whiteman y adaptada más tarde para orquesta sinfónica por Ferde Grofé.

Su utilización de melodías y patrones rítmicos del jazz influyó en muchos compositores posteriores, tanto estadounidenses como europeos.

2 8

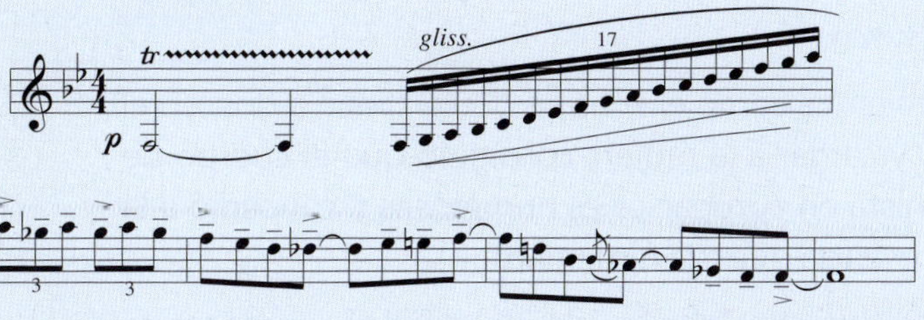

3. Escucha los siguientes fragmentos de los ***Cuadros de una exposición*** de **Modest Mussorgsky.** Es una suite inspirada en los cuadros del pintor Victor Hartmann, amigo de Mussorgsky. Cada movimiento de la obra reproduce un cuadro de la exposición y aparece enlazado por un tema denominado *Paseo,* que permite al oyente desplazarse por la galería para contemplar las distintas escenas.

2 9

Paseo. Allegro giusto, nel modo russico, senza allegrezza

Gnomos. Vivo

El viejo castillo. Andante

5 La danza en el Romanticismo

5.1. Los grandes ballets románticos

El ballet sigue evolucionando hacia el virtuosismo técnico, creando nuevos artificios escénicos y conquistando nuevas posturas y figuras más estilizadas.

Uno de los primeros impulsores del ballet romántico fue el coreógrafo italiano Salvatore Viganò (1769-1821) que, siguiendo el camino abierto por Noverre, ideó el «drama bailado» reforzando la expresividad de la danza y otorgando al cuerpo de baile un uso dramático y no de mero acompañamiento.

Sin embargo, será el estreno de *La sílfide* (París, 1832) el acontecimiento que marque el inicio del verdadero ballet romántico, imponiendo el baile de puntas, uno de los avances con mayor repercusión en la técnica de danza, y el tutú de muselina blanca.

Otros ejemplos cumbre del ballet romántico serán *Giselle* (1841), con música de Adolphe Adam, y *Coppelia* (1870), con música de Léo Delibes.

A finales del siglo XIX el ballet romántico recupera su hegemonía en Moscú gracias a la llegada del coreógrafo francés Marius Petipa (1822-1910) como director del Ballet Imperial Ruso.

Petipa inventó nuevos movimientos como el «pas de deux» (paso a dos, en el que el hombre debe sujetar y cargar a la mujer), consiguió que el cuerpo de baile actuara como protagonista en agrupaciones numerosas y concedió a la danza masculina la misma presencia que a la femenina.

La colaboración de Marius Petipa con Tchaikovsky produjo obras maestras como *El lago de los cisnes, La bella durmiente del bosque* y *Cascanueces.*

La sílfide

La bailarina Marie Taglioni (1804-1884) apareció en *La sílfide* deslizándose en el escenario sobre las puntas de los pies para reflejar los armoniosos y leves movimientos de la sílfide. El cuerpo del vestido iba ajustado al talle de la bailarina y la falda, ligera y vaporosa, a la altura de las rodillas.

Estas dos innovaciones marcarán las características del ballet romántico.

5.2. La danza de salón

Con la decadencia del Antiguo Régimen desapareció la danza cortesana y su lugar fue ocupado por las nuevas danzas de salón de la nueva sociedad burguesa.

Así, en el siglo XIX surgirán gran número de danzas de carácter marcado y enérgico, que alcanzarán una gran popularidad en los salones de baile de las principales capitales europeas.

La danza que gozó de mayor aceptación y popularidad durante toda la época fue el vals, que alcanzó en la ciudad de Viena un particular esplendor con los compositores Johann Strauss I (1804-1849) y su hijo, Johann Strauss II (1825-1899), aclamado en sus giras mundiales como «el rey del vals».

El vals es una danza en ritmo ternario y movimiento rápido en la que las parejas bailan estrechamente abrazadas desplazándose en amplios círculos.

El despertar de los nacionalismos a mediados del siglo XIX impulsó la difusión de danzas nacionales, la mayoría de origen popular, como la polca de Checoslovaquia, el bolero y el fandango de España, la mazurca y la polonesa de Polonia o el galop de Alemania.

La popularidad de estas danzas de salón hizo que muchos compositores como Chopin, Liszt, Brahms, Rimsky-Korsakov o Tchaikovsky las incluyeran en sus obras, aunque con un carácter más idealizado y menos bailable.

Un baile «inmoral»

El vals consiguió una enorme popularidad a pesar de sus detractores. Algunos médicos alertaron del peligro de la velocidad a la que giraban los bailarines. Otros, más preocupados por la salud moral, calificaron el vals de lascivo y libertino ya que la pareja bailaba manteniendo un excesivo y apretado abrazo.

En el *Manual de las buenas costumbres* de la Sra. Celbart, publicado en 1833, se calificaba el vals como «un baile demasiado inmoral para ser bailado por señoritas» y solo se permitía a las mujeres casadas.

ACTIVIDADES

1. Escucha el famoso vals titulado ***El Danubio azul*** de **Johann Strauss II** (hijo) siguiendo la partitura.

2 10

– Analiza la estructura de este vals señalando las distintas secciones en la partitura.

6 El Romanticismo en España

6.1. Música instrumental

Sigue dedicada de manera especial a los instrumentos solistas. Continuará la tradición de la guitarra, plenamente consolidada desde etapas anteriores, pero, además, aparecerán ahora nuevos instrumentos como el piano o el violín en consonancia con las corrientes románticas europeas.

La **música para guitarra** tendrá como principales figuras a Dionisio Aguado (1784-1849), que aportará la sonoridad brillante de la pulsación con la uña, y a Francisco Tárrega (1852-1909) extraordinario virtuoso responsable de la proyección internacional de la guitarra.

La **música para piano** estará centrada en un amplio repertorio de piezas sencillas para aficionados pero también abrirá las puertas a la generación definitiva de maestros representada por Albéniz y Granados.

La **música para violín** tiene como principales representantes a Jesús Monasterio (1836-1903), fundador de la primera escuela violinística, y a Pablo Sarasate (1844-1908), famoso como intérprete en toda Europa y autor de las célebres *Danzas españolas,* que suponen un claro precedente del nacionalismo.

6.2. La zarzuela romántica

Intentando combatir el predominio de la ópera italiana, los compositores españoles se lanzarán a la recuperación de la zarzuela, sentando las características definitivas del género.

La zarzuela se compone de una serie de números musicales, reservados para los momentos culminantes, que se intercalan entre el desarrollo de la acción realizado de forma dialogada. Se distingue por un marcado carácter español, fruto de su vinculación con el folclore urbano.

Los argumentos típicos de la zarzuela reflejan los aspectos de la vida cotidiana (especialmente de la madrileña) de manera abierta pero con elegancia, lo que permitirá la identificación del género con las clases más populares.

La zarzuela se desarrollará en dos formas distintas:

La zarzuela grande

Es una obra extensa y estructurada en tres actos, con frecuente uso del coro y predominio del canto sobre las partes habladas. Los compositores más destacados son Francisco Asenjo Barbieri con *El barberillo de Lavapiés* y Emilio Arrieta con *Marina.*

El género chico

Según indica su nombre, es una obra de corta duración (no más de una hora), que se desarrolla en un solo acto con un número reducido de personajes y predominio del texto hablado sobre el cantado. Los principales representantes son Federico Chueca con *La Gran Vía,* Tomás Bretón con *La verbena de la Paloma* y Ruperto Chapí con *La Revoltosa.*

Época de agitación

España también vive los profundos y agitados cambios del s. XIX. El fin del Antiguo Régimen y el desarrollo de la nueva sociedad burguesa rompieron con el aislamiento cultural y artístico fomentando la incorporación de los nuevos avances científicos y promoviendo todo tipo de actividades culturales.

Sin embargo, buena parte de esta nueva burguesía no entenderá la música más que como un ornamento agradable en «la educación de las señoritas» y seguirá entusiasmándose con la ópera italiana y el nuevo wagnerianismo.

Los compositores españoles, ajenos al desarrollo sinfónico europeo, cultivarán la llamada «música de salón» y la zarzuela, que seguirá siendo el único terreno para la música propiamente española.

Folclore de ida y vuelta

La vinculación de la zarzuela con el folclore tendrá una relación recíproca, de manera que al tiempo que la zarzuela se nutre de cantos y danzas populares, también devolverá al ámbito popular un material musical enriquecido que será ampliamente aceptado y asumido de forma natural como parte de su repertorio folclórico.

ACTIVIDADES

1. Escucha el ***Zapateado*** de **Pablo Sarasate** perteneciente a su colección de *Danzas españolas:*

2 11

- Explica las técnicas más destacadas en el uso del violín y los rasgos más populares que identificas en la composición.

2. Escucha el **Tango de la Menegilda** de la zarzuela *La Gran Vía* de **Federico Chueca:**

2 12

Pobre chica la que tiene que servir,
más valiera que se llegase a morir,
porque si es que no sabe
por las mañanas brujulear,
aunque mil años viva,
su paradero es el hospital.

Cuando yo vine aquí,
lo primero que a hacer aprendí
fue a fregar, a barrer,
a guisar, a planchar y a coser,
pero viendo que estas cosas
no me hacían prosperar,
consulté con mi conciencia
y al punto me dijo: «Aprende a sisar».

Salí tan mañosa que al cabo de un año
tenía seis trajes de seda y satén,
a nada que ustedes discurran un poco...
ya saben o al menos se lo han figurao
de dónde saldría para ello el parné.

Yo iba sola por la mañana a comprar,
y me daban tres duros para pagar;
y de sesenta reales
gastaba treinta o un poco más,
y lo que me sobraba
me lo guardaba un «melitar».

Yo no sé cómo fue
que un domingo después de comer,
yo no sé qué pasó
que mi ama a la calle me echó,
pero al darme el señorito
la cartilla y el parné
me decía por lo bajo:
«Te espero en Eslava tomando café».

Después de este lance serví a un boticario
serví a una señora que estaba muy mal,
me vine a esa casa y allí estoy al pelo,
pues siso a un abuelo que el pobre está lelo,
y yo soy el ama..., y punto final.

- Comenta el significado del texto y la caracterización musical del personaje.

6.3. El nacionalismo español

↑ Isaac Albéniz (1860-1909).

Surgirá a finales del siglo XIX con bastante retraso respecto del europeo. Los compositores recuperarán la riquísima herencia del Renacimiento y buscarán en las fuentes de la música popular para iniciar, después de casi tres siglos, la regeneración de la música española.

El nacionalismo español se fundará sobre las ideas y el trabajo de dos autores fundamentales: Francisco Asenjo Barbieri (1823-1894) y Felipe Pedrell (1841-1922). Los dos iniciaron la recuperación de nuestra música a través del estudio de la música antigua y la recopilación de la música popular, pero será Pedrell el que se convierta en el verdadero promotor del nacionalismo a través de sus discípulos Albéniz, Granados y, ya entrando en las corrientes contemporáneas del siglo XX, Falla.

La música española utilizará la riqueza del folclore, especialmente del andaluz, para construir un lenguaje sonoro propio y reconocible mediante la incorporación de sus rasgos rítmicos, melódicos y armónicos característicos.

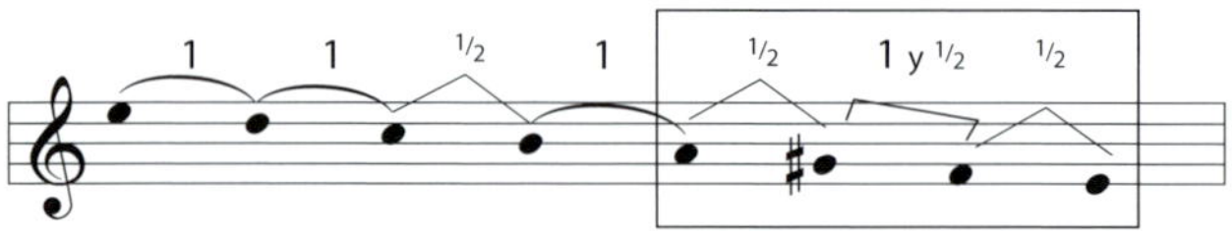

← La escala andaluza será una seña de identidad en la música nacionalista.

Isaac Albéniz (1860-1909) y Enrique Granados (1867-1916) son los dos compositores de transición al siglo XX que mejor representan el nacionalismo musical. Los dos de origen catalán y los dos con una producción principalmente pianística.

En la producción de Albéniz destaca la suite *Iberia* para piano, de una gran complejidad técnica. En la obra de Granados destacan las *Danzas españolas* y la suite *Goyescas*, inspirada en las pinturas de Goya y trasladada más tarde a la ópera.

ACTIVIDADES

1. Escucha este fragmento de ***El Corpus en Sevilla*** de **Isaac Albéniz** perteneciente a la suite *Iberia*.

2 13 Es un movimiento que refleja el ambiente de la procesión del Corpus Christi en Sevilla, incluyendo los redobles de tambor que anuncian el comienzo. El tema melódico principal está basado en la canción popular de *La Tarara,* un recurso habitual del nacionalismo que en esta pieza permite definir claramente el ambiente que pretende evocar.

Sigue la audición identificando el tema de *La Tarara* que Albéniz presenta en la tonalidad de Fa ♯ menor:

a. Señala las frases que estructuran el tema.

b. Investiga y cita la letra de esta canción popular.

Desafío

«Un mundo de sentimientos»

Como acabamos de ver, el Romanticismo es la época más brillante en la historia de la música ya que se considera el lenguaje privilegiado para la expresión de los sentimientos, por encima del resto de las artes. Esta concepción romántica de la música sigue vigente hoy en día y es el criterio que probablemente determina el gusto o las preferencias musicales en la mayoría de las personas. Nos gusta la música que nos evoca o incluso nos contagia determinados sentimientos, emociones o estados de ánimo.

a. Haz un pequeño repaso de tu música preferida y escribe en tu cuaderno una lista que incluya al menos 10 ejemplos intentando abarcar la mayor diversidad de estilos y géneros posible.

b. Observa ahora las posibles respuestas anímicas o emocionales que te presentamos organizadas en dos columnas enfrentadas de categorías opuestas:

VIGOR	⟷	AGOTAMIENTO
SORPRESA	⟷	ABURRIMIENTO
ENTUSIASMO	⟷	APATÍA
SATISFACCIÓN	⟷	FRUSTRACIÓN
ALEGRÍA	⟷	TRISTEZA
VALOR	⟷	MIEDO
ALTIVEZ	⟷	HUMILLACIÓN

AGRADO	⟷	DESAGRADO
PLACER	⟷	DOLOR
DESEO	⟷	AVERSIÓN
AMOR	⟷	ODIO
TRANQUILIDAD	⟷	IRA
CERTEZA	⟷	DUDA
ALIVIO	⟷	TENSIÓN

c. Reflexiona sobre tus sentimientos o emociones ante la música y elige el término que mejor defina tu respuesta para cada uno de los ejemplos musicales que has seleccionado.

d. ¿Coinciden la mayoría de tus ejemplos en uno solo de los apartados o has escogido emociones repartidas de forma más proporcionada entre todas las categorías?

e. ¿Crees que los distintos gustos musicales reflejan personalidades diferentes o afines? Presenta tus conclusiones en clase para poder realizar un breve debate con tus compañeros.

Revista musical

Un virtuoso **diabólico**

Niccolò Paganini (1782-1840) fue el mejor violinista de todos los tiempos, famoso en todo el mundo por su extraordinario virtuosismo que, según la leyenda, era consecuencia de un pacto secreto del músico con el mismísimo diablo.

A este mito también contribuía su pecaminoso estilo de vida (aficionado al juego y a las aventuras amorosas) y su aspecto físico: «*La extraordinaria expresión de su cara, sus ojos oscuros y penetrantes, junto a la sonrisa sarcástica que dibujaban sus labios, hicieron pensar que aquello eran evidencias inconfundibles de algo diabólico*».

Los conciertos de Paganini eran realmente espectaculares, llenos de gestos y alardes sobrecogedores. Componía sus propias obras para volcar en ellas las más complejas técnicas. Podía interpretar piezas utilizando solo una de las cuatro cuerdas del violín y tocar a dos o tres voces como si sonaran varios violines juntos. Lograba sonidos armónicos impresionantes y un agilísimo pizzicato, también realizado como acompañamiento con la mano izquierda.

Sus *24 Caprichos para violín* solo contienen pasajes casi imposibles de ejecutar y fueron utilizados por compositores de la talla de Brahms, Liszt, Schumann o Rachmaninov como fuente de inspiración para sus obras.

Paganini logró hacerse con los mejores violines. Su preferido era un Guarnieri al que llamaba «Cañón», que fue heredado por la ciudad de Génova y que se sigue tocando una vez al año como homenaje al músico y como parte del procedimiento de conservación del instrumento.

El genio incomprendido de **Berlioz**

Al igual que Beethoven, Berlioz fue una ilustre víctima del triste privilegio de ser una excepción, pagando muy cara tan gran responsabilidad. Por un destino fatal, las excepciones tienen que sufrir y hacer sufrir.

Berlioz era un hombre de una pieza, sin concesiones ni compromisos. Se lo consideraba huraño, intratable y pendenciero, pero habría que buscar en su enorme sensibilidad que lo llevaba al irritamiento, los hechos desagradables, las pruebas personales, los mil rechazos sufridos por un alma orgullosa e incapaz de complacencias y torpes halagos.

Las pruebas que Berlioz tuvo que sufrir como aspirante al «Premio de Roma» fueron la imagen fiel y el preludio profético de las que encontraría a lo largo de su carrera. Concursó cuatro veces y solo obtuvo el premio a la edad de 26 años a fuerza de perseverancia y de superar obstáculos.

La Sinfonía Fantástica *fue un auténtico acontecimiento musical y su importancia queda demostrada por el fanatismo que despertó en unos y la violenta oposición de otros. A pesar de que una composición de este tipo pueda parecer discutible, revela unas facultades superiores y un profundo sentimiento poético.*

Berlioz introdujo en la praxis musical una considerable cantidad de efectos y combinaciones orquestales desconocidas hasta entonces, de las cuales se han apoderado músicos muy ilustres. Revolucionó la instrumentación y, al menos desde ese punto de vista, podemos decir que ha hecho escuela.

Sin embargo, a pesar de sus clamorosos triunfos, de su calidad como director de orquesta y su incansable energía, Berlioz fue criticado durante toda su vida y siempre tuvo un público poco numeroso. Le faltó el público, la gente que otorga al éxito el carácter de popularidad. Berlioz murió por el retraso de la popularidad.

Charles Gounod.
Prólogo a un ensayo sobre Berlioz (1882).

Crónica de un concierto de **Chopín**

«El lunes pasado, a las ocho de la tarde, los salones del señor Pleyel estaban espléndidamente iluminados. Un incesante séquito de servidores ayudaba a descender al pie de una escalinata cubierta de alfombras y perfumada de flores a las damas más elegantes, a la juventud más de moda, a los artistas más célebres, a los financieros más ricos, a la nobleza más ilustre, a toda una élite social, a toda una aristocracia de linaje, de fortuna, de talento y de belleza.

Un gran piano de cola estaba abierto sobre el escenario. El público se agolpaba alrededor, codiciaba los sitios más próximos, y anticipadamente se adoptaba una actitud de recogimiento. Se decía que no había que perder un solo acorde, una nota, una intención, un pensamiento del que iba a sentarse allí. Y había razones para ser tan ávidos porque a quien se esperaba, a quien se quería oír, admirar, aplaudir, no era solamente un hábil virtuoso, un pianista experto, no era solamente un artista de gran fama, era todo esto y más que todo esto: era Chopin.»

Gaceta musical de París
(2 de mayo de 1841).

Franz Schubert (1797-1828)

Nació en una pequeña localidad cerca de Viena y recibió las primeras clases musicales de su padre, maestro de escuela. A los doce años comienza a componer y forma un cuarteto de cuerda familiar, que estrenará sus primeras obras. Con 20 años, se traslada a Viena para dedicarse a la música.

Considerado el creador del lied romántico y uno de los genios más puros por su facilidad y su inspiración melódica, compone la mayor parte de sus canciones para su círculo de amigos, reunidos en las famosas «Schubertiadas», amenizadas con música, lecturas, comida y bebida.

En 1822 contrae la sífilis, enfermedad que lo irá deteriorando con el tiempo, sufriendo dolores de cabeza y momentos de delirio, hasta su muerte con 31 años.

Robert Schumann (1810-1856)

Nació en la región alemana de Sajonia. Hijo de un librero, desde muy joven mostró su habilidad para la escritura y la música.

Abandona la carrera de derecho y se traslada a Leipzig para estudiar piano con Friedrich Wieck.

La muerte de su padre, el suicidio de su hermana, una lesión irreversible en la mano derecha que se provocó él mismo intentando mejorar la independencia de su cuarto dedo, la lucha encarnizada con su maestro Wieck (tres años de juicios) para que le permitiera casarse con su hija Clara..., acentuaron en Schumann una personalidad frágil y depresiva.

En 1854, se intenta suicidar y es ingresado en un manicomio donde terminará sus días, acompañado siempre por el amor de Clara y por Brahms, fiel amigo de la pareja.

Giuseppe Verdi (1813-1901)

Nació en una pequeña localidad italiana. Inicia sus estudios con el organista del pueblo y a los 16 años compone sus primeras obras, pero será rechazado en el Conservatorio de Milán por ser demasiado mayor.

En un breve periodo de cuatro años, se casa, tiene dos hijos y ve morir a toda su familia. Tras una larga depresión, volverá a rehacer su carrera musical con el éxito de *Nabucco* y su vida sentimental con la cantante Giuseppina Strepponi.

Comprometido políticamente con la causa de la reunificación italiana y aprovechando su extraordinaria popularidad, el nombre de Verdi se convertirá en símbolo de la lucha del país Italiano con pintadas en los muros de doble significado: ¡Viva VERDI! (¡Viva Vittorio Emanuele, Re D'Italia!).

Richard Wagner (1813-1883)

Nació en la ciudad alemana de Leipzig. Estudió filosofía y despertó su vocación musical con el descubrimiento de Beethoven.

De personalidad ambiciosa y megalómana, participó en los acontecimientos políticos de su tiempo, primero como revolucionario, pero después, como defensor de la supremacía de la raza alemana.

Consagró toda su vida a la creación de su «drama musical». Se valió de los apoyos de Liszt y del director de orquesta Hans von Bülow para escaparse después con Cosima (hija de Liszt y esposa de Bülow).

Consiguió la construcción del teatro de Bayreuth (diseñado por el propio Wagner) para la representación de *El Anillo de los Nibelungos* durante cuatro noches seguidas, que hoy sigue siendo el gran «templo» de la música wagneriana.

Johann Strauss (1825-1899)

Hijo del famoso compositor Johann Strauss, nació en Viena y estudió música a escondidas de su padre, que no quería para sus hijos un oficio tan inseguro y sacrificado.

Compone su primer vals a los 6 años y a los 10 forma un pequeño conjunto de músicos cuyo éxito lo convierte en rival de su padre.

Sus giras internacionales lo consagran como «el rey del vals» y es reconocido por los mejores compositores de su tiempo (Liszt, Brahms, Wagner).

Strauss inauguró las grandes concentraciones que hoy en día encontramos en los conciertos de rock. Reunió a 40.000 personas bailando toda una noche y a su concierto de *El Danubio azul* en Boston (1872) con una orquesta de 1.000 músicos y 20.000 coristas, acudieron 100.000 espectadores.

P. I. Tchaikovsky (1840-1893)

Niño hipersensible, vivirá el trauma de la muerte de su compañero de residencia con 10 años (contagiado de escarlatina por Tchaikovsky) y la muerte de su madre con 14. Tras el éxito de sus primeras obras recibe el apoyo de Nadezhda von Meck, aristócrata rusa que le proporciona una pensión anual.

La angustia de su homosexualidad le provocará terribles depresiones y crisis nerviosas. Presionado por una sociedad intolerante, se casa en 1877 pero abandona a su esposa dos meses después de la boda. En 1890, madame Von Meck rompe su relación con el músico influida por los «extraños rumores».

En 1893, Tchaikovsky fue sometido a un tribunal de honor que, probablemente, lo indujo al suicidio.

Autoevaluación

1 **Copia en tu cuaderno y resuelve el crucigrama contestando a las definiciones que se indican debajo:**

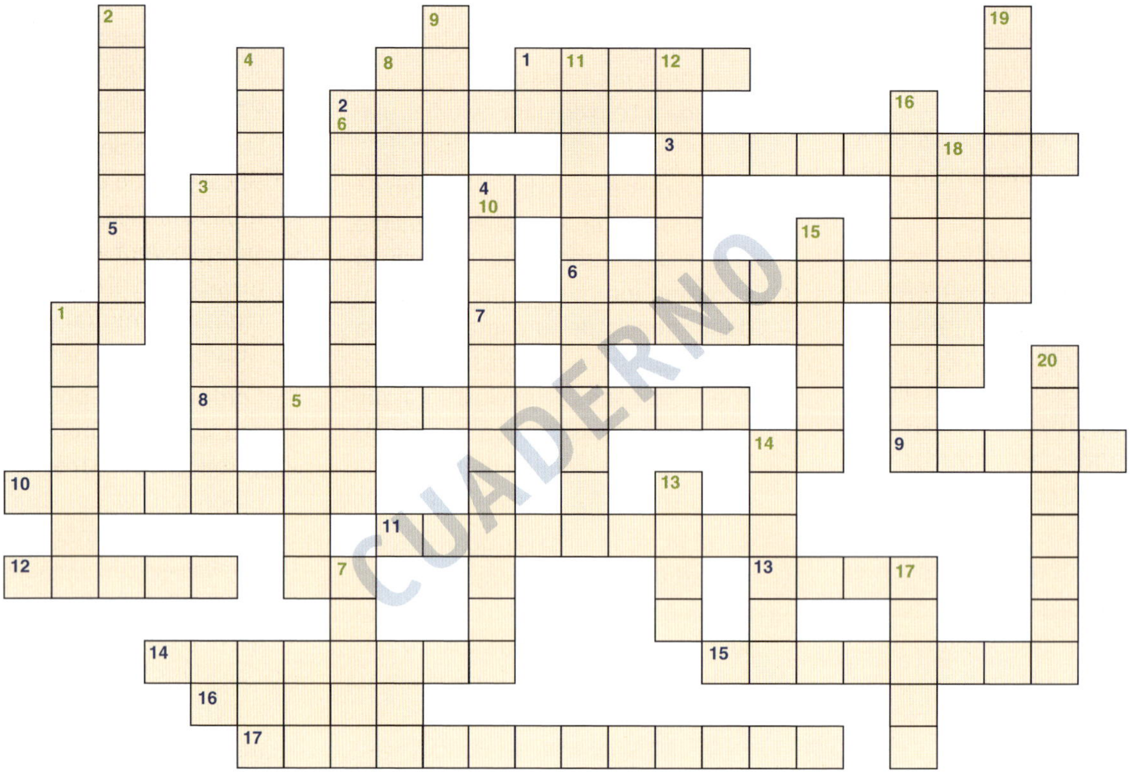

Horizontales

1. Wagner llamó así a su teatro musical resaltando la idea de una acción continua que unificaba todos los elementos de la ópera.
2. El nacionalismo se basa en su estudio y en la utilización de sus características musicales como seña de identidad.
3. Motivo conductor o idea musical utilizado por la música programática y por las óperas de Wagner para representar objetos, personajes o situaciones.
4. Instrumento de cuerda percutida preferido del Romanticismo por sus posibilidades para la expresión de los sentimientos.
5. Tipo de ópera cómica francesa con argumentos humorísticos, diálogos hablados y danzas de moda.
6. Un lied que se estructura en tres secciones o partes se llama así y es lo mismo que una forma simple ternaria.
7. Instrumento de cuerda punteada que sigue de moda en la música española y que empezará a ser reconocido gracias a Tárrega.

Verticales

1. Marie Taglioni representó la levedad de ese ser fantástico bailando de puntas y con tutú.
2. Intérprete experto que despierta la admiración del público.
3. Aunque se escribe separado es el bello canto de un estilo de ópera que permite la exhibición del cantante.
4. Forma simple estructurada en dos secciones o partes que también se llama binaria.
5. Género humilde de la zarzuela con predominio de texto hablado y corta duración.
6. La sinfonía de Berlioz que inaugura la música programática se llama así.
7. Se llama así a la música que utiliza pequeñas formas y a la nueva danza de sociedad, aunque no siempre se desarrolle en ese espacio.
8. Así se llama la obra sinfónica de género programático que se desarrolla en un solo movimiento aunque no tenga versos escritos.

8. Movimiento que surge a mediados del siglo XIX y busca destacar la individualidad de cada país utilizando su folclore.
9. Forma vocal compleja de carácter narrativo y con escenificación que será el espectáculo preferido de la burguesía acomodada.
10. Forma instrumental compleja destinada a la orquesta que en esta época será tratada con mayor libertad.
11. Un lied que se compone de una sola sección musical repetida para cada estrofa del texto se llama así, y es lo mismo que una forma simple primaria.
12. Aunque no salía de una lámpara mágica sino de un conservatorio, el compositor romántico era valorado como tal.
13. Pequeña forma para voz solista con acompañamiento de piano escrita sobre un texto poético.
14. La música folclórica de esa región y su escala típica serán las señas de identidad del nacionalismo español.
15. La melodía larga y sin cadencias claras de las óperas de Wagner se llama así.
16. Los compositores del Grupo de los Cinco eran de esa nacionalidad.
17. Institución en la que empezaron a formarse los músicos del Romanticismo.

9. Danza de moda en todos los salones de baile del s. XIX, de ritmo ternario y movimiento rápido dibujando círculos.
10. Música instrumental basada en la descripción de un argumento.
11. Periodo que comprende el siglo XIX y que será la época más brillante de la historia de la música.
12. Es el elemento musical más importante y expresivo de las composiciones románticas.
13. Berlioz llamó así a la melodía que representaba la idea obsesiva de su amada.
14. Instrumento de cuerda frotada protagonista de muchas piezas y conciertos románticos.
15. El tipo de zarzuela más extensa y elaborada se llama así.
16. Forma instrumental compleja para solista y orquesta.
17. La música para este sano ejercicio físico es una de los repertorios instrumentales más importantes.
18. En él se representan las óperas aunque Wagner necesitó construirse uno especial.
19. Estilo operístico relacionado con el realismo literario que huye de idealizaciones.
20. Género de ópera típicamente español.

2 **Copia en tu cuaderno y completa los siguientes enunciados:**

- El Romanticismo comprende el... y es fruto de la nueva sociedad surgida de...
- Las grandes formas instrumentales del Romanticismo son...
- Los principales compositores de música instrumental son...
- La música programática consiste en... y tiene como principales representantes...
- Las pequeñas formas románticas son... y sus principales compositores son...
- Los principales compositores de ópera son...
- El Nacionalismo surge... y se caracteriza por...
- Las principales innovaciones que definen el ballet romántico son...
- Las principales danzas de salón...
- En España la música instrumental se centra en el repertorio para... y sus compositores son...
- La zarzuela romántica se caracteriza por... y sus principales compositores son...
- El nacionalismo español se basa en... y tiene como principales representantes a...

Interpretación

1 Interpreta ahora el lied ***Heidenröslein*** de **Franz Schubert** que trabajamos como actividad de audición en el segundo epígrafe de la unidad.

Para facilitar su interpretación, lo hemos transportado a la tonalidad de Do Mayor.

a. Realiza el acompañamiento del piano con láminas dividiéndolo en tres voces y anotándolo previamente en una partitura.

b. Compara las dos partituras, la original y esta transportada, y repasa tus conocimientos de lenguaje musical para explicar el cambio de tonalidad, la distancia interválica resultante, los acordes principales, etc.

2 Interpreta este arreglo del primer vals de ***El Danubio Azul*** de **Johann Strauss II** que también hemos trabajado como audición en el desarrollo de la unidad.

a. Explica la función de cada una de las cuatro voces.

b. Señala sobre la partitura las indicaciones interpretativas, las frases, las cadencias y los acordes principales.

Creación

1 Escucha ***El aprendiz de brujo*** de **Paul Dukas.** Es un poema sinfónico compuesto sobre la balada homónima del escritor alemán Goethe.

2 14

Narra la historia de un travieso aprendiz de brujo que, aprovechando la ausencia de su maestro, toma su libro de conjuros y su gorro mágico y pronuncia un encantamiento para que una vieja escoba le haga el trabajo de acarrear cubos de agua y fregar. El aprendiz no sabe deshacer el conjuro y la escoba comienza a inundarlo todo de agua. Cuando regresa el brujo, salva la situación con sus poderes y reprende severamente al aprendiz.

La música de Dukas refleja el enfrentamiento del aprendiz de brujo y la escoba, cuyos temas constituyen el material principal de la obra. Junto a ellos, aparecen otros motivos que representan el agua.

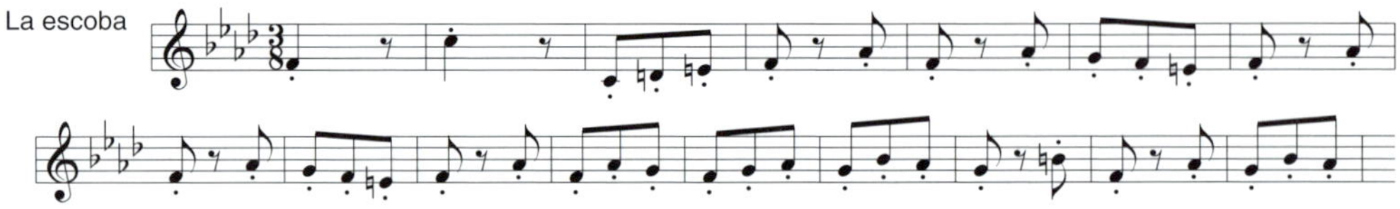

Paul Dukas (1865-1935)

Compositor francés y profesor en el Conservatorio de París.

El aprendiz de brujo, estrenado en 1897 bajo la dirección del propio Dukas, es su obra más célebre.

Exageradamente perfeccionista y modesto, quemó gran parte de sus partituras y solo publicó unas pocas obras.

Escucha la audición y haz de narrador a la vez, siguiendo el guión musical que te presentamos (en la columna izquierda) y su correspondencia con la balada de Goethe (en la columna la derecha). Tendrás que ensayar un poco previamente para asegurarte de que identificas con facilidad los distintos temas e instrumentos musicales que te servirán de referencia, y para poder leer el texto con la entonación más adecuada.

- Introducción lenta que presenta el material de los temas.
- Sobre la cuerda grave en pianissimo, los violines presentan el motivo 1 del agua.
- El motivo de la escoba aparece en el clarinete después en el oboe y por último en la flauta.
- Se vuelve a repetir la presentación de temas.
- Tras un silencio y cambiando a un tempo rápido aparece el tema del aprendiz en las flautas.
- Las trompetas interpretan el motivo de la escoba.
- Vuelve la calma: el aprendiz está pensando en su conjuro.
- La agitación de los metales, la madera y más tarde la cuerda en un crescendo, anuncian que el conjuro se ha realizado, rematado por un golpe de timbal.
- Tras el silencio, el conjuro comienza a actuar y las escobas intentan dar los primeros pasos.
- El tema de la escoba es presentado completo por el fagot.
- Vuelve a aparecer el motivo 1 del agua en los violines.
- Después del pasaje ascendente y ágil de las flautas, aparece el motivo 2 del agua en los violines.
- La trompeta vuelve a destacar el motivo de la escoba.
- Flautas, clarinetes, oboes y glockenspiel, presentan el tema del aprendiz.
- Toda la orquesta inicia un pasaje más animado. Los metales interpretan el tema de la escoba y la madera presenta el motivo 3 del agua.
- El aprendiz intenta parar la escoba pero se escapa; vuelve el tema de la escoba en las flautas.
- El aprendiz (violines) pierde el control de la escoba (clarinete bajo).
- Toda la orquesta interpreta el tema del aprendiz.
- Aparece la escoba y el motivo 2 del agua. Se mezclan todos los temas.
- Los flautines representan con notas ágiles y picadas la cólera de la escoba.
- Trompas y trompetas anuncian el grito de parada del aprendiz, pero el agua sigue corriendo (motivo 1 violines).
- El aprendiz corta la escoba con un hacha: cuatro acordes secos en toda la orquesta.
- La escoba comienza a correr (fagot) y aparece una segunda escoba (clarinete bajo). El aprendiz se desanima.
- Los torrentes de agua (orquesta) inundan la sala.
- Viento metal y percusión anuncian la llegada del brujo que exclama su conjuro (golpes fuertes y largos en la orquesta).
- Silencio y vuelta a la calma. Los violines recuerdan el motivo 1 del agua, y el violonchelo el motivo del aprendiz.
- De nuevo, un breve silencio y final en fortissimo con toda la orquesta en un corto y contundente pasaje tomado del motivo de la escoba.

Al fin el viejo brujo se ha ido, y ahora me toca a mí invocar a los espíritus. Me he fijado en sus palabras y en sus gestos, he aprendido su fórmula y con la fuerza de mi mente yo también haré milagros.
Hagamos un amplio espacio para que el agua pueda correr libre hacia el baño.
Y ahora, ¡ven conmigo vieja escoba!, ¡coge estos trapos!
Tú que has sido esclava durante tanto
tiempo, piensa hoy en cumplir mi voluntad. Te ordeno que andes sobre dos pies, con la cabeza alta. Corre rápido y date prisa en ir a sacar el agua.
Hagamos un amplio espacio donde el agua corra libre y se recoja en el baño.
¡Bravo! Ya baja a la orilla, ya está junto al río y vuelve más rápida que un relámpago colmado el cántaro. Y otra vez vuelve y torna, ¡cómo rebosa el cubo!
Ya está bien, ¡Para! no necesito más tus servicios.
¡Oh! ahora me doy cuenta: ¡Desgracia! he olvidado la palabra mágica. La palabra mágica para hacerla volver a lo que antes era. Ella corre y se agita sin parar; ¡Párate, vieja escoba!
Sigue trayendo cubo y cubos, y cien ríos se precipitan sobre mí.
No, no puedo soportarla más tiempo. Tengo que detenerla. Es demasiado mala. Mi angustia aumenta y ella se subleva; ¡vaya una cara!, ¡vaya unos gestos!
¡Venganza del infierno! ¿Es que quieres inundarme la casa? Ya veo sobre cada planta correr torrentes de agua. ¡Condenada escoba, que no quiere oír nada!, ¡eres tonta!, ¡estte quieta!
Si no paras tendré que darte un golpe y cortaré tu vieja madera con mi hachuela.
¡Mírala, todavía sigue!, ¡espera que te cojo! Un momento... ya verás, te tiraré al suelo...
¡Toma ... para tu escarmiento! Y el hacha la alcanza.
La escoba cruje, se queja. El golpe ha sido certero.
Te he partido en
dos y ahora respirar ya puedo.
¡Desgracia! ¡Desgracia!, ahora se mueven dos trozos y se han convertido en dos escobas ¡Ayuda, poderes mágicos! Cómo corren las dos escobas. El agua invade cada vez más la habitación y los pisos. ¡Qué inundación tan espantosa! ¡Ayuda, maestro brujo!
¡Escucha mi grito! ... Por fin llega el maestro.
Maestro, el peligro es grande. No puedo deshacerme de los espíritus que he invocado.
— ¡Escobas, al rincón! Volved a ser lo que erais, pues el maestro no os ha dado vida más que para servir su intención.

(Traducción:
Feli Vega Casquero)

Audición

Los más populares del Romanticismo

1 Escucha los fragmentos que te presentamos del ballet ***El lago de los cisnes*** de **Tchaikovsky.**

2 15 Es la composición más popular de Tchaikovsky, llena de inspiradas y célebres melodías, que con frecuencia se interpreta de forma independiente a la danza, como suite de concierto.

El argumento de este ballet narra la malograda historia de amor entre el príncipe Sigfrido y la hermosa princesa Odette:

El Lago de los cisnes

Tchaikovsky compuso *El Lago de los cisnes* entre los años 1875 y 1876 por encargo del Teatro Imperial Bolshoi de Moscú.

La coreografía realizada por Marius Petipa para este ballet sigue siendo uno de los mejores ejemplos del ballet romántico y lanzó a la fama a figuras de la danza como Anna Pavlova, Rudolf Nureyev o Maia Plisietskaia.

El malvado hechicero Rotbart ha convertido a la princesa Odette y a sus acompañantes en cisnes. Sin embargo, el encantamiento pierde su poder durante unas horas y permite a la princesa recuperar su forma humana en la medianoche.

Durante ese breve tiempo de apariencia humana, la princesa Odette se encuentra con el príncipe Sigfrido y se enamoran. El príncipe promete casarse con Odette sabiendo que así la librará del hechizo.

Cuando Sigfrido acude al baile en el que deberá elegir a su esposa, aparece el malvado Rotbart con su hija Odile y aprovechando sus poderes mágicos hace que su hija tome la misma apariencia física que Odette.

Sigfrido cae en el engaño y se compromete con Odile. Al poco tiempo aparece Odette y el príncipe se da cuenta de que ha sido obligado a romper su promesa.

Rotbart provoca una tormenta y la infeliz pareja muere cubierta por las aguas.

- Sigue ahora la audición atendiendo a las descripciones y los temas musicales que te presentamos:

Escena 1ª

En una cacería nocturna de cisnes salvajes, el príncipe Sigfrido observa asombrado cómo uno de ellos se convierte en la hermosa princesa Odette.

Tema A

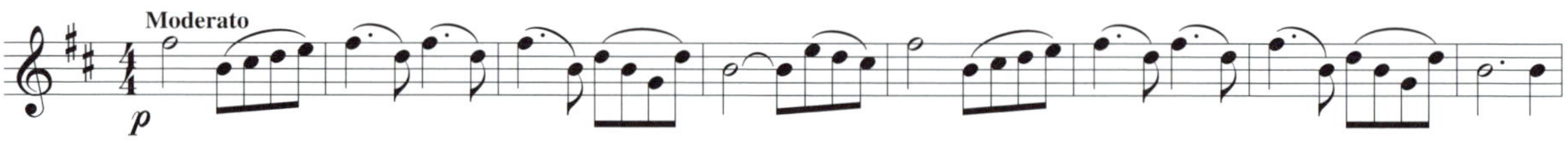

Tema B

Escena 2ª

El joven príncipe celebra su cumpleaños en el palacio. Ha cumplido la mayoría de edad y tendrá que escoger una prometida para casarse. Todos celebran el acontecimiento bailando un vals.

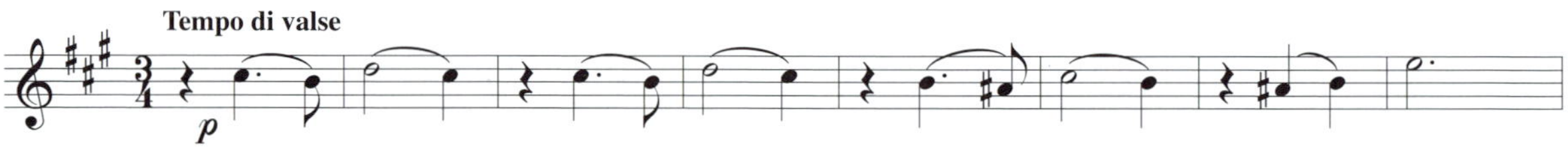

Escena 3ª

Los cisnes se agrupan para bailar una hermosa danza.

El príncipe Sigfrido se une a ellos.

Tema A

Tema B

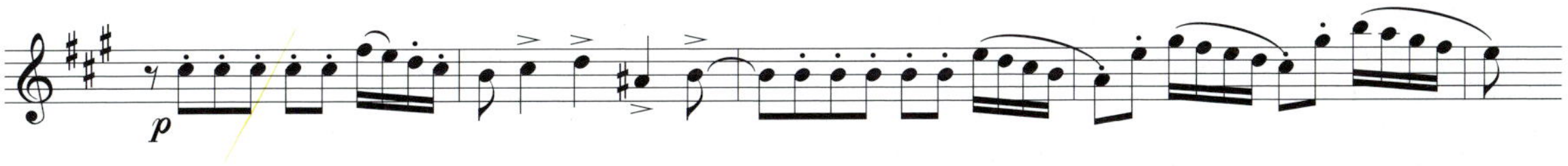

Escena 4ª

Tras la danza de los cisnes, llega la declaración de amor entre Sigfrido y Odette.

Escena 5ª

Sigfrido es obligado a escoger esposa entre cinco princesas.

Pero Rotbart ha disfrazado a su hija Odile como Odette (los dos personajes están interpretados por la misma bailarina).

Escena 6ª

Final

Sigfrido pide perdón a Odette por haberse dejado engañar comprometiéndose con Odile.

Odette, con el corazón destrozado, muere en los brazos del príncipe mientras las aguas cubren a los dos enamorados.

Se oye el último y afligido canto del cisne.

Tema A

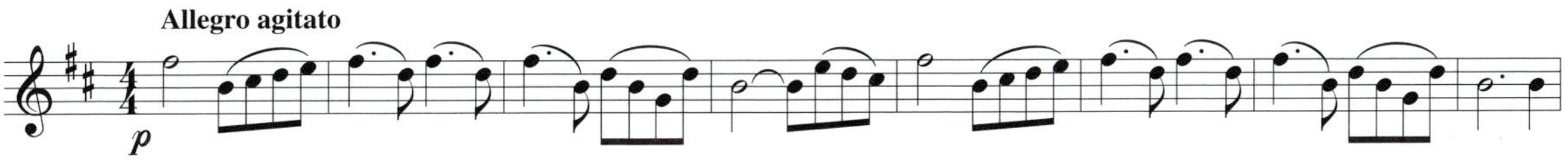

Tema B

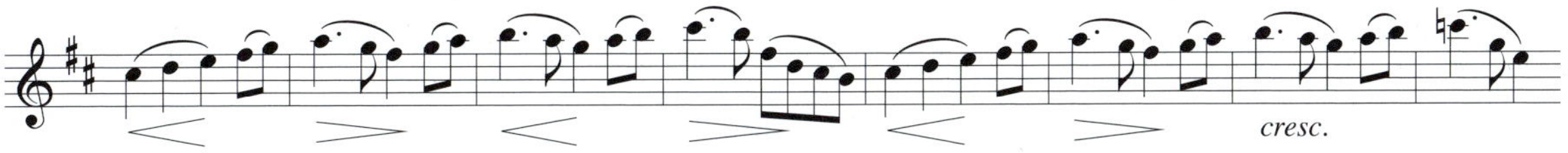

Audición

2 Escucha el coro ***Va pensiero*** de la ópera *Nabucco* de **Giuseppe Verdi,** basada en la historia bíblica del rey Nabucodonosor y estrenada en 1842.

2 16

↑ Giuseppe Verdi (1813-1901).

Música que hizo historia

Es uno de los pasajes más célebres de la producción de Verdi y probablemente de toda la historia de la ópera. Entonado por los esclavos hebreos cautivos en Babilonia, el coro *Va pensiero* provocó el entusiasmo del público desde el día de su estreno y se convirtió en el himno patriótico del «Risorgimento» italiano que lograría la unificación del país en 1861.

Va, pensiero, sull'ale dorate;
va, ti possa sui clivi, sui colli,
ove olezzano tepide e molli
l'aure dolci del suolo natal!

Del Giordano le rive saluta,
de Sionne le torri atterrate...
Oh mia patria sì bella e perduta!
Oh membranza sì cara e fatal!

Arpa d'or dei fatidici vati,
perchè muta del salice pendi?
Le memorie nel petto raccendi,
ci favella del tempo che fu!

O simile di Sòlima ai fati
traggi un suono di crudo lamento,
o t'ispiri il Signore un concento
che ne infonda al patire virtù

¡Vuela pensamiento, con alas doradas,
pósate en las praderas y en las cimas
donde exhala su suave fragancia
el aire dulce de la tierra natal!

Saluda a las orillas del Jordán
y a las destruidas torres de Sión.
¡Ay mi patria, tan bella y abandonada!
¡Ay recuerdo, tan grato y fatal!

Arpa de oro de los fatídicos vates
¿por qué cuelgas silenciosa del sauce?
Revive en nuestros pechos el recuerdo,
¡háblanos del tiempo que fue!

Al destino de Jerusalén
canta un aire de crudo lamento
o que te inspire el Señor una melodía
que infunda virtud al partir.

- Explica la forma musical, la textura y el estilo vocal de este coro.

En resumen

El sonido del Romanticismo

La música del Romanticismo se preocupa más por la expresión personal de los sentimientos que por la forma externa de las composiciones.

La melodía se convierte en el elemento principal y se hace más intensa, perdiendo la regularidad del Clasicismo. Se enriquecen la armonía, el ritmo y los efectos dinámicos. La orquesta se amplía e introduce nuevos instrumentos de viento y percusión.

La búsqueda de libertad dará lugar a la música programática, pero también a la aparición de pequeñas formas más íntimas y personales.

1

El **Romanticismo** comprende prácticamente todo el siglo XIX y es la etapa más brillante de la historia de la música.

Los compositores son artistas libres que buscan la expresión directa de los sentimientos y la fantasía, liberándose paulatinamente de las normas clásicas.

2

Las **grandes formas** instrumentales aprovecharán la ampliación de la orquesta con un mayor empleo del viento y la percusión.

Junto al desarrollo de la sinfonía y los conciertos para virtuosos, surge la música programática basada en la descripción de un argumento.

3

Las **pequeñas formas** representan la faceta más íntima y subjetiva del Romanticismo.

El lied es una canción para voz solista con acompañamiento de piano, escrita sobre un texto poético y con estructuras sencillas.

El piano es el instrumento preferido en pequeñas piezas de carácter que responden a estructuras simples o libres.

4

La **ópera** es uno de los espectáculos preferidos de la época.

En Italia predomina la corriente del bel canto, que a finales de siglo será sustituida por el verismo.

En Francia nace la opereta, aún más popular que la ópera cómica.

En Alemania, Wagner crea el drama musical, concebido como una obra de arte total y con desarrollo continuo.

5

Los **nacionalismos** surgen en la segunda mitad del siglo XIX reforzando el sentimiento romántico de individualidad.

Aparecen en el panorama musical Rusia, los países Escandinavos, Checoslovaquia, Hungría, etc, utilizando el folclore como seña de identidad.

6

La **música española** se mantiene al margen del desarrollo sinfónico europeo centrada en la música de salón (violín, piano y guitarra) y en el desarrollo de la zarzuela que define ahora sus características y distingue dos tipos: zarzuela grande y género chico.

El **nacionalismo** surge a finales de siglo y marcará el inicio de la recuperación de la música española con un lenguaje propio basado en el folclore, sobre todo andaluz.

7

Los grandes **ballets** románticos llevarán el ballet clásico a su máximo esplendor, imponiendo el virtuosismo técnico, el baile de puntas, el tutú femenino y el paso a dos.

La danza de sociedad alcanza una gran popularidad con los **bailes de salón** de la nueva burguesía. El preferido será el vals.

Mis progresos

Unidad 5	Sobresaliente ¡Soy muy competente!	Notable Soy bastante competente pero puedo mejorar algo	Bien Soy competente pero puedo mejorar bastante	Suficiente Soy competente pero debo mejorar bastante	Insuficiente Me faltan competencias ¡Debo esforzarme mucho más!
He aprendido	Comprendo las características y funciones de la música en el Romanticismo y siempre utilizo el lenguaje técnico apropiado para describirlas. Identifico siempre los principales géneros y formas musicales del Romanticismo y el Nacionalismo con sus ejemplos y compositores más representativos. Reconozco las distintas manifestaciones de la música del Romanticismo y el Nacionalismo en España y siempre valoro la importancia del patrimonio cultural español. Siempre identifico los ejemplos musicales trabajados situándolos en su contexto y describiendo sus rasgos más característicos.	Comprendo las características y funciones de la música en el Romanticismo y casi siempre utilizo el lenguaje técnico apropiado para describirlas. Identifico casi siempre los principales géneros y formas musicales del Romanticismo y el Nacionalismo con sus ejemplos y compositores más representativos. Reconozco las distintas manifestaciones de la música del Romanticismo y el Nacionalismo en España y casi siempre valoro la importancia del patrimonio cultural español. Casi siempre identifico los ejemplos musicales trabajados situándolos en su contexto y describiendo sus rasgos más característicos.	Comprendo las características y funciones de la música en el Romanticismo y a veces utilizo el lenguaje técnico apropiado para describirlas. Identifico a veces los principales géneros y formas musicales del Romanticismo y el Nacionalismo con sus ejemplos y compositores más representativos. Reconozco las distintas manifestaciones de la música del Romanticismo y el Nacionalismo en España y a veces valoro la importancia del patrimonio cultural español. A veces identifico los ejemplos musicales trabajados situándolos en su contexto y describiendo sus rasgos más característicos.	Comprendo las características y funciones de la música en el Romanticismo pero me cuesta utilizar el lenguaje técnico apropiado para describirlas. Me cuesta identificar los principales géneros y formas musicales del Romanticismo y el Nacionalismo con sus ejemplos y compositores más representativos. Reconozco algunas de las manifestaciones de la música del Romanticismo y el Nacionalismo en España y a veces valoro la importancia del patrimonio cultural español. Me cuesta identificar los ejemplos musicales trabajados situándolos en su contexto y describiendo sus rasgos más característicos.	No comprendo las características y funciones de la música en el Romanticismo y no sé utilizar el lenguaje técnico apropiado para describirlas. No sé identificar los principales géneros y formas musicales del Romanticismo y el Nacionalismo con sus ejemplos y compositores más representativos. No sé reconocer las distintas manifestaciones de la música del Romanticismo y el Nacionalismo en España y no valoro la importancia del patrimonio cultural español. No sé identificar los ejemplos musicales trabajados situándolos en su contexto y describiendo sus rasgos más característicos.
Sé hacer	Participo en la interpretación de piezas vocales, instrumentales o coreográficas atendiendo al conjunto y asumiendo distintos roles. Desarrollo las habilidades relacionadas con la interpretación con actitud abierta y respetuosa, tomando conciencia de mis propias posibilidades. Siempre manejo de forma autónoma distintos tipos de partituras como apoyo a las actividades musicales del aula. Elaboro con mucha facilidad mapas históricos y musicogramas para situar las obras musicales trabajadas y describir sus características.	Participo en la interpretación de piezas vocales, instrumentales o coreográficas atendiendo al conjunto y casi siempre asumo distintos roles. Desarrollo las habilidades relacionadas con la interpretación con actitud abierta y respetuosa, y casi siempre tomo conciencia de mis propias posibilidades. Casi siempre manejo de forma autónoma distintos tipos de partituras como apoyo a las actividades musicales del aula. Elaboro con facilidad mapas históricos y musicogramas para situar las obras musicales trabajadas y describir sus características.	Participo en la interpretación de piezas vocales, instrumentales o coreográficas atendiendo al conjunto y a veces asumo distintos roles. Desarrollo las habilidades relacionadas con la interpretación con actitud abierta y respetuosa, y a veces tomo conciencia de mis propias posibilidades. A veces manejo de forma autónoma distintos tipos de partituras como apoyo a las actividades musicales del aula. Elaboro sin dificultad mapas históricos y musicogramas para situar las obras musicales trabajadas y describir sus características.	Participo en la interpretación de piezas vocales, instrumentales o coreográficas atendiendo al conjunto pero no asumo distintos roles. Desarrollo las habilidades relacionadas con la interpretación con actitud abierta y respetuosa, pero me cuesta tomar conciencia de mis propias posibilidades. Manejo, con un poco de ayuda, distintos tipos de partituras como apoyo a las actividades musicales del aula. Me cuesta un poco elaborar mapas históricos y musicogramas para situar las obras musicales trabajadas y describir sus características.	Participo en la interpretación de piezas vocales, instrumentales o coreográficas pero no atiendo al conjunto y no asumo distintos roles. Desarrollo las habilidades relacionadas con la interpretación pero no muestro una actitud abierta y respetuosa, y no tomo conciencia de mis propias posibilidades. Me cuesta manejar distintos tipos de partituras como apoyo a las actividades musicales del aula. No sé elaborar mapas históricos y musicogramas para situar las obras musicales trabajadas y describir sus características.
La tecnología y yo	Navego por internet sin dificultad para investigar sobre los periodos históricos estudiados y encuentro mucha información interesante. Tengo un dominio muy elevado de las herramientas TIC para la realización de las actividades propuestas.	Navego por internet sin dificultad para investigar sobre los periodos históricos estudiados y normalmente encuentro información interesante. Tengo un dominio alto de las herramientas TIC para la realización de las actividades propuestas.	Navego por internet sin dificultad para investigar sobre los periodos históricos estudiados y a veces encuentro información interesante. Tengo suficiente dominio de las herramientas TIC para la realización de las actividades propuestas.	Navego por internet con cierta dificultad para investigar sobre los periodos históricos estudiados y me cuesta encontrar información interesante. Tengo poco dominio de las herramientas TIC para la realización de las actividades propuestas.	Me cuesta mucho navegar por internet para investigar sobre los periodos históricos estudiados y no sé encontrar la información. No tengo dominio de las herramientas TIC para la realización de las actividades propuestas y no sé utilizarlas.
¿Sé trabajar en grupo?	Asumo mi rol y aporto ideas al grupo sin interferir en el trabajo de los demás.	Asumo mi rol y aporto ideas al grupo pero tiendo a interferir en el trabajo de los demás.	Asumo mi rol y aporto ideas al grupo pero interfiero en el trabajo de los demás.	Asumo mi rol pero no aporto ideas al grupo e interfiero en el trabajo de los demás.	No asumo mi rol ni aporto ideas al grupo e interfiero en el trabajo de los demás.

6 Siglo XX

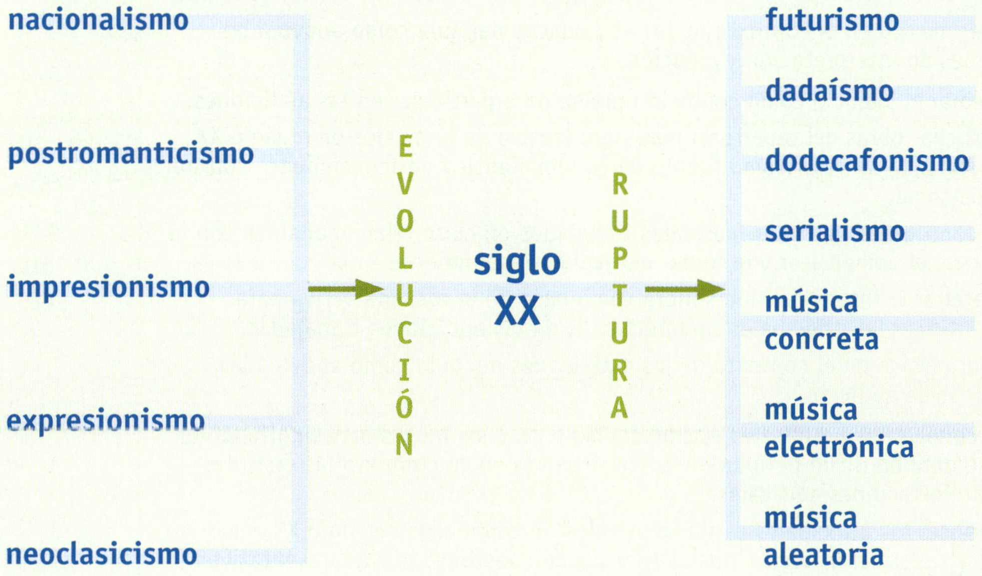

Actividades iniciales

1. Observa el cuadro cronológico que encontrarás en las páginas siguientes e indica los datos históricos de los acontecimientos y de los personajes que reconozcas.

6 Siglo XX

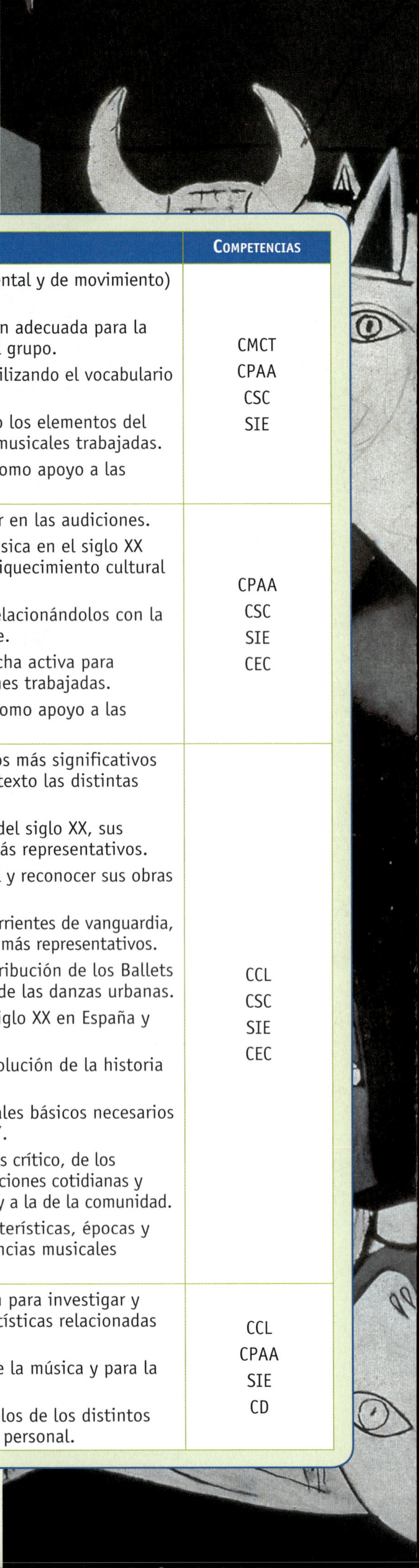

	Vamos a aprender a...	Competencias
Interpretación y creación	Desarrollar las técnicas de interpretación (vocal, instrumental y de movimiento) y expresión musical, tanto individuales como en grupo. Participar en las actividades musicales con la disposición adecuada para la superación de dificultades y para el enriquecimiento del grupo. Reconocer los elementos básicos del lenguaje musical utilizando el vocabulario técnico apropiado para describirlos. Improvisar y realizar pequeñas composiciones utilizando los elementos del lenguaje musical característicos del estilo o las formas musicales trabajadas. Leer música en el contexto de las actividades del aula como apoyo a las tareas de interpretación y creación.	CMCT CPAA CSC SIE
Escucha	Valorar el silencio como condición previa para participar en las audiciones. Escuchar obras del repertorio más significativo de la música en el siglo XX apreciando su valor como fuente de conocimiento y enriquecimiento cultural y personal. Reconocer los ejemplos musicales trabajados en clase relacionándolos con la época, el compositor y la forma musical correspondiente. Ejercitar la interiorización sonora como base de la escucha activa para identificar las principales características en las audiciones trabajadas. Leer música en el contexto de las actividades del aula como apoyo a las tareas de audición.	CPAA CSC SIE CEC
Contextos musicales y culturales	Reconocer los principales estilos del siglo XX y los rasgos más significativos que definen dicho periodo histórico situando en su contexto las distintas manifestaciones musicales. Conocer los principales estilos musicales de comienzos del siglo XX, sus características y formas musicales y sus compositores más representativos. Comprender las características del Neoclasicismo musical y reconocer sus obras y compositores más representativos. Conocer los principales estilos musicales de las nuevas corrientes de vanguardia, sus características y formas musicales y sus compositores más representativos. Conocer el desarrollo de la danza en el siglo XX: la contribución de los Ballets rusos, los pioneros de la danza moderna y la evolución de las danzas urbanas. Conocer los principales compositores de la música del siglo XX en España y sus obras más representativas. Relacionar las cuestiones técnicas aprendidas con la evolución de la historia de la música. Valorar la asimilación y empleo de los conceptos musicales básicos necesarios a la hora de emitir juicios de valor o "hablar de música". Elaborar juicios y criterios personales, mediante un análisis crítico, de los diferentes usos sociales de la música, aplicándolos a situaciones cotidianas y valorando la contribución de la música a la vida personal y a la de la comunidad. Mostrar interés por conocer músicas de diferentes características, épocas y culturas, y por ampliar y diversificar las propias preferencias musicales adoptando una actitud abierta y respetuosa.	CCL CSC SIE CEC
Música y tecnología	Utilizar con autonomía distintas fuentes de información para investigar y realizar trabajos sobre fuentes literarias, históricas y artísticas relacionadas con el siglo XX. Manejar los recursos tecnológicos para el aprendizaje de la música y para la realización de sencillas producciones musicales. Investigar en internet y en fuentes audiovisuales ejemplos de los distintos estilos musicales del siglo XX realizando una valoración personal.	CCL CPAA SIE CD

El siglo XX es un periodo de cambios acelerados en el que conviven distintos estilos musicales. El desarrollo de los sistemas de grabación y de los modernos medios de comunicación facilitará el conocimiento y la difusión de esa variedad de tendencias y abrirá las puertas a la búsqueda de nuevos lenguajes, que irán abandonando el uso de la tonalidad funcional y creando un nuevo universo sonoro y un concepto distinto de obra.

Desde un punto de vista cronológico, la música contemporánea comienza a finales del siglo XIX con los movimientos nacionalistas del último Romanticismo y con otras tendencias, en cierto modo continuistas, como el Impresionismo y el Expresionismo.

A principios del siglo XX, surgen el Futurismo y el Dadaísmo, y un poco más tarde el Dodecafonismo, estilos que marcan realmente una ruptura con el lenguaje anterior. Junto a ellos, en torno a 1920, aparece el Neoclasicismo, que vuelve a la estética clásica, reviviendo el cultivo de sus formas. Tras la Segunda Guerra Mundial, surgirán nuevas corrientes de vanguardia como el Serialismo, la música concreta, la electrónica y aleatoria.

CUADRO CRONOLÓGICO DEL SIGLO XX

1914 - 1918 1ª Guerra Mundial

1922 Triunfo del Fascismo en Italia

1917 Revolución Rusa

1933 Triunf en Al

Guerra Ci 1936

1898 España pierde Cuba y Filipinas

1919 Epidemia de gripe

1912 Hundimiento del Titanic

1929 Crisis de la B Nueva York

1874 1ª exposición Impresionista

1889 Exposición Universal de París: Torre Eiffel

1907 Exposición Cubista: París

1920 Inicio emisiones radiofónicas

1879 Bombilla

1895 Cinematógrafo Rayos X

1885 Automóvil

1905 Teoría de la relatividad

1927 Cine sonoro

1896 Aspirina

Fonógrafo 1878

1904 Discos fonográficos de dos caras

1913 1er concierto música futurista

1870 1880 1890 1900 1910 1920 1930

Isaac Albéniz

Gustav Mahler

Claude Debussy

Erik Satie

Enrique Granados

Arnold Schoenberg

Maurice Ravel

Igor Stravinsky

Anton Webern

Alban Berg

Luigi Russolo

Edgar Varese

Sergei Prokofiev

Arthur Honegger

Paul Hindemith

C

Kurt Weill

Dim

Luig

Las señoritas de Avignon, de Pablo Picasso.

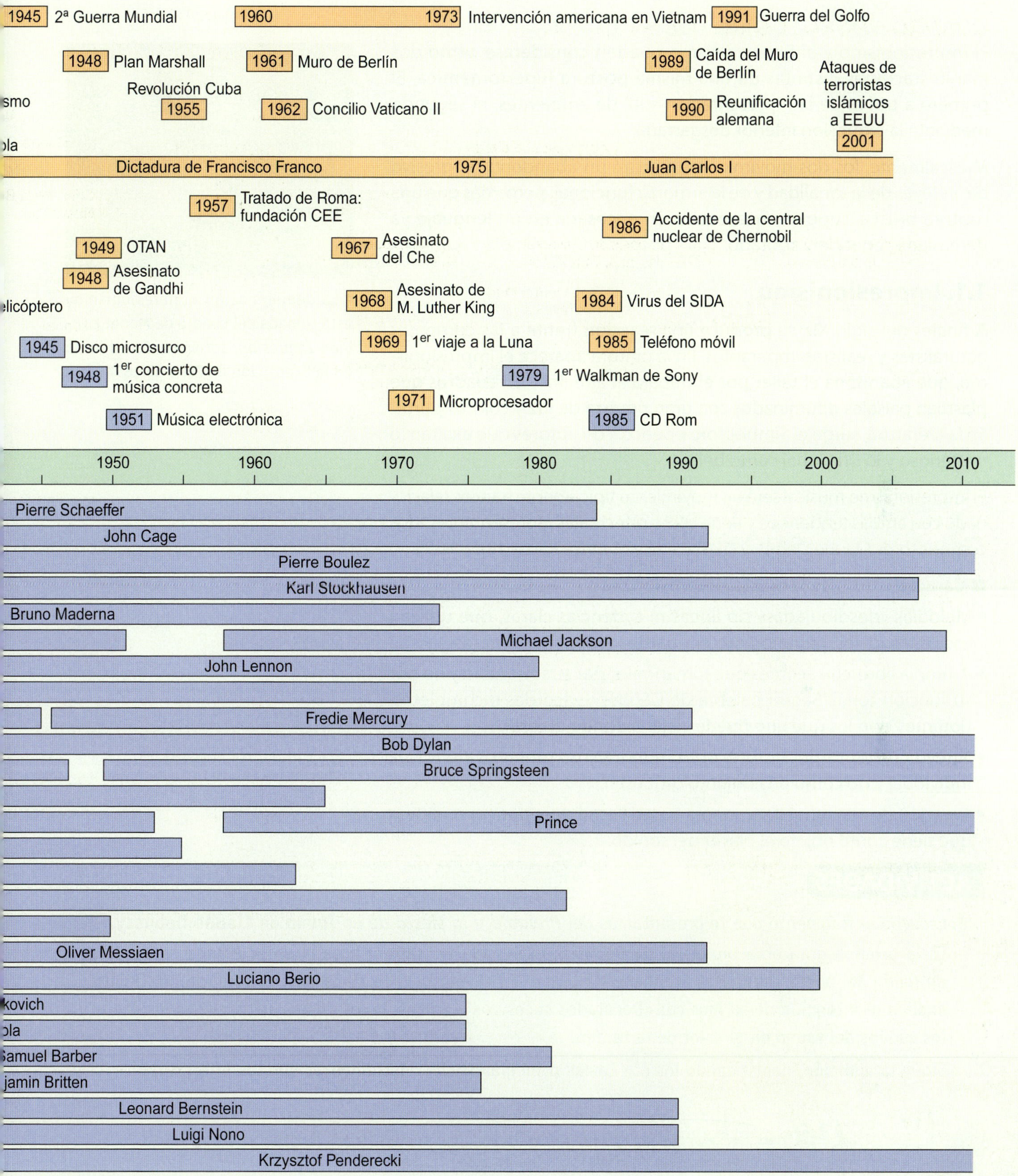
1945 2ª Guerra Mundial
1960 1973 Intervención americana en Vietnam
1991 Guerra del Golfo
1948 Plan Marshall
1961 Muro de Berlín
1989 Caída del Muro de Berlín
Ataques de terroristas islámicos a EEUU 2001
smo
Revolución Cuba 1955
1962 Concilio Vaticano II
1990 Reunificación alemana
la
Dictadura de Francisco Franco 1975 Juan Carlos I
1957 Tratado de Roma: fundación CEE
1986 Accidente de la central nuclear de Chernobil
1949 OTAN
1967 Asesinato del Che
1948 Asesinato de Gandhi
1968 Asesinato de M. Luther King
1984 Virus del SIDA
elicóptero
1945 Disco microsurco
1969 1er viaje a la Luna
1985 Teléfono móvil
1948 1er concierto de música concreta
1979 1er Walkman de Sony
1971 Microprocesador
1951 Música electrónica
1985 CD Rom
1950
1960
1970
1980
1990
2000
2010
Pierre Schaeffer
John Cage
Pierre Boulez
Karl Stockhausen
Bruno Maderna
Michael Jackson
John Lennon
Fredie Mercury
Bob Dylan
Bruce Springsteen
Prince
Oliver Messiaen
Luciano Berio
kovich
la
amuel Barber
jamin Britten
Leonard Bernstein
Luigi Nono
Krzysztof Penderecki

1 Evolución

El Impresionismo y el Expresionismo pueden considerase como dos manifestaciones distintas de una misma postura hiperromántica. El primero a través de la representación sutil de ambientes, el segundo mediante la expresión interior desgarrada.

Musicalmente, los dos movimientos marcan un abandono progresivo de las leyes de la tonalidad y de la armonía funcional, pero, más que una ruptura brusca, suponen una evolución necesaria en un lenguaje ya demasiado repetido y agotado.

↑ La denominación «Impresionismo» está tomada del cuadro de Monet titulado *Impresión, sol naciente* exhibido en la Exposición de París de 1874.

1.1. Impresionismo

A finales del siglo XIX se produce una reacción frente a las corrientes naturalistas y realistas imperantes. En la pintura aparece el Impresionismo, que abandona el taller por el trabajo al aire libre en cuadros que plasman paisajes difuminados con gran riqueza de luz y colores puros. En la literatura, surge el Simbolismo poético, con autores que exaltan lo misterioso y lo irracional como bello.

El Impresionismo musical será un movimiento típicamente francés relacionado con ambas tendencias y tiene como principales representantes a los compositores Claude Debussy (1862-1918) y Maurice Ravel (1875-1937).

■ Características de la música impresionista

- Melodías «desdibujadas» sin líneas ni cadencias claras, que utilizan escalas modales, pentafónicas, cromáticas o de tonos enteros.
- Armonía libre con acordes que toman valor por su sonoridad y no por su función tonal. Según palabra de Debussy, «acordes incompletos, flotantes, con los que uno puede viajar a donde quiera».
- Nuevo concepto del timbre, utilizando los instrumentos de forma individual y no como un conjunto orquestal.
- Creación de una atmósfera sonora basada en «impresiones» auditivas que tiene como objeto el placer del sonido.

ACTIVIDADES

1. Escucha el fragmento que te presentamos del ***Preludio a la siesta de un fauno*** de **Claude Debussy.**

Es la primera gran obra orquestal de Debussy, estrenada en 1894 y basada en la égloga *La siesta de un fauno* del poeta simbolista Stéphane Mallarmé. En el encabezado de la partitura, el propio Debussy explica la intención de su música: «Decorados sucesivos a través de los cuales se mueven los deseos y los sueños del fauno en el calor de la tarde».

Sigue la audición identificando los dos temas principales y los instrumentos que los interpretan:

2 17

1.2. Expresionismo

El Expresionismo es un movimiento predominantemente alemán que afecta a la pintura, la literatura y la música, y se caracteriza por la expresión del alma del ser humano de forma dura y pesimista. El compositor más representativo de esta tendencia es Arnold Schoenberg (1874-1951).

■ Características de la música expresionista

- Búsqueda de lo dramático mediante el uso constante de disonancias que producen una tensión continua, sin momentos de reposo.
- Utilización de un sistema atonal que rompe todas las reglas de organización melódica y armónica.
- Sustitución de la melodía por una especie de canto recitado denominado *«sprechgesang»* que tiene como objetivo la expresión violenta y agresiva del texto.
- Interpretación para pequeñas formaciones de cámara en las que cada instrumento cumple un papel de solista.

↑ *El Grito* de Edward Munch (1895) es el primer ejemplo de Expresionismo, movimiento que refleja los conflictos y temores del hombre, mostrando una realidad distorsionada marcada por el dolor y la angustia.

ACTIVIDADES

1. Escucha esta obra titulada ***Nacht*** (Noche) perteneciente al *Pierrot Lunaire* de **Arnold Schoenberg,** compuesto en 1912. Es el Nº 8 de los 21 melodramas que componen el ciclo, escritos sobre poemas de Albert Giraud que tienen como protagonista a la Luna.

2 18

Tenebrosos y negros murciélagos
mataron al sol radiante.
Un libro de magia sellado,
el horizonte reposa taciturno.
Del vapor de olvidadas profundidades
asciende un aroma que acaba con el recuerdo.

Tenebrosos y negros murciélagos
mataron al sol radiante.
Y del cielo hacia la tierra descienden
en lentas oscilaciones, invisibles,
los monstruos hasta el corazón humano...
Tenebrosos y negros murciélagos.

(Traducción: Mª Esther Gutiérrez López)

El estilo sprechgesang de la voz se refleja en la partitura colocando el signo x en todas las notas para indicar un canto recitado, ajustado con exactitud al ritmo escrito pero no tanto a las alturas de sonido.

- Identifica el tipo de voz y los instrumentos que la acompañan.

1.3. Nueva sonoridad: Stravinsky

El compositor ruso **Igor Stravinsky** (1882-1971) es uno de los músicos más notables del siglo XX. Su obra, difícilmente clasificable por la variedad de estilos que presenta, marca el inicio de una sonoridad verdaderamente contemporánea que influirá en todos los compositores de la época.

La gran obra de Stravinky que señala este nuevo rumbo para la historia de la música es el ballet *La consagración del primavera,* escrito por encargo de Sergei Diaghilev, fundador y director del Ballet Ruso, que ofrecía largas temporadas en París atrayendo los servicios de los principales artistas de la época.

El estreno de *La consagración de la primavera,* el 19 de mayo de 1913 en el Teatro de los Campos Elíseos de París, provocó el mayor escándalo de la historia musical moderna. La fuerza de sus ritmos con constantes desplazamientos del acento, la superposición de acordes en distintas tonalidades, la mezcla de timbres de la orquesta y el empleo percusivo de la disonancia, suscitaron en el público parisino un rechazo absoluto. Además, a la música de Stravinsky se añadió la coreografía ideada por Vaslav Nijinsky, utilizando movimientos bruscos, pasos de talón y golpes y desplazamientos sobre el suelo.

Deseo de experimentación

A partir de *La consagración de la primavera,* la obra de Stravinsky es una sucesión de sorprendentes cambios experimentando con el nacionalismo, el neoclasicismo, el jazz, la atonalidad o el serialismo. Según sus propias palabras, «seguir un solo camino es retroceder».

ACTIVIDADES

1. Escucha los fragmentos que te presentamos de la ***Introducción*** y ***Danza de las adolescentes*** que dan comienzo a la primera parte de *La consagración de la primavera* de **Igor Stravinsky.**

2 19 La obra describe el ritual pagano del sacrificio de una muchacha virgen que debe bailar hasta morir para honrar al dios de la primavera y fertilizar la tierra.

Sigue la audición con ayuda de las indicaciones y los temas musicales que te presentamos:

La ***Introducción*** evoca el nacimiento de la primavera con una melodía interpretada por el fagot en su registro agudo:

La ***Danza de las adolescentes*** comienza con acordes disonantes en las cuerdas, cambiando la disposición de los acentos:

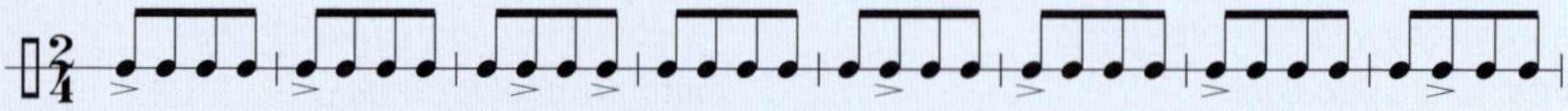

Sobre el ostinato rítmico aparece un breve tema en los fagotes:

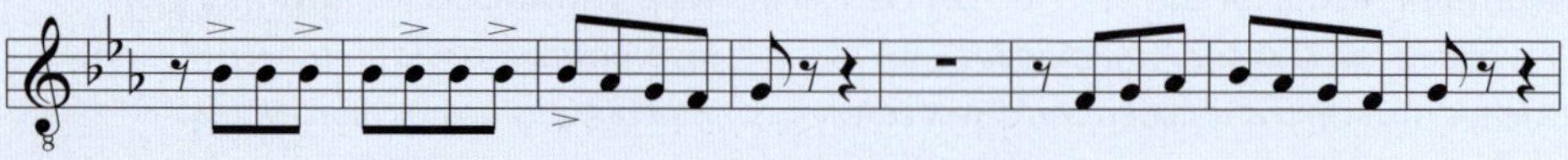

La trompa presenta el tema principal de esta sección, que luego se irá repitiendo:

2 Ruptura

Futurismo, Dadaísmo y Dodecafonismo constituyen los primeros movimientos de vanguardia que realmente se desligan de las formas de composición tradicionales.

↑ El compositor Luigi Russolo con su ayudante en el laboratorio de «intonarumori», en Milán, 1913.

2.1. Futurismo

El Futurismo es un movimiento estético nacido en Italia en 1909, que rechaza el arte del pasado para defender una nueva época moderna caracterizada por las máquinas y el movimiento.

En el terreno musical, sus precursores son Balilla Pratella (1880-1955) y Luigi Russolo (1885-1947), que abogan por la introducción de los ruidos en la orquesta. Buscan enriquecer el sonido y desvincularse del pasado declarando la guerra a la tradición y a los timbres limitados de los instrumentos convencionales.

La orquesta futurista

Luigi Russolo, en su *Manifiesto de los ruidos* (1913), propone los nuevos sonidos de la orquesta futurista, dividiéndolos en seis familias:

- Gruñidos, rugidos, agua que cae.
- Silbidos, siseos y resoplidos.
- Cuchicheos, murmullos, susurros.
- Estridencias, crepitaciones, zumbidos y rompimientos.
- Percusiones sobre metales, maderas, pieles y piedras.
- Voces de animales y hombres: risas, gritos, sollozos y gemidos.

El movimiento futurista, en su sentido más estricto, no duró mucho tiempo. Pero su idea de conectar la música con la realidad utilizando los ruidos de la vida moderna tendrá una gran influencia en muchos compositores contemporáneos y anticipará las técnicas de la Música concreta.

Entre las obras más célebres que podemos adscribir al Futurismo destacan *Ionización* de Edgar Varèse (1885-1965) y *Pacific 231* de Arthur Honegger (1892-1955) que describe el movimiento de una locomotora de vapor.

2.2. Dadaísmo

Es un movimiento deliberadamente antiestético que se desarrolló principalmente en Alemania, Francia y Estados Unidos entre los años 1916 y 1920. El propio término «Dadá», propuesto por el fundador del movimiento Tristan Tzara, es una denominación carente de sentido, ejemplo del inconformismo que define a sus seguidores.

↑ Duchamp, *Rueda de bicicleta* (1913).

El Dadaísmo exalta el absurdo y la destrucción de los valores establecidos negando la historia y todas las formas de arte. No es un movimiento creador organizado sino una ideología de protesta radical que busca el impacto y el escándalo del público.

Musicalmente, el Dadaísmo es una designación ambigua relacionada con el Futurismo, cuya importancia radica no tanto en la concreción de determinados compositores y obras, sino en la anticipación de las vanguardias posteriores como la Música aleatoria.

ACTIVIDADES

1. Escucha el fragmento que te presentamos del movimiento sinfónico ***Pacific 231*** de **Arthur Honegger.**

Compuesta en 1923, el título de la obra hace referencia al nombre de una locomotora de vapor y describe el movimiento de la máquina desde su lenta puesta en marcha hasta que alcanza la máxima velocidad. En palabras de Honegger, es «una impresión visual y física del movimiento: la respiración silenciosa de la máquina parada, la sensación de esfuerzo cuando comienza, el aumento de la velocidad y la pasión final que producen 300 toneladas de tren moviéndose a 120 km por hora».

- Sigue la audición identificando los motivos que te presentamos y los instrumentos que los interpretan:

2 20 Esfuerzo de la máquina al comenzar:

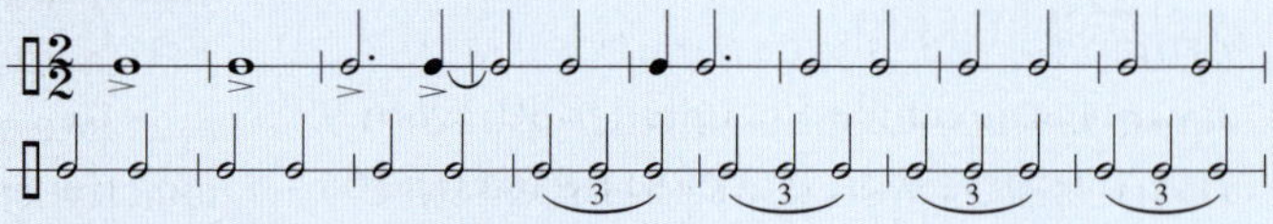

Ritmo de la locomotora de vapor:

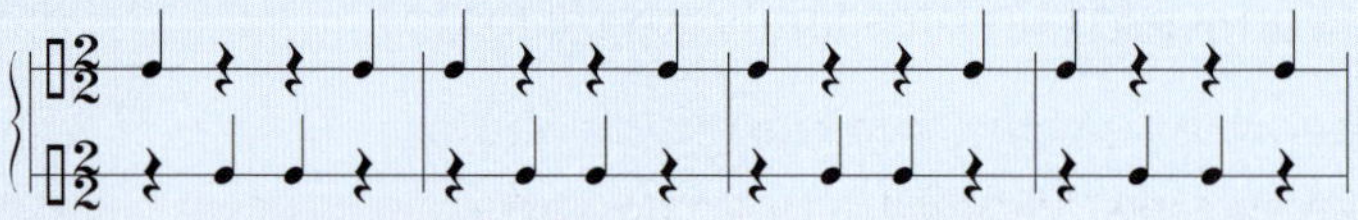

Comienza a ganar velocidad:

Tema final: 300 toneladas de locomotora a la impresionante velocidad de 120 km/h.:

2. Escucha el fragmento que te presentamos de la obra ***Ionización*** de **Edgar Varèse** para 40 instrumentos de percusión. Escrita en 1931, refleja el interés del compositor por la experimentación de ritmos y timbres y por la búsqueda de nuevos y modernos sonidos.

Los 40 instrumentos se organizan en 13 grupos para que puedan ser interpretados por 13 percusionistas:

2 21

Grupo 1: Gran címbalo chino, bombo grande muy grave, cencerro, gong agudo.
Grupo 2: Gong, tam-tam agudo, tam-tam grave, cencerro.
Grupo 3: Dos bongos, caja de redoble, dos bombos (medio y grave).
Grupo 4: Tambor militar, caja de redoble.
Grupo 5: Sirena aguda, tambor de cuerda.
Grupo 6: Sirena grave, látigo, güiro.
Grupo 7: Tres cajas chinas (aguda, media y grave), claves, triángulo.
Grupo 8: Caja clara, dos maracas (aguda y grave).
Grupo 9: Tarole (especie de tambor), caja clara, címbalo.
Grupo 10: Címbalos, cascabeles, campanas tubulares.
Grupo 11: Güiro, castañuelas, glockenspiel.
Grupo 12: Pandereta, dos yunques (agudo y grave), gran tam-tam.
Grupo 13: Látigo, triángulo, cascabeles, piano.

a. Cita el nombre de los instrumentos que puedas identificar durante el transcurso de la audición.

b. Clasifica todos los instrumentos que aparecen atendiendo a los criterios de la clasificación universal.

2.3. Dodecafonismo

Es una técnica de composición basada en los doce sonidos de la escala cromática. Este método fue creado por Schoenberg en el año 1923 con la intención de establecer un nuevo sistema organizado que transformara el mundo de la composición tras el agotamiento del Expresionismo atonal.

Según explica Schoenberg, el Dodecafonismo es «un método de composición con doce sonidos sólo relacionados entre sí». Todas las notas tienen la misma importancia porque no se puede repetir ninguna por encima de las demás y, por tanto, se pierde la idea de atracción tonal.

Estos doce sonidos se ordenan formando una «serie» a partir de la cual se construye la composición. Las series de doce sonidos se pueden presentar en el plano armónico o melódico y en cualquier registro o timbre. Pueden aparecer también de forma retrógrada (hacia atrás), invertida (en espejo) o retrógrada invertida.

El Dodecafonismo de Schoenberg será continuado por sus discípulos Alban Berg (1885-1935) y Anton Webern (1883-1945) y cultivado, al menos en algún momento, por la mayoría de los compositores contemporáneos.

Arnold Schoenberg (1874-1951)

Compositor austriaco y una de las figuras más influyentes del siglo XX, creador del Expresionismo atonal y del Dodecafonismo.

También fue pintor, relacionado con el artista ruso Wassily Kandinsky, pionero del arte abstracto.

ACTIVIDADES

1. Observa un ejemplo de tratamiento dodecafónico en la ***Suite op. 29*** de **Arnold Schoenberg.**

Presentación de la serie:

Disposición de la serie Original:

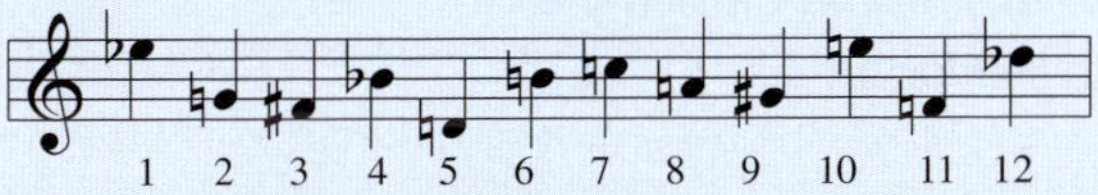

Disposición de la serie Retrógrada:

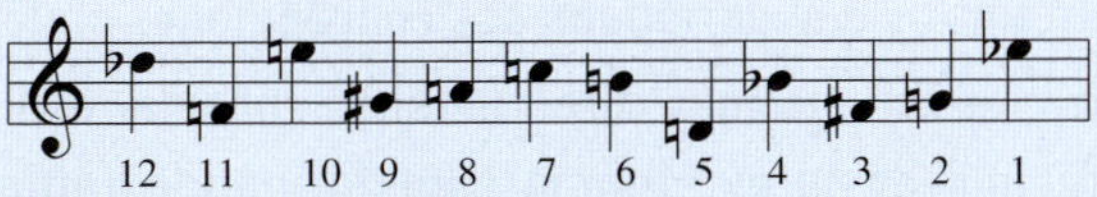

Disposición de la serie Invertida:

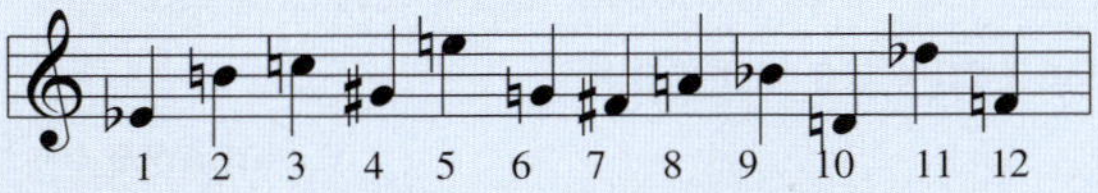

Disposición de la serie Retrógrada-Invertida:

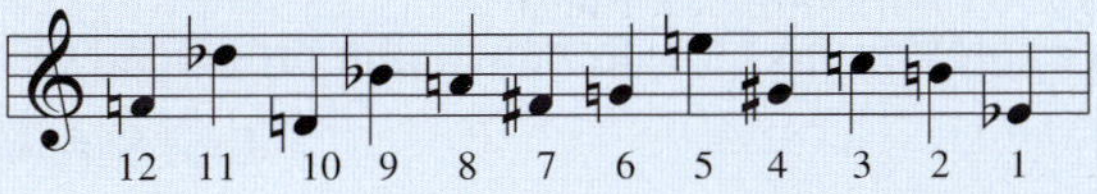

a. Localiza las notas de la serie original en un teclado para poder identificar la escala cromática completa.

b. Analiza los intervalos resultantes de la serie original y de la serie invertida.

3 La vuelta atrás: Neoclasicismo

El Neoclasicismo surge en la década de 1920 como reacción frente al Posromanticismo, el Impresionismo y el Expresionismo. Supone una vuelta a la claridad formal del Clasicismo y el rechazo a una concepción expresiva de la música cargada de significados profundos y subjetivos.

Características de la música neoclásica

- Recuperación de las formas y géneros barrocos y clásicos (suite, concierto, sinfonía, etc.) buscando una nueva sencillez.
- Música tonal de estilo claro y conciso que evita toda emoción personal y abandona la técnica del desarrollo.
- Riqueza tímbrica pero sin utilizar grandes agrupaciones.
- Importancia de la melodía, sencilla y sin cromatismos.
- El objetivo principal es lograr una música agradable y fácil de escuchar.

El iniciador de esta corriente es Igor Stravinsky con obras como el ballet *Pulcinella,* basada en la música de Pergolesi.

Entre los principales representantes del Neoclasicismo figuran, además, los compositores franceses Erik Satie (1866-1925) y el llamado Grupo de los Seis, que integraron en su música las influencias del jazz y el music-hall, y utilizaron la parodia y el humor como el mejor antídoto contra los excesos del romanticismo.

Otros compositores neoclásicos son Paul Hindemith (1895-1963) y Kurt Weill (1900-1950) defensores de una «música utilitaria» que aspira a llegar al gran público con un lenguaje fácil y asequible; Carl Orff (1895-1892), con su célebre *Carmina Burana* sobre las canciones de goliardos del siglo XIII; y Sergei Prokofiev (1891-1953), con la *Sinfonía Clásica* y el popular cuento para narrador y orquesta *Pedro y el lobo.*

Ironía y sencillez

Los ideales de Eric Satie y el Grupo de los Seis fueron expuestos en 1918 por su aliado literario Jean Cocteau:

«Basta ya de nubes, olas, acuarios, ondinas y fragancias nocturnas. Necesitamos una música con los pies en la tierra, una música cotidiana. Un arte objetivo desligado del individuo.»

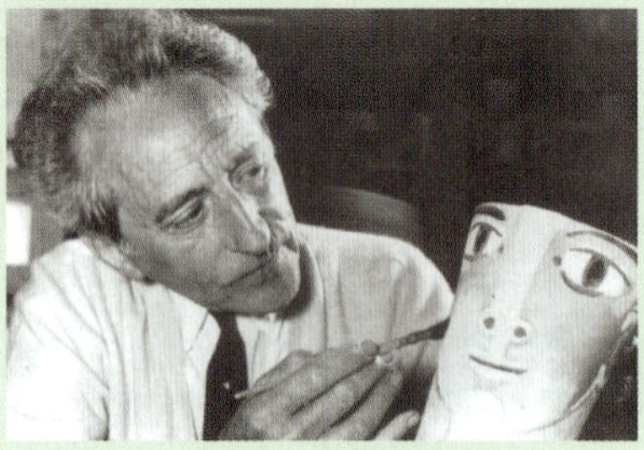

↑Jean Cocteau (1899-1963).

ACTIVIDADES

1. Lee atentamente los dos textos que te presentamos y que defienden dos concepciones opuestas de la música:

«De todas las bellas artes, la música es la que influye más directamente sobre el espíritu... solamente la música se introduce en el manantial íntimo de la existencia transformando radicalmente nuestra disposición interior... La falta de determinación de la música se presta a todos los movimientos del alma y, de este modo, cada cual cree descubrir en una melodía, como en una estrella nítida y tranquila durante la noche, la imagen de cuanto desea en este mundo.»

Madame de Stäel (1766-1817)

«El arte es un trabajo de elección entre las posibilidades no infinitas que se le ofrecen al artista... Considero la música, por su esencia, incapaz de expresar cosa alguna: un sentimiento, una actitud, un estado psicológico, un fenómeno de la naturaleza, etc. La expresión no ha sido nunca una propiedad de la música».

Igor Stravinsky (1882-1971)

a. ¿Con qué postura estás más de acuerdo? ¿Puedes relacionar estas dos concepciones de la música con algún estilo musical?

b. Escribe tu propio texto exponiendo tu visión sobre el poder expresivo de la música y realiza un breve debate con tus compañeros justificando tu opinión.

ACTIVIDADES

1. Escucha la ***Gymnopédie Nº 1*** de **Erik Satie.** Es la primera de una colección de tres pequeñas piezas para piano que aparece precedida con la siguiente irónica advertencia:

«Ruego que aquellos que no comprendan nada, observen el más respetuoso silencio y adopten una actitud de total sumisión, de total inferioridad.»

Evidentemente, el curioso humor de Satie es una crítica abierta a algunas corrientes de la música culta que habían hecho de sus compositores auténticos dioses y de sus obras testimonios incuestionables. Satie se rebela contra esa especie de sacralización del arte y apuesta por una nueva música liviana y simplemente agradable.

– Sigue la audición identificando en la partitura las distintas frases musicales:

2 22

– Observa la utilización de una melodía modal y de acordes presentados en bloque que producen una armonía estática de gran simplicidad.

El afán de sencillez y de una música cotidiana conecta a Satie con el Neoclasicismo, pero, por otra parte, su particular sentido del humor, su rebeldía contra la música imperante y su gusto por el escándalo, lo relacionan con el Dadaísmo.

4 Nuevas corrientes de vanguardia

Al finalizar la Segunda Guerra Mundial y tras un periodo de escasas producciones musicales, surgen con enorme vitalidad nuevas corrientes de vanguardia, fruto de una sociedad dinámica que vive notables cambios políticos y sociales, y sorprendentes progresos científicos y técnicos.

En este ambiente, los compositores buscan una revolución en el lenguaje, mostrando un gran interés por la novedad, por la ampliación del concepto de música y por la utilización en sus obras de los avances tecnológicos del momento.

Al mismo tiempo, el desarrollo de los medios de comunicación facilitará una amplia difusión de todas estas innovaciones, que evolucionarán en un ir y venir de mutuas influencias dificultando la unidad de estilos, pero enriqueciendo enormemente el panorama musical.

↑ Pierre Schaeffer (1910-1995), principal representante de la música concreta.

4.1. Serialismo

Denominado con mayor rigor como **Serialismo integral,** consiste en la aplicación del concepto de serie, introducido por el Dodecafonismo, a todos los parámetros del sonido y no solo a la altura de las notas.

El resultado es una música absolutamente organizada y racional, y por ello calificada con frecuencia de «fría», en la que las alturas, duraciones, intensidades y timbres, están perfectamente organizados, normalmente en series de doce grados cada una.

Entre los compositores que siguen esta nueva técnica de composición, destacan Olivier Messiaen (1908-1992) con su obra *Modos de valor y de intensidad,* y Pierre Boulez (1925) con *El martillo sin dueño,* donde muestra un serialismo menos riguroso.

4.2. Música concreta

Corriente relacionada con el Futurismo que utiliza cualquier sonido o ruido sacado de la realidad. Estos sonidos de «objetos concretos» se graban en cintas magnetofónicas y posteriormente se manipulan en un laboratorio.

Así, en la música concreta no existen partituras ni intérpretes, ya que el trabajo del compositor se presenta de forma cerrada y objetiva en una grabación.

Los pioneros y principales representantes de la música concreta son Pierre Schaeffer (1910-1995) que expone sus teorías en el *Tratado de los objetos musicales,* y Pierre Henry (1927) con la obra *Variaciones para una puerta y un suspiro.*

Proceso de laboratorio

La elaboración y modificación del sonido en un laboratorio se realiza de dos formas distintas:

- manipulando la cinta: cambiando la velocidad, invirtiendo la dirección, cortando el ataque de los sonidos, mezclando cintas distintas, etc.
- modificando electrónicamente los sonidos: filtrando frecuencias para cambiar la altura o el timbre, aplicando diversos efectos de reverberación.

4.3. Música electrónica

Es una música producida completamente en laboratorio en la que los sonidos se crean, procesan y graban electrónicamente. Igual que en la música concreta, se suprimen los intérpretes y las partituras tradicionales.

El compositor más representativo es Karheinz Stockhausen (1928-2007), que realizó las primeras producciones de música electrónica en la Radio de Colonia (Alemania), con sus obras *Estudio I* y *Estudio II.*

El desarrollo de la música electrónica dará lugar a otras corrientes.

Observa un fragmento del *Estudio II* de Stockhausen, compuesto en 1954:

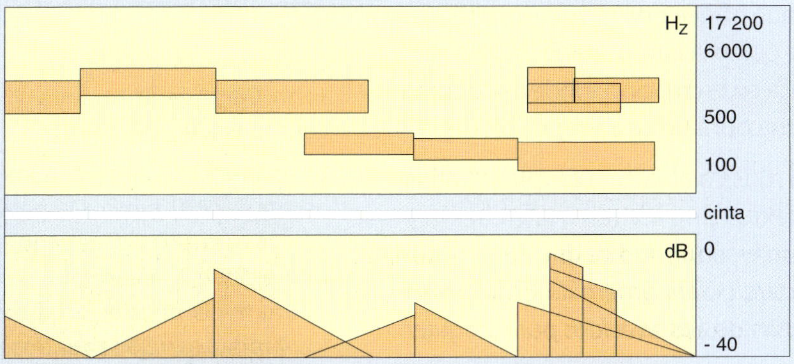

↑ La altura del sonido se especifica en hertzios, la duración mediante la longitud de los rectángulos, y la intensidad mediante diagonales en crescendo o decrescendo con su referencia de medida en decibelios.

4.4. Música electroacústica

Es la unión de la música concreta con la música el ectrónica combinando en una sola obra ambos procedimientos: los sonidos naturales grabados y manipulados de la música concreta con los sonidos puramente electrónicos.

La primera obra de música electroacústica fue *El canto de los adolescentes* de Stockhausen, en la que combina materiales generados por osciladores eléctricos con la voz de un niño, grabada y manipulada en cinta. Otros compositores importantes son Bruno Maderna (1920-1973) y Luciano Berio (1925-2003).

4.5. Música estocástica

Es una fase más en el desarrollo de la música electrónica que consiste en la introducción del ordenador en el campo de la composición que, debidamente programado, puede calcular combinaciones de sonidos o piezas enteras.

Utiliza la composición algorítmica, con cálculos estadísticos y matemáticos, para generar todos los detalles de la obra a partir de unas determinadas instrucciones.

El creador de la música estocástica es el compositor Iannis Xenakis (1922-2001), que trabajó con el famoso arquitecto Le Corbusier interesándose por la estructura matemática común a la arquitectura y la música.

Otro compositor destacado es Lejaren Hiller (1924), que compone su obra *Computer Cantata* utilizando un programa informático que imita de forma automática el lenguaje musical del Barroco.

4.6. Electrónica en vivo

Nace de la necesidad de recuperar el espacio de la interpretación musical en directo, perdido con la electrónica. Son obras que reúnen la interpretación en vivo de voces o instrumentos convencionales con la música grabada compuesta en laboratorio.

Los principales representantes son Luciano Berio, con *Differences* para grupo de cámara y cinta en la que se contrastan los mismos instrumentos manipulados electrónicamente; Stockhausen, con *Kontakte* para piano, percusión y cinta; y Milton Babbit, con *Philomel* para soprano y cinta.

El sintetizador

Hasta la aparición del sintetizador en 1955, el proceso de composición de música electrónica era muy laborioso. Utilizaban generadores eléctricos para producir ondas que luego se grababan por separado, se cortaban, se combinaban y se volvían a unir para lograr la secuencia deseada.

El sintetizador permitirá la composición en tiempo real desde el control del teclado.

4.7. Música aleatoria

Es una corriente opuesta a las anteriores que ofrece una música indeterminada en función del azar y de la libertad de quien la interpreta. El compositor no escribe una obra cerrada, sino que confía en la creación e independencia del músico para hacer de cada audición una obra única e irrepetible.

Para lograr esa libertad interpretativa, la música aleatoria emplea grafías alternativas muy libres y sugerentes, o textos que invitan a la creación y la improvisación como *«Toca una nota con la seguridad de que tienes todo el tiempo y el espacio que quieras»* o *«Para cualquier número de ejecutantes, cualesquiera sonidos o combinaciones de sonidos, producidos por cualquier medio, con o sin otras actividades»*.

El principal precursor de este tipo de música fue John Cage (1912-1992) que en 1938 inventó el «piano preparado» transformando su sonido al introducir entre las cuerdas diversos objetos de papel, madera, goma, metal, etc., que no sólo modifican el timbre del instrumento sino que componen un resultado sonoro imprevisible.

Otra de las aportaciones fundamentales de Cage es la incorporación del silencio como un material musical más en las composiciones. Al igual que la escultura o la arquitectura moderna juegan con el vacío como elemento constitutivo de la forma, y la pintura con el espacio en blanco del lienzo, la música de Cage defiende la utilización del silencio como un componente más de la composición en igualdad con el sonido.

El interés de la música aleatoria por la variedad de las fuentes sonoras y la libertad del intérprete da lugar a un nuevo concepto de obra musical en el que no existe la composición como tal sino únicamente su ejecución.

Las corrientes de vanguardia entraron en crisis en la década de 1970, pero sus hallazgos siguen marcando una parte considerable de la música que disfrutamos en nuestros días.

Los compositores actuales se caracterizan por la búsqueda de un estilo más personal y original, incluyendo de forma libre las diferentes aportaciones del lenguaje contemporáneo. El resultado es un ambiente musical extraordinariamente variado.

«La música del silencio»

La obra más emblemática de John Cage es la titulada 4'33'', compuesta en 1952.

La partitura contiene tres números escritos: 4'33'', junto a la palabra «tacet» (quedarse callado), de manera que los intérpretes deben permanecer en silencio durante los 4 minutos y 33 segundos que dura la pieza.

La idea de Cage era demostrar que siempre hay una «música» compuesta por todos los sonidos ambientales que rodean cualquier interpretación, desde el zumbido del aire acondicionado de la sala a los murmullos o incluso las risas y los pataleos de los espectadores.

↑John Cage (1912-1992).

ACTIVIDADES

1. Escucha la siguiente ráfaga en la que te presentamos algunas de las obras más representativas de las distintas vanguardias musicales:

2 23

- Pierre Henry. *Variaciones para una puerta y un suspiro.*
- Karlheinz Stockhausen. *El canto de los adolescentes.*
- Luciano Berio. *Differences.*
- John Cage. *Sonata V.*

a. Relaciona cada uno de los ejemplos con la corriente musical que representa.

b. Describe en cada fragmento los sonidos que distingues, intentando identificar su fuente de procedencia y explicando su tratamiento.

c. ¿Qué ejemplo te resulta más vanguardista? ¿Y más complejo de escuchar? ¿Coincide lo más moderno con lo más difícil de entender?

d. Realiza una valoración personal de cada una de las composiciones argumentando tu opinión.

5 La danza contemporánea

5.1. El desarrollo del ballet: los ballets rusos

El Romanticismo había llevado al ballet a un desarrollo técnico difícil de superar, convirtiéndolo en una sucesión de virtuosismos y acrobacias carentes de contenido. El camino se había agotado y era necesario iniciar una nueva etapa con nuevas ideas.

El ballet contemporáneo huirá de la técnica fría y mecánica para ponerla al servicio de la expresión, de un nuevo concepto de danza en el que el bailarín utiliza libremente todo su cuerpo, sin someterse a reglas ni academicismos.

El impulsor de esta revolución será el empresario ruso Sergei Diaghilev (1872-1929) que con la fundación de los **Ballets Rusos** en 1909 cambió el destino de la danza. Diaguilev contrató en su compañía a los mejores artistas del momento para trabajar al servicio de una unidad total en la que todos los elementos eran igual de importantes. Cada ballet se convierte en una obra independiente y con estilo propio, rechazando el virtuosismo gratuito y los «paso a dos» incorporados sin sentido, dando coherencia a la danza entre grupos y solistas, y buscando la unidad de todos sus componentes.

Entre las producciones más importantes de los Ballets Rusos, destacan *La consagración de la primavera* de Stravinsky, *Juegos* de Debussy, *El sombrero de tres picos* de Falla, *Dafnis y Cloe* de Ravel y *Parade* de Satie.

La compañía de los Ballets Rusos se deshizo en 1929 con la muerte de Diaghilev, y los bailarines que se habían formado en ella extendieron sus enseñanzas por países como Canadá, Gran Bretaña, Japón o Estados Unidos.

Los mejores artistas

Diaghilev contrató a pintores como Pablo Picasso, Salvador Dalí y Joan Miró; compositores como Stravinsky, Ravel, Debussy, Satie o Falla; bailarines como Tamara Karsavina, Anna Pavlova o Vaslav Nijinsky; coreógrafos como Michel Fokine, Leonide Massine y George Balanchine.

↑ Vaslav Nijinsky (1890-1950).

5.2. La danza moderna

De forma paralela a los ballets de tradición clásica, el siglo XX asistirá al nacimiento de otros estilos de danza caracterizados por un rechazo al espectáculo y a las normas del ballet, buscando formas de movimiento más naturales. Entre los pioneros de estas nuevas corrientes de danza, destacan:

- Isadora Duncan (1878-1927): creó un estilo de «danza libre» bailando descalza de forma improvisada sobre cualquier tipo de música.
- Rudolf von Laban (1879-1958): precursor de la «danza absoluta» o «danza sin música» guiada por la emoción interior y no por un programa musical.
- Ruth Saint Denis (1880-1968): incorporó danzas exóticas y primitivas con movimientos de artes marciales.
- Martha Graham (1894-1991): combinó el movimiento en el espacio y en el suelo, y utilizó la tensión y relajación muscular como energía motora.
- Merce Cunningham (1919): colaboró con John Cage defendiendo la independencia de música y danza con coreografías basadas en la improvisación.

La danza contemporánea busca la expresión profunda de los sentimientos, incorpora el trabajo en el suelo y evita la rigidez de los pasos definidos. Las coreografías se basan en ideas y emociones, y no en la descripción de argumentos o personajes.

↑ El bailarín y coreógrafo Merce Cunningham abrió las puertas de la danza contemporánea con su afirmación: «Cualquier movimiento puede ser un movimiento de danza».

5.3. Las nuevas danzas urbanas

Los bailes de salón europeos nacidos en el Romanticismo se difunden en el siglo XX por el continente americano donde recibirán la influencia de ritmos negros y latinos dando lugar a las nuevas danzas urbanas.

- A principios del siglo XX los bailes de moda serán el boston, el tango y el Cakewalk.

El **boston:** es un baile originario de Estados Unidos, de ritmo ternario, emparentado con el vals pero de tempo mucho más lento. Se bailaba con las manos apoyadas sobre las caderas de la pareja.

↑ Tango.

El **tango:** danza urbana de origen argentino y compás binario. Es un baile sensual y elegante en el que la pareja se mantiene muy pegada, realizando pasos de gran complejidad mientras la parte superior del cuerpo se mantiene casi inmóvil. La música se caracteriza por un ritmo de acentos muy marcados, con inesperados silencios y síncopas.

El **cakewalk:** baile de la población negra norteamericana, de ritmo binario y sincopado emparentado con el ragtime. Se baila en grupos de parejas que se intercambian mediante movimientos circulares tomándose del brazo.

- En la década de 1920 el baile más popular fue el Charlestón.

El **charlestón:** originario de la ciudad de Charleston, en California del sur. Es un baile rápido influido por el jazz, de ritmo binario y sincopado. Puede bailarse en solitario, pareja o grupo. Una de sus señas características es el paso denominado «Susy Q» en el que, con los pies ligeramente abiertos y flexionando las piernas, se mueven las rodillas hacia dentro y hacia fuera mientras se cruzan las manos abiertas.

↑ Charlestón.

- En la década de 1930, surge el interés por los bailes latinoamericanos, y las orquestas de baile amplían sus agrupaciones con maracas, claves o tambores cubanos. Se ponen de moda la rumba y la samba.

La **rumba:** danza popular de origen afrocubano en compás binario rápido y enérgico, con ostinatos rítmicos de percusión. Su coreografía se caracteriza por el movimiento lateral de la cadera, manteniendo el tronco erguido, dos pasos cortos y rápidos a un lado, y uno lento al frente.

La **samba:** danza popular afrobrasileña de ritmo binario sincopado. Sus señas características son el «bombeo» con la cadera trazando un movimiento circular y el «shimmie» con los hombros, agitándolos de forma alternativa.

- En la década de 1940, se difunde el claqué, que marcará la época dorada del cine musical americano con películas como *Sombrero de copa,* protagonizada por Fred Astaire y Ginger Rogers; y *Cantando bajo la lluvia,* con Gene Kelly. En este sentido, el claqué entendido como espectáculo pertenece a la danza teatral, pero su origen popular y su éxito en los escenarios facilitarán su acogida en las danzas de salón.

El **claqué** o **tap dancing:** es un baile que utiliza la punta del pie y el talón como instrumentos de percusión. Además, el trabajo rítmico de los pies se refuerza también con palmadas y chasquidos con los dedos, y amplios movimientos de piernas y brazos. Los zapatos de los bailarines llevan tapas de metal en las puntas y talones para potenciar los sonidos.

↑ Claqué.

- En la década de 1950, se ponen de moda el chachachá y otros estilos de baile caribeños.

El **chachachá:** danza popular cubana que debe su nombre a su ritmo característico («un, dos, cha cha chá»). Se baila avanzando dos pasos hacia un lado, tres pasos cortos marcados en el suelo y un paso pequeño.

- En la década de 1960 irrumpen con una fuerza espectacular todos los bailes derivados del rock y sus variantes.

El **rock:** se basa en un ritmo vivo de cuatro tiempos apoyando los acentos en el segundo y el cuarto. Comprende diversos estilos como el «rock acrobático» de pareja, el «stroll» que se baila en grupos formando filas, y el popular «twist» que se caracteriza por los giros enérgicos de la cadera y los talones mientras se mantienen fijas las puntas de los pies.

- A partir de la década de 1980, se difunden los estilos de baile asociados al hip hop y la música Disco.

El **break dance:** es un estilo de baile callejero unido a la cultura del hip hop, de interpretación realmente complicada y atlética que utiliza formas de movimiento específicas como el «locking», que consiste en agitar bruscamente todo el cuerpo; el «breaking», girando sobre el suelo; el «body popping», que simula los movimientos de un robot; y el «moon walk», en el que el bailarín (llamado b-boy) se desplaza hacia atrás como si estuviera caminando hacia el frente.

El **disco:** viene definido más por el ambiente y la música que le es propia que por una forma de baile específica. Es el resultado de los juegos de luces y los poderosos equipos de sonido de las discotecas.

En la actualidad, la evolución de la música disco hacia el predominio absoluto del aspecto rítmico, con pulsos regulares y tremendamente potentes, ha dado lugar a una especie de «danza sin fin» en la que cada individuo crea sus propias formas de movimiento.

Por otra parte, la difusión de los medios audiovisuales y la influencia de las multinacionales discográficas han favorecido una uniformidad de ritmos y tendencias en la que la cultura de los bailes de salón o la danza urbana parecen tener difícil cabida.

ACTIVIDADES

1. Interpreta con instrumentos de percusión los siguientes ritmos de baile y realiza sobre ellos los movimientos y pasos básicos de sus coreografías:

↑ Break Dance.

La fiebre disco

El estilo Disco se popularizó en 1976 con la película *Fiebre del Sábado noche*. Con música de los Bee Gees y protagonizada por John Travolta, impuso la moda de las discotecas, los bailes llamativos, las camisas brillantes y los pantalones ajustados.

6 El siglo XX en España

Estudiaremos la música española del siglo XX ya no a través de la evolución de sus formas, sino a través de las distintas generaciones de compositores que han aportado las ideas más relevantes.

6.1. La generación del 98

Con este nombre se designa a un grupo de compositores nacidos a finales del siglo XIX, coetáneos de la generación literaria del 98 (Unamuno, Machado, Azorín, Baroja, Valle-Inclán) y que comparten con ellos las mismas preocupaciones patrióticas propias del cambio de siglo, las mismas actitudes críticas y los mismos deseos de renovación estética.

Estos compositores se incorporarán plenamente en la música europea, utilizarán las formas sinfónicas y disfrutarán de una gran difusión.

Manuel de Falla (1876-1946), discípulo de Felipe Pedrell, es el compositor más importante de esta generación, el que llevó el Nacionalismo a su punto culminante y el que tuvo una mayor proyección internacional. Detallista y meticuloso, no tuvo una producción muy extensa, pero sí enormemente variada, recogiendo influencias de otras corrientes como el Impresionismo y el Neoclasicismo.

Entre las obras más destacadas de Falla, citamos las *Siete canciones españolas para canto y piano;* el concierto para piano *Noches en los jardines de España,* de influencia impresionista; los ballets de estilo andaluz *El amor brujo* y *El sombrero de tres picos;* y las obras de su última etapa neoclásica, *El retablo de Maese Pedro* (basado en El Quijote) y el *Concierto para clave y quinteto.*

Otros compositores de la generación del 98 son Conrado del Campo (1878-1953), Joaquín Turina (1882-1949) y Jesús Guridi (1886-1961).

6.2. La generación del 27 o de la República

Como en el caso anterior, su nombre viene dado por su correspondencia con la generación literaria del 27, formada por poetas como García Lorca, Rafael Alberti, Pedro Salinas, Jorge Guillén, Gerardo Diego, etc.

Los compositores del 27, siguiendo el camino abierto por Falla, buscarán la consolidación de la música española y su proyección internacional. Apoyados por la reforma musical de la República que modernizará la enseñanza y facilitará nuevos medios, conseguirán la plena integración en las vanguardias europeas y el reconocimiento de la sociedad española de su tiempo.

Entre los principales compositores de la generación del 27 destacan Federico Mompou (1893-1987) con una música de gran sencillez y lirismo, Roberto Gerhard (1896-1970) discípulo de Schoenberg y pionero de las técnicas dodecafónicas en España, los hermanos Rodolfo Halffter (1900-1987) y Ernesto Halffter (1905-1989), que seguirán la herencia de Falla, y Joaquín Rodrigo (1901-1999), con su célebre *Concierto de Aranjuez,* de estilo neoclásico.

Época de recuperación

El siglo XX supone el impulso definitivo de nuestra música permitiendo la integración de los compositores españoles en las corrientes contemporáneas.

A la recuperación iniciada por los primeros compositores nacionalistas se unirá también una creciente infraestructura musical con la fundación de grandes orquestas, agrupaciones corales, publicaciones y programas de radio que permitirán la consolidación de un público cada vez más amplio.

Sin embargo, la música española vivirá durante todo el siglo distintos niveles de actividad en función de las diferentes circunstancias históricas: la repercusión de las dos guerras mundiales, el desastre de la Guerra Civil, que obligará al exilio de muchos compositores republicanos, el aislamiento de la larga dictadura franquista y la nueva apertura con la consolidación de la democracia.

Últimos compositores de zarzuela

La zarzuela vivirá su pequeño periodo de esplendor a principios del siglo XX con obras como *Doña Francisquita* de Amadeo Vives, *El niño judío* de Pablo Luna, *La tabernera del puerto* de Pablo Sorozábal o *Luisa Fernanda* de Moreno Torroba.

Tras la interrupción por la Guerra Civil, la década de 1950 traerá las nuevas costumbres del cine, la radio y la música de baile, que se convertirán en una competencia insalvable para la zarzuela.

ACTIVIDADES

Escucha las dos obras que te proponemos de **Manuel de Falla** y que representan dos estilos y momentos completamente distintos en la evolución de su lenguaje.

1. ***Danza ritual del fuego: para ahuyentar los malos espíritus,*** del ballet *El amor brujo,* estrenado en 1915. Falla compone este ballet subtitulado *Escenas gitanas en Andalucía* para la compañía de la cantaora y bailaora Pastora Imperio. Es un ballet con canto que trata el tema de la brujería y el mundo de los gitanos. Al parecer, Falla se inspiró en las leyendas y canciones gitanas que la madre de Pastora Imperio le contó (y le cantó) tomando elementos del flamenco.

   La *Danza ritual del fuego para ahuyentar los malos espíritus* narra la persecución que hace el espectro de un gitano muerto a Candela, la gitana que amó en vida, y cómo el nuevo novio de Candela se deshace de este espíritu.

   Sigue la audición identificando los tres temas que aparecen y los instrumentos que los interpretan:

2 24

Tema A

Tema B

Tema C

2. Primer movimiento Allegro del ***Concierto para clave y quinteto,*** estrenado en 1926 y dedicado a la famosa clavecinista polaca Wanda Landowska. El quinteto está formado por flauta, oboe, clarinete, violín y violonchelo.

   No se trata de un concierto para solista con conjunto instrumental de acompañamiento, ya que el papel de los instrumentos del quinteto no se reduce a un mero *ripieno* sino que alternan con el clave en el tejido total de la composición.

   Sigue la audición identificando los tres temas principales:

2 25

Tema A

Tema B

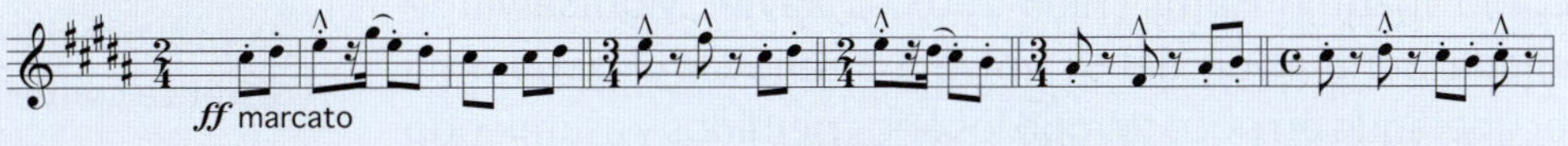

Tema C

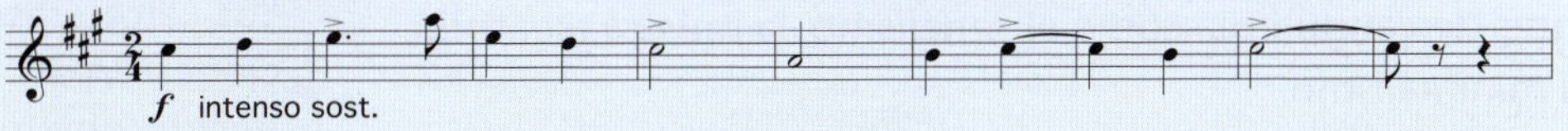

El tema C está inspirado en la canción *De los álamos vengo, madre,* del compositor renacentista extremeño Juan Vázquez:

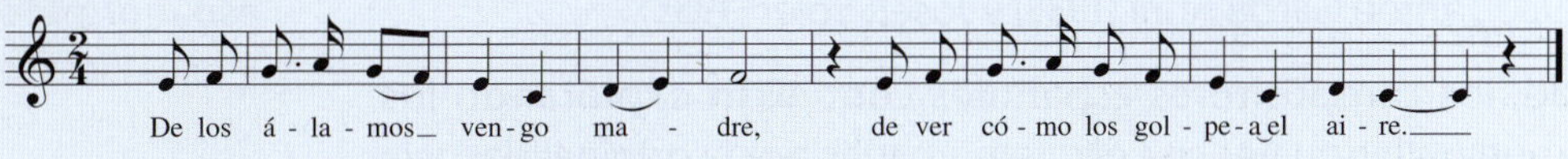

a. Compara las dos obras de Falla indicando sus diferencias más significativas.

b. Explica el estilo musical de cada una de ellas y la formación instrumental que utilizan.

ACTIVIDADES

1. Interpreta este pequeño arreglo de la ***Canción Nº 6*** de **Federico Mompou** perteneciente a sus *Canciones y danzas* para piano. Es un ejemplo de la expresividad que caracteriza su obra, en contra de la música cerebral y de laboratorio.

6.3. Compositores actuales

Al terminar la Guerra Civil, la mayor parte de los compositores de la Generación del 27, que habían tomado partido por la República, tuvieron que exiliarse y la música española volverá a un pobre nacionalismo casticista cumpliendo los ideales estéticos del régimen franquista.

En la década de 1960 y siguiendo los pasos de compositores inquietos e independientes como Joaquín Homs (1906-2003) o Xavier Montsalvatge (1912-2002), la llamada Generación del 51 volverá a renovar el panorama musical español, recuperando en poco tiempo los años perdidos y asumiendo las nuevas corrientes de vanguardia como el serialismo, la música aleatoria, la electrónica o el minimalismo.

Entre los principales compositores de la generación del 51 destacan Juan Hidalgo (1927), Ramón Barce (1928), Carmelo Bernaola (1929-2002), Cristóbal Halffter (1930), Luis de Pablo (1930), Antón García Abril (1933) y Josep Soler (1935).

En la actualidad, los compositores españoles continúan explorando los recursos de los nuevos lenguajes con obras marcadas por la originalidad y la búsqueda de un estilo personal, cultivando todo tipo de formas y técnicas de composición.

El Grupo Zaj

Fundado por Juan Hidalgo y Ramón Barce, el denominado «Grupo Zaj» representó la corriente más radical de vanguardia basada en la experimentación, la provocación y el rechazo a la estética convencional.

Sus «etcéteras» o breves actuaciones en las calles utilizando gestos, objetos de todo tipo y frases escritas, suscitaron la indignación y la burla del público español pero conquistaron el interés fuera de nuestras fronteras.

Desafío

«Top ten de la música clásica»

Utilizando la selección de audiciones que te facilitamos en los dos discos de este libro, elige tu lista de las 10 mejores obras de la música clásica.

Te proponemos una lista inicial con algunos de los ejemplos que pueden ser más populares:

- Purcell. Dido y Eneas *(When I am laid in earth)*
- Bach. *Concierto de Brandemburgo Nº 2 (1º mov. Allegro)*
- Vivaldi. *Las cuatro estaciones*
- Pachelbel. *Canon en Re Mayor*
- Mozart. *Pequeña serenata nocturna (1º mov. Allegro)*
- Boccherini. *Quinteto de cuerda op. 13, Nº 5 (Minueto)*
- Beethoven. *Sinfonía Nº 9 (4º mov. O Freunde nicht diese Töne)*
- Mozart. *La flauta mágica (Der Hölle Rache)*
- Chopin. *Preludio Nº 4 en Mi menor*
- Bellini. *Norma (Casta Diva)*
- Bizet. *Carmen (L'amour est un oisseau rebelle)*
- Wagner. *La Walkiria (Cabalgata de las walkirias)*
- Smetana. *Mi patria (El Moldava)*
- Gershwin. *Rapsodia in blue*
- Johan Strauss II. *El Danubio azul*
- Dukas. *El aprendiz de brujo*
- Tchaikovsky. *El lago de los cisnes*
- Verdi. Nabucco *(Va pensiero)*
- Satie. *Gymnopédie Nº 1*
- Falla. *El amor brujo (Danza ritual del fuego)*
- Joaquín Rodrigo. *Concierto de Aranjuez* (2º mov. Adagio)
- Ennio Morricone. *La Misión (River)*

a. Completa ahora la lista de audiciones añadiendo los ejemplos que, según tu criterio, puedan ser también conocidos o apreciados.

b. Escribe en tu cuaderno tu propia lista de los «top ten» ordenando tu selección del 1 al 10 y anotando siempre los datos completos (compositor y título) de cada ejemplo.

c. Justifica tu elección indicando el criterio o las razones que te han llevado a escoger cada fragmento.

d. Pon en común tu selección con la de tus compañeros:

- ¿Cuáles son las obras más votadas?
- ¿Cuáles son los compositores más populares?
- ¿Crees que coinciden los ejemplos más votados con los más conocidos?
- ¿Cuáles han sido los criterios personales que más han marcado la elección?

e. Escribe una pequeña redacción exponiendo tus conclusiones.

Revista musical

«El arte de la música, en un principio, buscó y llegó a alcanzar una pureza y dulzura de sonido. Más tarde mezcló diferentes sonidos, pero siempre en un intento de mimar al sonido con armonías suaves. Hoy en día, al ir creciendo de una forma más complicada, busca aquellas combinaciones de sonidos que llegan al oído de la forma más disonante, extraña y dura. Nos acercamos, por tanto, y de una forma cada vez mayor, hacia la música del ruido...

Nosotros, los futuristas, también hemos amado la música de los grandes compositores. Durante muchos años, Wagner y Beethoven ocuparon nuestros corazones. Pero ahora estamos ya cansados de su música y sacamos mucho más placer combinando de forma imaginaria los ruidos de los coches de la calle, de las combustiones de los motores y de los lugares llenos de gente...

Los músicos futuristas debemos sustituir la limitada variedad de los timbres de la orquesta actual por la infinita variedad de los timbres que existen en los sonidos reproducidos por mecanismos apropiados.»

Luigi Russolo. ***Manifiesto de los Ruidos*** (1913).

«Yo escribo un manifiesto y no quiero nada, y sin embargo, digo algunas cosas y por principio estoy contra los manifiestos como, por lo demás, también estoy contra los principios.

Dadá no significa nada. Si alguien lo considera inútil, si alguien no quiere perder tiempo por una palabra que no significa nada... Por los periódicos sabemos que los negros Kru llaman al rabo de la vaca sagrada DADÁ. El cubo y la madre en una comarca de Italia reciben el nombre de DADÁ. Un caballo de madera, la nodriza, la doble afirmación en ruso DADÁ.

La obra de arte no debe ser la belleza en sí misma porque la belleza ha muerto. Una obra de arte nunca es bella por decreto, objetivamente y para todos. Por ello, la crítica es inútil ...

Así nació DADÁ, de una necesidad de independencia, de desconfianza hacia la comunidad. Los que están con nosotros conservan su libertad. No reconocemos ninguna teoría. Basta ya de academias y laboratorios»

Tristan Tzara. ***Manifiesto Dadá*** (1918).

«En esta música nueva no hay más que sonidos: sonidos que han sido escritos y sonidos que no lo han sido. Los que no lo han sido parecen silencios en la música escrita y abren el camino de la música a aquellos sonidos que, casualmente, se producen en el entorno físico.

No existe ni el espacio vacío ni el tiempo vacío. Siempre hay algo que ver, algo que oír. Si intentamos con todas nuestras fuerzas hacer silencio, no lo lograremos... No hay que temer por el futuro de la música.

Se tiene que escoger. Se podrá complicar la técnica musical... O bien, se podrá abandonar todo intento de controlar el sonido, quitarse la música de la cabeza y ponerse a descubrir medios que consientan a los sonidos ser ellos mismos, en vez de ser vehículo de las teorías humanas o expresión de los sentimientos del hombre.»

John Cage. ***Silencio*** (1961)

El rechazo a lo moderno

«La música fue casta y modesta mientras se la tocó con los instrumentos más sencillos, pero desde que se ha comenzado a tocarla en una diversidad de maneras y de un modo confuso, ha perdido su carácter virtuoso y ha caído casi en la vileza.»

Boecio (s. V)

«La música era originariamente discreta, decorosa, sencilla, viril y de sana moral. ¿Los modernos no la han vuelto desmesuradamente lasciva?»

Jacobo de Lieja (1420)

«Se hallan prendados de sí mismos al punto de pensar que está en su poder corromper y arruinar las buenas viejas reglas transmitidas desde antiguo por tantos teóricos y muy excelentes músicos, los mismos hombres de quienes estos modernos han aprendido a juntar unas pocas notas con escasa gracia. Para ellos, basta con crear un tumulto de sonidos, una confusión de absurdidades, un conjunto de imperfecciones.»

Giovanni Maria Artusi (1600)

«Hace poco, se ejecutó la obertura para la ópera *Fidelio* de Beethoven, y todos los músicos y melómanos imparciales coincidieron por completo en que jamás se escribió, en materia de música, nada tan incoherente, estridente, confuso y absolutamente ofensivo para el oído.»

August von Kotzebue (1806)

Mujeres compositoras a lo largo de la historia

Como sucede en casi todas las manifestaciones artísticas, el papel de la mujer en la historia de la música culta ha sido casi siempre olvidado o despreciado. Relegadas a sus labores hogareñas, las mujeres únicamente aparecen como sacrificadas esposas, madres, hijas, musas, protectoras o incluso amantes de los grandes hombres de la música.

Sin embargo, el estudio de la historia, hasta hace poco dominado por la mirada masculina, está empezando a hacer justicia y a realizar investigaciones que en estos últimos años han logrado ya catalogar más de 4000 compositoras desde los tiempos más remotos hasta nuestros días.

En la Antigüedad, la primera mujer compositora de la historia que conocemos fue una cantante egipcia llamada **Iti,** que vivió varios siglos antes de Cristo. También se ha descubierto a la compositora árabe **Jamila,** que formó una orquesta de cincuenta mujeres.

En la Edad Media, encontramos a **Kassia** y a la abadesa **Hildegarda de Bigen,** que escribieron himnos religiosos. En el terreno de la música profana, muchos de los juglares y trovadores fueron mujeres. Es el caso de **Azalais Pecairagues, Isabelle la Lorraine,** o la **Condesa de Die,** de la que se conserva una hermosa canción de amor.

En el Renacimiento, destaca la figura de **Maddalena Casulana,** cantante, intérprete de laúd y primera mujer que logró publicar música impresa. En su libro de madrigales dedicado a Isabel de Médicis se lamenta de la dificultad para abrirse camino en un mundo de hombres: «Debo mostrar a todo el mundo, tanto como pueda en esta profesión musical, la errónea vanidad de que solo los hombres poseen los dones del arte y el intelecto, y que estos dones nunca son dados a las mujeres». Otras compositoras que gozaron de gran prestigio en esta época fueron **Vittoria Aleotti,** que publicó motetes y madrigales; y **Francesca Caccini,** hija del cantante y compositor Giulio Caccini, que fue la primera mujer que escribió óperas, llegando a ser reconocida como «La Monteverdi de Venecia».

Incluso hubo reinas compositoras, como **Ana Bolena** (segunda esposa de Enrique VIII) y **María Estuardo** (reina de Escocia) y, casualidades de la historia, ambas murieron decapitadas.

En el Barroco, destaca la cantante y compositora **Barbara Strozzi,** que escribió arias, cantatas y madrigales con la nueva técnica de la monodía acompañada y llegó a publicar 8 volúmenes de obras, más que muchos de los compositores de su tiempo. También fue célebre **Elizabeth Jacquet de la Guerre,** hija y esposa de músico, cantante, clavecinista y compositora, la primera que publicó piezas para clave y la primera que consiguió representar una ópera en Francia.

En el Clasicismo, podríamos hablar de **Maria Anna Mozart,** apodada cariñosamente «Nanerl» por su hermano Wolfgang Amadeus Mozart. Ambos tuvieron la misma amplia y disciplinada formación musical, ambos asombraron a toda Europa como niños prodigio. Es fácil preguntarse por qué no continuó como su hermano una prometedora carrera musical, pero también es fácil, vista la sociedad de su tiempo, encontrar la respuesta.

En el siglo XIX, encontramos apellidos famosos como **Clara Schumann,** profesora, compositora y extraordinaria pianista, pero dedicada por entero a apoyar la obra de su marido Robert Schumann. También **Fanny Mendelssohn,** pianista y compositora, hermana de Félix Mendelssohn, escribió canciones y obras para piano, algunas publicadas con el nombre de su hermano. **Alma Mahler,** será igualmente más conocida como esposa de Gustav Mahler que como compositora y concertista de piano.

↑ Alma Mahler.

Todavía a finales del siglo XIX, compositoras como **Carrie William, Edith Borroff** o **Jeanine Baganier,** se vieron obligadas a publicar sus obras bajo seudónimos masculinos. A otras, como **Adelaide Louise Thomas,** se les negó el título tras haber aprobado todos los estudios.

Otras facetas de la música también estuvieron vedadas durante mucho tiempo para las mujeres. Hubo que esperar a 1681 para que se permitiera la incorporación de la mujer en la danza profesional, y hasta 1770 no se levantó la prohibición del canto femenino en las iglesias. El campo de la interpretación instrumental fue algo más fácil pero, claro está, solo para aquellos instrumentos apropiados a la delicada condición femenina. Para las «damas de buena familia», la interpretación musical era un gracioso complemento que adornaba aún más sus virtudes. Tal vez sigamos pagando hoy en día buena parte de esa mentalidad.

En el terreno de la dirección orquestal, las primeras grandes figuras femeninas surgirán a finales del siglo XIX, con pioneras como **Nadia Boulanger, Joanidia Sodré, Agustina Mary Holmes** o **Emma Steiner,** algunas de ellas también dedicadas a la composición.

↑ Clara Schumann.

Autoevaluación

1 **Copia en tu cuaderno y resuelve el crucigrama contestando a las definiciones que se indican debajo:**

Horizontales

1. Danza popular afrobrasileña que se caracteriza por el bombeo de cadera y el shimmie con los hombros.
2. Método de composición creado por Schoenberg sobre los doce sonidos de la escala cromática.
3. Música de vanguardia que utiliza cualquier sonido o ruido sacado de la realidad para grabarlo y manipularlo después.
4. Estilo musical que revolucionó la década de 1960 y que tiene distintas modalidades de baile: de pareja, de stroll o de twist.
5. Instrumento electrónico que permite la composición en tiempo real desde un control que suele tener forma de teclado.
6. Movimiento musical de finales del siglo XIX que se caracteriza por la expresión más desgarrada y pesimista.

Verticales

1. Conjunto de sonidos ordenados que utiliza el dodecafonismo y el serialismo integral para escribir sus composiciones.
2. Los compositores españoles de la Generación del 27 también se denominan así por el momento político en el que desarrollaron su labor.
3. Movimiento musical de finales del siglo XIX típicamente francés que busca la representación sutil de ambientes.
4. Tipo de vals lento que se baila con las manos apoyadas en las caderas de la pareja.
5. Música de vanguardia en la que los sonidos se generan, procesan y graban en un laboratorio.
6. Corriente musical que vuelve a la claridad formal del Clasicismo.
7. Escala de doce sonidos a distancia de semitono utilizada en las series del Dodecafonismo.

7. Sistema de composición que no sigue las leyes de la tonalidad.
8. Música de vanguardia que combina las técnicas de la música concreta y la electrónica.
9. Estilo de baile popularizado por el musical americano que utiliza los pies como un instrumento de percusión.
10. Danza popular afrocubana con enérgicos ostinatos rítmicos y balanceos de cadera.
11. Especie de canto recitado utilizado por el Expresionismo.
12. Movimiento de finales del Romanticismo que permitirá la recuperación de la música española en el siglo XX.
13. Tipo de baile asociado al hip hop en el que los b-boys parece que se rompen.
14. Los Ballets de Diaghilev tomaron ese nombre aunque nunca actuaron en su país.
15. Danza popular cubana con un nombre onomatopéyico que describe su ritmo.
16. Baile de pareja sensual y elegante de origen argentino en el que las piernas se hacen un verdadero lío.
17. Movimiento musical nacido en Italia que aboga por la introducción de los ruidos.
18. En ese estudio se compone la música electrónica aunque sin tubos de ensayo.
19. Movimiento típico del break dance en el que el b-boy gira sobre el suelo.

8. Nombre del grupo de compositores más radical y vanguardista de la música española.
9. Baile rápido relacionado con el jazz que utiliza como paso característico el Susy Q.
10. Estilo de baile popularizado por Travolta y definido más por su ambiente y sus potentes ritmos que por su coreografía.
11. Música de vanguardia que utiliza la composición algorítmica por ordenador.
12. Música de vanguardia basada en el azar y la libertad del intérprete.
13. Corriente musical que amplía el concepto de serie dodecafónica a todos los parámetros del sonido.
14. Para los futuristas son los sonidos más modernos aunque para muchas personas son molestos.
15. Movimiento deliberadamente antiestético y radical que exalta el absurdo negando los valores establecidos.
16. En una magnetofónica se graban los sonidos naturales de la música concreta.
17. Casi toda la música contemporánea lo es, sobre todo para los más anticuados.
18. Como en realidad no existe, para John Cage era tan importante como el sonido.
19. Baile en grupos de parejas emparentado con el ragtime.

2 **Copia en tu cuaderno y completa los siguientes enunciados:**

- Las corrientes de evolución que abren el siglo XX son... y sus compositores...
- Los primeros movimientos de vanguardia son... y se caracterizan por...
- El Neoclasicismo supone... y sus principales representantes son...
- Las corrientes de vanguardia tras la Segunda Guerra Mundial son...
- Entre los principales compositores de las nuevas vanguardias destacan...
- El principal impulsor del ballet contemporáneo fue...
- La danza moderna se caracteriza por... y sus pioneros fueron...
- Las principales danzas urbanas del siglo XX son...
- En la música española destacan las generaciones de compositores...

Interpretación

1 Interpreta la ***Balada de Mackie el Navajas*** de *La ópera de tres peniques* compuesta por Kurt Weill y estrenada en 1928.

Esta obra es fruto de la colaboración de Kurt Weill con el famoso dramaturgo y poeta marxista Bertolt Brecht (1898-1956). Más que una ópera, es un teatro musical en el que se intercalan los papeles hablados y cantados con una música sencilla y popular que refleja la influencia del blues y del jazz.

La *Balada de Mackie el Navajas* es la canción introductoria del malvado asesino Macheath, apodado por su crueldad «Mackie el Navajas».

Según señala Weill en la partitura, esta canción debe llevar un tempo de blues lento y debe sonar como si fuese interpretada por un organillo:

Kurt Weill (1900-1950)

Compositor alemán encuadrado en el Neoclasicismo por su defensa de una música realista y popular.

Su ideas políticas, sobradamente difundidas en sus colaboraciones con Brecht, le obligaron a abandonar Alemania con la llegada de Hitler para establecerse definitivamente en Nueva York.

El tiburón tiene dientes
y los enseña en su rostro,
Macheath tiene una navaja,
pero la navaja no se ve.

En un azul y bonito día de domingo
hay un hombre muerto en la playa,
y al hombre que se esconde en una esquina
se le llama Mackie el Navajas.

Traducción: Jesusa Agramonte Ochoa

Creación

1 Composición e interpretación en grupo

Utilizando grafías alternativas y lo que has aprendido ahora sobre las vanguardias musicales, escribe una composición que pueda ser interpretada por toda la clase.

- Debes encuadrar tu obra en dos ejes: uno horizontal que marque la altura aproximada de los sonidos, y otro horizontal que determine las duraciones con mayor exactitud para poder coordinar la interpretación.

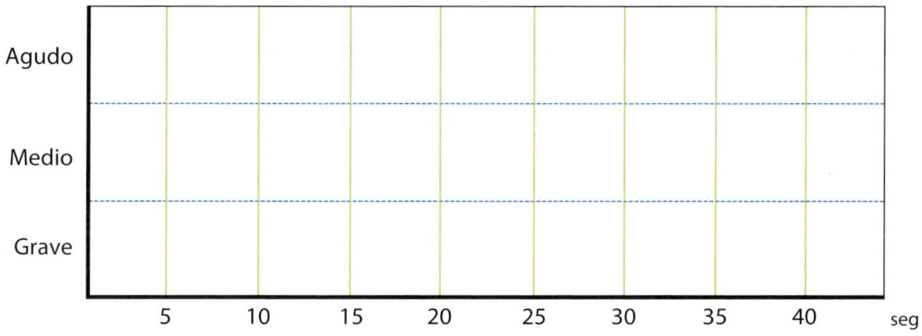

Deberás presentar los distintos sonidos con grafías variadas y claramente diferentes.

- Para indicar las alturas utiliza, los tres niveles del cuadro, disponiendo los signos de forma ascendente o descendente, o realizando trazos continuos que reflejen el movimiento aproximado de la línea melódica.

- Para las duraciones, además de encuadrar las grafías en su tiempo correspondiente, podrás utilizar puntos o trazos breves para los sonidos más cortos, y rectángulos o trazos largos para los de mayor duración.

- Las distintas intensidades se indican siempre modificando el tamaño de la grafía, pequeño para los sonidos suaves y más grande para los fuertes.

- Puedes trabajar sonidos con la voz:
  - Sobre vocales:

    a______ e______ o______ i______ a______ u______ e______

  - Sobre consonantes:

    s s s s s s s s s s s s s r r r r r r r r r r r r r p p p p p p p p p p p p p p

- Puedes utilizar también los instrumentos de la clase para hacer:
  - Clústers o racimos de sonidos (sonidos próximos que suenan juntos) con el piano apretando varias teclas blancas a la vez utilizando el puño o el antebrazo. 
  - Sonidos breves utilizando pequeña percusión: caja china, claves..., o xilófono... 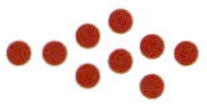
  - Sonidos suspendidos que se van perdiendo con platillos, triángulo, metalófono... 
- Distribuye cada voz en grupos de 3 a 5 compañeros y asegúrate de que ensayen bien su interpretación.
- Dirige tu composición y grábala para poder realizar después una crítica de todas las composiciones de la clase.

Audición

Los más populares del siglo XX

1 Escucha el comienzo del segundo movimiento *Adagio* del ***Concierto de Aranjuez*** de **Joaquín Rodrigo.** Compuesto en París durante la primavera de 1939 mientras esperaba el inminente final de la Guerra Civil para poder regresar a España, se convertiría enseguida en la obra más célebre de toda la música contemporánea.

Es un concierto para guitarra solista y orquesta que utiliza un evidente estilo neoclásico recuperando la inspiración melódica y un cierto popularismo que el propio compositor define como «neocasticismo».

La extraordinaria popularidad de esta obra iniciará una nueva época en la música española caracterizada por el gusto neorromántico y la desconfianza en las vanguardias.

El movimiento *Adagio* que vamos a escuchar supone, en palabras de Rodrigo, *«un diálogo elegíaco entre la guitarra y los instrumentos solistas: corno inglés, fagot, oboe, trompa, etc., en un hondo batir que mantiene todo el edificio sonoro».*

Sigue la audición identificando en la partitura las intervenciones del corno inglés y de la guitarra, y señala las dos secciones del tema principal.

2 26

En resumen

El sonido del siglo XX

La música contemporánea ya no busca la belleza formal del Clasicismo ni la expresión pasional del Romanticismo sino la innovación y la experimentación.

La melodía abandona la simetría y la repetición, la armonía se construye sobre acordes «rascacielos» disonantes, la liberación de la tonalidad suprime la distinción entre mayor-menor y diatónico-cromático. Los nuevos procedimientos rítmicos evitan la regularidad, la textura se aligera para volver al contrapunto, y el estilo orquestal destaca a cada instrumento por encima de la masa sonora.

Los estilos musicales ya no duran decenios ni aglutinan a todos los compositores de su tiempo, sino que conviven en una misma realidad entendida de formas distintas.

La música de nuestro tiempo ya no es un «lenguaje universal» sino una especie de «música total» que abarca todas las formas y técnicas que hemos ido heredando a lo largo de la historia.

1

Durante el **siglo XX** la música se transforma en una diversidad de estilos y corrientes que rompen la unidad del lenguaje, buscando un nuevo mundo sonoro.

2

A principios del siglo XX se desarrollan dos corrientes relacionadas con el Romanticismo:

El **Impresionismo** que utiliza la música para una expresión subjetiva y sutil mediante melodías modales, acordes independientes y un gran colorido tímbrico.

El **Expresionismo** que busca la expresión más desgarrada utilizando el «sprechgesang» y una música atonal cargada de disonancias.

3

Las primeras vanguardias musicales surgen también a principios del siglo XX con:

El **Futurismo,** que introduce el ruido y la máquina en la música.

El **Dadaísmo,** que se rebela contra todas las formas de arte establecidas.

El **Dodecafonismo,** que rompe con más de trescientos años de música tonal al introducir la igualdad entre los doce sonidos de la escala cromática.

4

El **Neoclasicismo** vuelve al cultivo de las formas y géneros barrocos y clásicos buscando una nueva sencillez.

Recupera la tonalidad y la importancia de la melodía para acercarse al público con una música agradable y fácil de escuchar, libre de complejidades técnicas y de excesos emocionales.

5

Tras la Segunda Guerra Mundial nacen las Nuevas Vanguardias:

El **Serialismo integral** aplica el concepto de serie a todos los parámetros del sonido.

La música **concreta** y los desarrollos de la **electrónica** crean sonidos de laboratorio que suprimen los intérpretes y las partituras.

La música **aleatoria** defiende obras abiertas que cambian el concepto de composición por el de interpretación.

6

El **ballet contemporáneo** tendrá como precursor a los Ballets Rusos de Diaguilev. La danza teatral moderna se basa en la emoción y la libertad de planteamientos.

La **danza de sociedad** del siglo XX recibirá en el continente americano la influencia de ritmos negros y latinos y de los estilos de la música popular, originando una gran variedad de bailes que forman la danza urbana actual.

7

La recuperación de la **música española** se inicia con la Generación del 98 y continúa con la de la República, consiguiendo la plena integración en las vanguardias europeas. Tras la interrupción por la Guerra Civil y los años siguientes de aislamiento, la Generación del 51 marcará la apertura a un lenguaje moderno, libre y original.

Mis progresos

Unidad 6	Sobresaliente ¡Soy muy competente!	Notable Soy bastante competente pero puedo mejorar algo	Bien Soy competente pero puedo mejorar bastante	Suficiente Soy competente pero debo mejorar bastante	Insuficiente Me faltan competencias ¡Debo esforzarme mucho más!
He aprendido	Comprendo la evolución de la música en el siglo XX y siempre utilizo el lenguaje técnico apropiado para describir sus principales estilos. Identifico siempre las principales corrientes musicales del siglo XX con sus ejemplos y compositores más representativos. Reconozco los compositores más representativos de la música del siglo XX en España y siempre valoro la importancia del patrimonio cultural español. Siempre identifico los ejemplos musicales trabajados situándolos en su contexto y describiendo sus rasgos más característicos.	Comprendo la evolución de la música en el siglo XX y casi siempre utilizo el lenguaje técnico apropiado para describir sus principales estilos. Identifico casi siempre las principales corrientes musicales del siglo XX con sus ejemplos y compositores más representativos. Reconozco los compositores más representativos de la música del siglo XX en España y casi siempre valoro la importancia del patrimonio cultural español. Casi siempre identifico los ejemplos musicales trabajados situándolos en su contexto y describiendo sus rasgos más característicos.	Comprendo la evolución de la música en el siglo XX y a veces utilizo el lenguaje técnico apropiado para describir sus principales estilos. Identifico a veces las principales corrientes musicales del siglo XX con sus ejemplos y compositores más representativos. Reconozco los compositores más representativos de la música del siglo XX en España y a veces valoro la importancia del patrimonio cultural español. A veces identifico los ejemplos musicales trabajados situándolos en su contexto y describiendo sus rasgos más característicos.	Comprendo la evolución de la música en el siglo XX pero me cuesta utilizar el lenguaje técnico apropiado para describir sus principales estilos. Me cuesta identificar las principales corrientes musicales del siglo XX con sus ejemplos y compositores más representativos. Reconozco algunos de los compositores más representativos de la música del siglo XX en España y a veces valoro la importancia del patrimonio cultural español. Me cuesta identificar los ejemplos musicales trabajados situándolos en su contexto y describiendo sus rasgos más característicos.	No comprendo la evolución de la música en el siglo XX y no sé utilizar el lenguaje técnico apropiado para describir sus principales estilos. No sé identificar las principales corrientes musicales del siglo XX con sus ejemplos y compositores más representativos. No sé reconocer los compositores más representativos de la música del siglo XX en España y no valoro la importancia del patrimonio cultural español. No sé identificar los ejemplos musicales trabajados situándolos en su contexto y describiendo sus rasgos más característicos.
Sé hacer	Participo en la interpretación de piezas vocales, instrumentales o coreográficas atendiendo al conjunto y asumiendo distintos roles. Desarrollo las habilidades relacionadas con la interpretación con actitud abierta y respetuosa, tomando conciencia de mis propias posibilidades. Siempre manejo de forma autónoma distintos tipos de partituras como apoyo a las actividades musicales del aula. Elaboro con mucha facilidad mapas históricos y musicogramas para situar las obras musicales trabajadas y describir sus características.	Participo en la interpretación de piezas vocales, instrumentales o coreográficas atendiendo al conjunto y casi siempre asumo distintos roles. Desarrollo las habilidades relacionadas con la interpretación con actitud abierta y respetuosa, y casi siempre tomo conciencia de mis propias posibilidades. Casi siempre manejo de forma autónoma distintos tipos de partituras como apoyo a las actividades musicales del aula. Elaboro con facilidad mapas históricos y musicogramas para situar las obras musicales trabajadas y describir sus características.	Participo en la interpretación de piezas vocales, instrumentales o coreográficas atendiendo al conjunto y a veces asumo distintos roles. Desarrollo las habilidades relacionadas con la interpretación con actitud abierta y respetuosa, y a veces tomo conciencia de mis propias posibilidades. A veces manejo de forma autónoma distintos tipos de partituras como apoyo a las actividades musicales del aula. Elaboro sin dificultad mapas históricos y musicogramas para situar las obras musicales trabajadas y describir sus características.	Participo en la interpretación de piezas vocales, instrumentales o coreográficas atendiendo al conjunto pero no asumo distintos roles. Desarrollo las habilidades relacionadas con la interpretación con actitud abierta y respetuosa, pero me cuesta tomar conciencia de mis propias posibilidades. Manejo, con un poco de ayuda, distintos tipos de partituras como apoyo a las actividades musicales del aula. Me cuesta un poco elaborar mapas históricos y musicogramas para situar las obras musicales trabajadas y describir sus características.	Participo en la interpretación de piezas vocales, instrumentales o coreográficas pero no atiendo al conjunto y no asumo distintos roles. Desarrollo las habilidades relacionadas con la interpretación pero no muestro una actitud abierta y respetuosa, y no tomo conciencia de mis propias posibilidades. Me cuesta manejar distintos tipos de partituras como apoyo a las actividades musicales del aula. No sé elaborar mapas históricos y musicogramas para situar las obras musicales trabajadas y describir sus características.
La tecnología y yo	Navego por internet sin dificultad para investigar sobre los periodos históricos estudiados y encuentro mucha información interesante. Tengo un dominio muy elevado de las herramientas TIC para la realización de las actividades propuestas.	Navego por internet sin dificultad para investigar sobre los periodos históricos estudiados y normalmente encuentro información interesante. Tengo un dominio alto de las herramientas TIC para la realización de las actividades propuestas.	Navego por internet sin dificultad para investigar sobre los periodos históricos estudiados y a veces encuentro información interesante. Tengo suficiente dominio de las herramientas TIC para la realización de las actividades propuestas.	Navego por internet con cierta dificultad para investigar sobre los periodos históricos estudiados y me cuesta encontrar información interesante. Tengo poco dominio de las herramientas TIC para la realización de las actividades propuestas.	Me cuesta mucho navegar por internet para investigar sobre los periodos históricos estudiados y no sé encontrar la información. No tengo dominio de las herramientas TIC para la realización de las actividades propuestas y no sé utilizarlas.
¿Sé trabajar en grupo?	Asumo mi rol y aporto ideas al grupo sin interferir en el trabajo de los demás.	Asumo mi rol y aporto ideas al grupo pero tiendo a interferir en el trabajo de los demás.	Asumo mi rol y aporto ideas al grupo pero interfiero en el trabajo de los demás.	Asumo mi rol pero no aporto ideas al grupo e interfiero en el trabajo de los demás.	No asumo mi rol ni aporto ideas al grupo e interfiero en el trabajo de los demás.

7 Música y Nuevas tecnologías

Actividades iniciales

1. Reflexiona sobre la incidencia de las nuevas tecnologías en la música y escribe un breve texto haciendo repaso de los distintos medios que utilizamos en la actualidad relacionados con el sonido.

7 Música y Nuevas tecnologías

	Vamos a aprender a...	Competencias
Interpretación y creación	Desarrollar las técnicas de interpretación (vocal, instrumental y de movimiento) y expresión musical, tanto individuales como en grupo. Participar en las actividades musicales con la disposición adecuada para la superación de dificultades y para el enriquecimiento del grupo. Reconocer los elementos básicos del lenguaje musical utilizando el vocabulario técnico apropiado para describirlos. Improvisar y realizar pequeñas composiciones partiendo de pautas previamente establecidas. Demostrar interés por las actividades de interpretación y creación, y mostrar respeto por las aportaciones de los compañeros. Leer música en el contexto de las actividades del aula como apoyo a las tareas de interpretación y creación.	CMCT CPAA CSC SIE
Escucha	Valorar el silencio como condición previa para participar en las audiciones. Escuchar una amplia variedad de obras musicales apreciando su valor como fuente de conocimiento y enriquecimiento cultural y personal. Identificar situaciones del ámbito cotidiano en las que se produce un uso indiscriminado del sonido, analizando sus causas y proponiendo soluciones. Ejercitar la interiorización sonora como base de la escucha activa para identificar las principales características en las audiciones trabajadas. Leer música en el contexto de las actividades del aula como apoyo a las tareas de audición.	CPAA CSC SIE CEC
Contextos musicales y culturales	Comprender y apreciar las relaciones entre el lenguaje musical y otros lenguajes, así como la función y el significado de la música en diferentes producciones artísticas y audiovisuales y en los medios de comunicación. Conocer la evolución de la música en el cine y distinguir las funciones que cumple al servicio de la acción cinematográfica. Caracterizar la función de la música en los distintos medios de comunicación y sus aplicaciones en la publicidad. Valorar la asimilación y empleo de los conceptos musicales básicos necesarios a la hora de emitir juicios de valor o "hablar de música". Elaborar juicios y criterios personales, mediante un análisis crítico, de los diferentes usos sociales de la música, aplicándolos a situaciones cotidianas y valorando la contribución de la música a la vida personal y a la de la comunidad.	CCL CSC SIE CEC
Música y tecnología	Conocer los principales medios de grabación y reproducción del sonido y sus sistemas de funcionamiento básico. Identificar los principales instrumentos electrónicos y manejar las aplicaciones más básicas de la informática musical para crear y reproducir composiciones sencillas. Conocer y utilizar diferentes medios audiovisuales y tecnologías como recursos para la producción musical, valorando su contribución a las distintas actividades musicales y al aprendizaje autónomo de la música. Investigar los distintos recursos musicales que ofrecen los medios informáticos, tanto en aplicaciones específicas como en páginas web. Participar en los distintos aspectos de la producción musical haciendo uso adecuado de los materiales, métodos y tecnologías.	CCL CPAA SIE CD

El uso de las tecnologías ha ido unido a la evolución del ser humano desde sus orígenes, facilitando su desarrollo económico y científico, y provocando los principales cambios sociales.

El desarrollo tecnológico y la extensión de los medios de comunicación ha convertido al mundo en una «aldea global» en la que la información llega a todas partes a gran velocidad, uniendo culturas, difundiendo propaganda o generando opiniones y gustos con una capacidad persuasiva asombrosa y muchas veces inconsciente.

El mundo de la música ha sido uno de los campos que mejor han sabido aprovechar y desarrollar las posibilidades de las nuevas tecnologías, convirtiéndose en un componente imprescindible de todo tipo de medios, bien como elemento integrante o bien como objeto de comercialización.

Desde la invención de los primeros sistemas de grabación y reproducción del sonido, más tarde la aparición del cine, la radio o la televisión, hasta los modernos medios informáticos que permiten tener en el ordenador un completo laboratorio musical, las nuevas tecnologías han marcado el desarrollo de la música contemporánea, facilitando su creación y revolucionando su modo de difusión.

1 Grabación y reproducción del sonido

La grabación y reproducción del sonido ha sido uno de los sueños más anhelados por el hombre desde la Antigüedad.

Numerosos testimonios y relatos más o menos fantásticos hablan de palabras congeladas en el hielo que al calentarse con las manos se convertían en sonidos, de esponjas mágicas que grababan todo lo que se hablaba delante de ellas y lo reproducían al ser apretadas, de libros que dando cuerda a una máquina y colocando la aguja en el capítulo deseado lo leían en voz alta, etc.

El sueño de la grabación del sonido se convirtió en realidad a finales del siglo XIX y puede considerarse el acontecimiento más importante desde el punto de vista de la sociología de la música, pues ha facilitado el acceso masivo a lo que antes solo se podía conocer a través de los conciertos o las partituras.

Un increíble futuro

Edison nunca sospechó la repercusión que iba a tener su invento en el mundo de la música.

Había pensado en el fonógrafo como en una «máquina parlante» que podía emplearse en clases de idiomas, libros para invidentes o como sustitución de la taquigrafía.

1.1. Historia y técnicas de la grabación

Los primeros sistemas se basaron en la grabación y reproducción mecánica del sonido, es decir, las ondas sonoras son grabadas por su impulso en un material de registro (papel de estaño, cera o cinc) que permite después su reproducción invirtiendo el proceso.

En 1877, el poeta e inventor Charles Cros presenta la novedosa idea de su **paleófono:** «Si una membrana provista de un punzón traza un surco bajo la acción de un sonido, ese surco hará vibrar la membrana cuando el punzón vuelva a pasar por el surco, y se recuperará el sonido inicial». Lamentablemente, Cros no tenía dinero ni apoyo para construir su paleófono, pero su descubrimiento abrió las puertas a la historia de la grabación.

■ El fonógrafo

En 1878, el inventor norteamericano Thomas Alva Edison, sin conocer la invención de Cros, patentó el fonógrafo, basándose en los mismos principios.

Un invento asombroso

La presentación del fonógrafo de Edison en la Academia Francesa de las Ciencias provocó una gran polémica. Su ayudante realizó la demostración del invento entonando la frase de la canción *«Mary had a little lamb».* Muchos de los científicos allí reunidos se sintieron burlados y estafados ante la imposibilidad de que una máquina hablara, y pensaron que aquello había sido un truco de ventrílocuo.

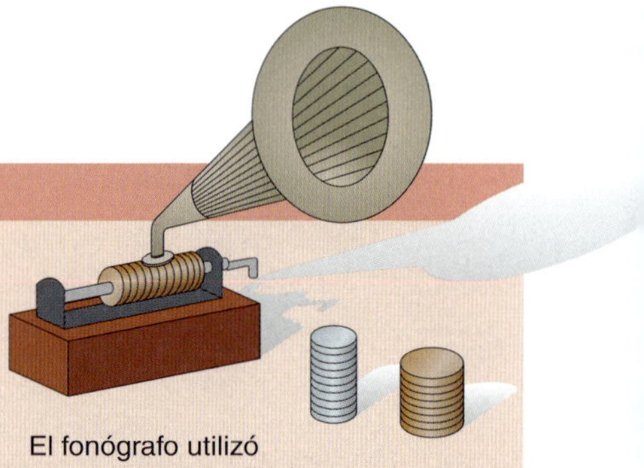

El fonógrafo utilizó como soportes, cilindros de estaño y cera

El fonógrafo consistía en un cilindro acanalado cubierto por una hoja de estaño que se hacía girar mediante una manivela. Las vibraciones del sonido se recogían mediante un gran tubo resonador unido a una aguja que, en contacto con la superficie del cilindro, imprimía las vibraciones. La grabación podía ser reproducida invirtiendo el proceso al recorrer la aguja los surcos de la superficie y transmitir la vibración al tubo.

El gramófono

En 1896 Emile Berliner registra la patente del gramófono, que sustituye el cilindro por un disco liso que al girar permite el trazado de la aguja en espiral sobre la superficie del plato.

El disco

El soporte del disco irá perfeccionándose con nuevos materiales: cinc, ebonita y pizarra, pero solo se grababa por una cara y alcanzaba una duración de 2 minutos.

El gramófono introdujo, como soporte, el disco liso realizado en cinc, ebonita y pizarra

El disco tiene una gran ventaja sobre el cilindro ya que puede duplicarse sencillamente y en grandes cantidades a través de discos «maestros». Así, y desde 1900, comenzará la difusión comercial de grabaciones.

A partir de 1925 se introduce el uso de la electricidad para grabar y reproducir los sonidos, reemplazando al registro mecánico e incorporando los tres componentes básicos del sistema moderno:

- Micrófono: recoge la señal sonora y la convierte en impulsos eléctricos.
- Amplificador: potencia la señal eléctrica recibida del micrófono.
- Altavoz: recoge la señal del amplificador y la convierte en ondas sonoras.

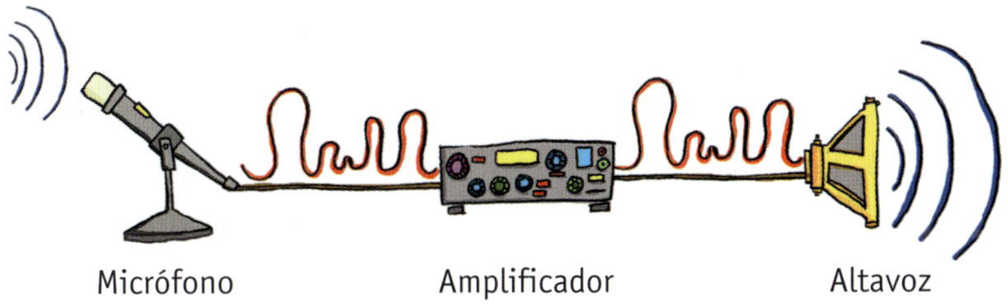

La grabación y reproducción eléctrica del sonido se desarrollará de forma paralela en dos inventos fundamentales: el tocadiscos y el magnetófono.

El tocadiscos

Es el resultado de la electrificación del gramófono, en la que intervinieron diferentes investigadores y compañías discográficas. Se compone de un giradiscos o plato (soporte del disco, motor y brazo con la aguja), un amplificador y un altavoz.

El soporte del disco fue perfeccionándose para aumentar su calidad de sonido y duración hasta llegar al disco de vinilo en 1948. El vinilo, un material plástico más ligero, elástico y resistente que la pizarra, permitió grabar surcos mucho más finos dando lugar a la aparición del «microsurco» (entre 250 y 400 surcos por pulgada) capaz de almacenar más tiempo de música y con una extraordinaria calidad.

El microsurco facilitará la comercialización de dos tipos de discos: el «long play» (LP) de 30 cm de diámetro y 30 minutos de duración en cada cara, y el «single» de 18 cm de diámetro y 5 minutos de duración en cada cara.

Primer superventas

En 1903 la grabación del famoso tenor Enrico Caruso del aria *Vesti la giubba* de Leoncavallo se convirtió en el primer disco «superventas» de la historia consiguiendo vender un millón de copias en todo el mundo.

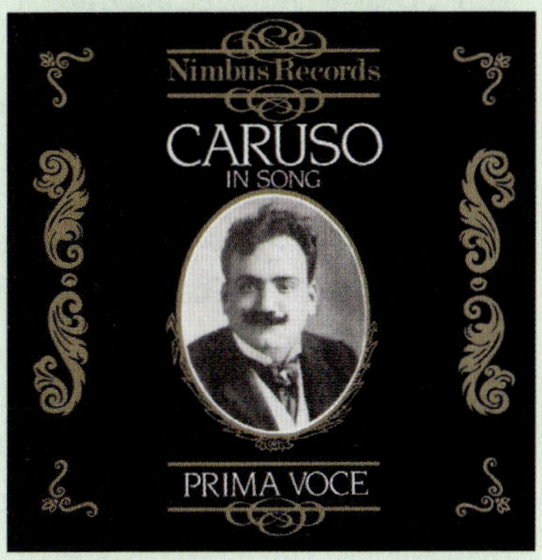

Single

Por su reducido tamaño y su bajo coste, el single se convertirá en el medio ideal para difundir las canciones de moda.

En la actualidad, el término single sigue utilizándose para hacer referencia al lanzamiento comercial de una canción aunque ya no se realiza en ese soporte de vinilo.

El magnetófono

Desarrolla un nuevo sistema de grabación y reproducción que utiliza como soporte una cinta magnética. En esta cinta de plástico revestida de polvo ferromagnético fino, se imprimen las señales eléctricas de las ondas por polarización magnética.

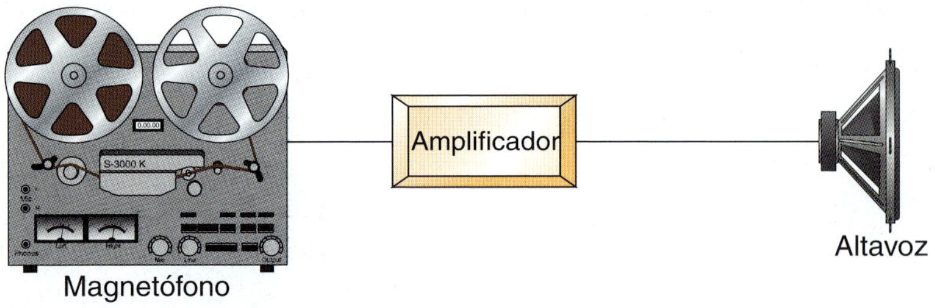

↑ El magnetófono contiene el soporte para la cinta, los distintos controles de encendido, paro, avance, retroceso y grabación, y las cabezas de borrado, grabación y reproducción constituidas por electroimanes.

La cinta permite ajustar distintas duraciones de almacenamiento según su longitud y tendrá como principal ventaja sobre el disco su facilidad de manipulación para cortar y empalmar distintas tomas.

A finales de la década de 1970, nace el sistema de grabación y reproducción digital que irá sustituyendo paulatinamente a los anteriores sistemas analógicos hasta alcanzar en nuestros días un protagonismo casi absoluto.

El **sonido digital** codifica numéricamente la señal sonora analógica mediante una serie de muestras que toman la medida de la onda en instantes sucesivos. Los distintos valores de estas muestras se sustituyen por códigos binarios (combinaciones de ceros y unos) que se graban en el soporte y se leen mediante un procedimiento óptico. La grabación y reproducción digital utiliza como soportes tanto el disco como la cinta.

El CD (Compact Disc)

El disco compacto es un material plástico (policarbonato) que mide 12 cm de diámetro con un orificio central de 1,5 cm y un grosor de 1,2 mm. La grabación se realiza en una sola cara en forma de puntos microscópicos que son leídos por un rayo láser infrarrojo.

El CD consigue una duración de hasta 80 minutos, proporciona un sonido de gran calidad, facilita el acceso a la información de manera casi instantánea y permite la copia y reproducción sin ningún deterioro o desgaste.

← Sistema de lectura de un CD.

La cinta DAT (Digital Audio Tape)

Utiliza como soporte una cinta magnética contenida en un pequeño cartucho de plástico de la mitad del tamaño que una casete. La información digital se imprime en forma de cargas positivas y negativas en el revestimiento metálico de la cinta. La grabación y reproducción se realiza mediante un cabezal magneto-óptico.

Casete

En 1960, la compañía Philips lanzó el formato de la casete, un pequeño estuche de plástico con una cinta magnética de 3,81 mm de ancho enrollada en dos bobinas.

Desde entonces, y hasta la comercialización del CD en 1983, la casete se convertirá en el medio ideal para la difusión masiva de música.

Sonido profesional

La cinta DAT ofrece mayor calidad y capacidad de almacenamiento que el CD, por lo que se ha convertido en el medio ideal para aplicaciones profesionales.

Se emplea como máster de sonido en los programas de televisión y en la mayoría de los estudios de grabación.

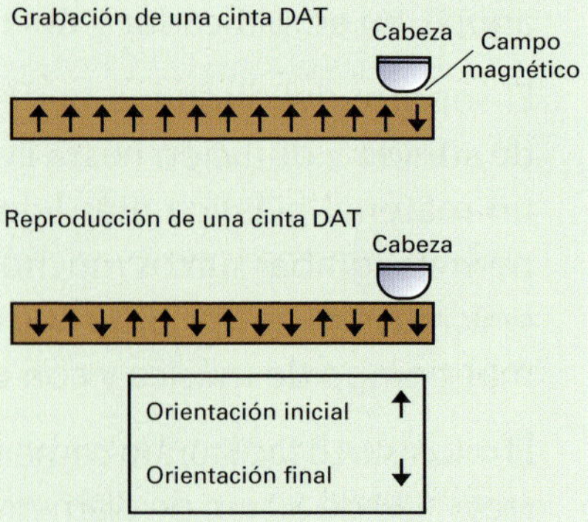

2 Instrumentos electrónicos

La aparición de los instrumentos electrónicos, fruto del desarrollo de las nuevas tecnologías aplicadas a la música, ha protagonizado buena parte del panorama musical actual, tanto en el ámbito culto como en el popular.

En los instrumentos electrónicos, el sonido se produce por medio de osciladores que generan corrientes eléctricas periódicas, y se elabora y amplifica mediante diferentes dispositivos, también electrónicos.

Los instrumentos electrónicos nacieron en la década de 1920 con ejemplos pioneros como el **Theremin,** las **Ondas Martenot** y el **Trautonio.** Eran instrumentos muy rudimentarios y complejos de manejar, pero despertaron enseguida el interés de muchos compositores y se utilizaron en salas de conciertos y en bandas sonoras para efectos de sonido.

En 1934, Laurens Hammond inventa el **órgano electrónico** intentando emular la variedad de registros y timbres del órgano convencional. De aspecto similar a una consola de órgano, poseía un pedal de volumen y distintos botones de control para la selección de registros y efectos sonoros.

En 1955, se presentó el primer modelo de **sintetizador** en la Radio Corporation of America (RCA). Era un aparato pesado y enorme destinado a la investigación pues podía realizar «síntesis» de sonidos creando ondas complejas mediante la superposición de ondas simples.

En 1965, Robert Moog crea el primer sintetizador comercial por su reducido tamaño y su sencillez de manejo. El **sintetizador Moog** integra distintos módulos (osciladores, amplificadores, filtros, etc.) para elaborar y modificar todo tipo de sonidos, controlados desde un teclado.

La **batería electrónica** está constituida por piezas planas que producen el sonido al golpear con una baqueta determinados sensores. Por su reducido tamaño y su amplificación integrada, sin necesidad de micrófonos para cada elemento del conjunto, la batería electrónica ha ido sustituyendo a la tradicional batería acústica en muchos conjuntos de pop y rock actuales.

La **caja de ritmos** permite reproducir, sin necesidad de intérprete, todo tipo de ritmos previamente programados y accionados desde determinados controles. Se utiliza como un elemento imprescindible en muchos grupos de pop y especialmente en la música disco.

El **secuenciador** es un aparato que permite almacenar y después reproducir una determinada secuencia de datos. Es una especie de «hombre orquesta» capaz de controlar diversos instrumentos electrónicos de forma simultánea para hacer que suenen según las instrucciones que se hayan programado.

El **sampler** o emulador es capaz de imitar cualquier sonido preexistente. Utiliza el muestreo digital del sonido *(sampling)* para grabar cualquier sonido de la naturaleza y, una vez convertido en códigos binarios, hacerlo sonar con una determinada altura. El desplazamiento del tono *(pitch shifting)* se obtiene reproduciendo con mayor o menor rapidez las distintas muestras.

Los nuevos instrumentos electrónicos no solo se utilizan para imitar sonidos sustituyendo a los instrumentos acústicos convencionales, sino que han contribuido de manera decisiva al desarrollo de la composición musical.

↑ **Sintetizador.** El sintetizador se introdujo en el mundo del pop en la década de 1970, convirtiéndose desde entonces en protagonista de buena parte de la música popular actual y dando lugar a nuevos estilos basados en la utilización de instrumentos electrónicos.

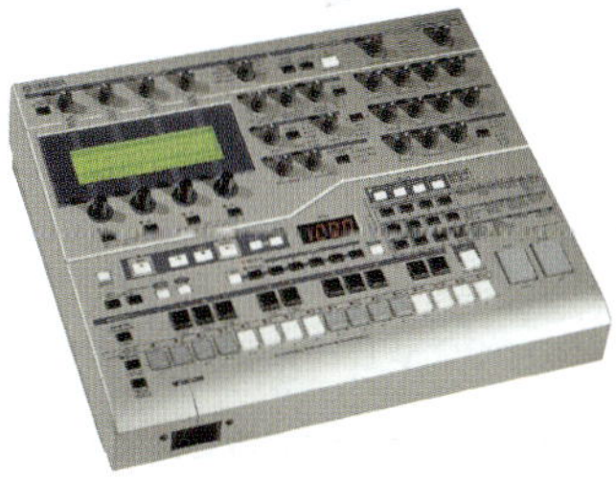

↑ **Caja de ritmos.** El efecto de palmadas que oímos acompañando la grabación de muchos temas comerciales se realiza mediante una caja de ritmos.

↑ **Sampler.** Los efectos de sonidos de animales perfectamente afinados entonando una canción, se realizan con un sampler.

3 Informática musical

En la actualidad, los ordenadores se han convertido en la herramienta de trabajo más importante para la música electrónica, ya que permiten reunir en un solo elemento, cada vez más sencillo y asequible, la utilización de todas las aplicaciones e instrumentos de la electrónica.

Además de ofrecer todas las posibilidades de un completo laboratorio de sonido, el ordenador permite almacenar también toda la información relativa a sus estructuras y modos de producción.

3.1. Componentes básicos del ordenador

El ordenador es una máquina capaz de realizar con extraordinaria velocidad todo tipo de operaciones aritméticas y lógicas. Trabaja con códigos binarios, lo que permite almacenar mucha información en muy poco espacio y acceder a ella de forma inmediata.

Para poder tratar la información (recogerla, almacenarla, procesarla y devolverla al usuario), el ordenador utiliza dos componentes básicos: el hardware y el software.

Hardware

Son los elementos físicos («duros»), visibles u ocultos, que forman la parte material de sistema. El hardware más habitual se compone de:

a) La CPU (Unidad Central de Proceso): controla todo el ordenador, almacenando y transmitiendo los datos, y ejecutando los programas.

b) Los periféricos: conectan la CPU con el usuario y con otros equipos para recibir o dar salida a la información.

El enlace de la CPU con los distintos periféricos se realiza mediante la conexión o el «interfaz» de entradas y salidas.

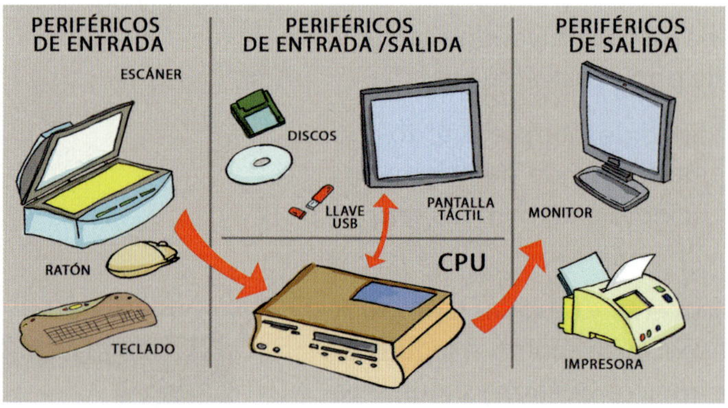

Software

Son los elementos lógicos («blandos») constituidos por el conjunto de programas o instrucciones que necesita el ordenador para poder realizar y coordinar sus operaciones. Existen dos tipos fundamentales de software:

a) El software de base: conjunto de lenguajes y programas que constituye el sistema operativo del ordenador.

b) El software de aplicación: programas destinados a la realización de diversas tareas que permiten al usuario el control y manejo de la información.

Unidades de información

La unidad mínima de información digital (1 ó 0) se llama bit.

La unidad básica de almacenamiento es el byte, formado por 8 bits.

Los distintos múltiplos del byte establecen las distintas capacidades de almacenamiento de la información:

- 8 bits = 1 byte
- 1.024 bytes = 1 kilobyte
- 1.024 kilobytes = 1 megabyte
- 1.024 megabytes = 1 gigabyte

Tipos de memoria

Los ordenadores utilizan dos tipos de memorias:

a) ROM (Read Only Memory) para almacenar programas o datos fijos, no modificables como el encendido o la configuración. Es la memoria de lectura, no volátil.

b) RAM (Random Access Memory) que permite introducir o borrar datos para ejecutar las distintas aplicaciones. Es la memoria de acceso aleatorio, de tipo volátil.

3.2. Aplicaciones de la informática musical

La aplicación de la informática al terreno musical ha propiciado la creación de dispositivos capaces de controlar, transmitir e interpretar la información digital del sonido.

El MIDI (Musical Instrument Digital Interface)

Es un sistema universal de comunicación digital que permite la conexión de todo tipo de instrumentos electrónicos (sintetizadores, secuenciadores, cajas de ritmos, etc.) posibilitando el intercambio de información entre estos y un ordenador.

El interfaz digital MIDI transmite los mensajes en forma de códigos binarios a través de los famosos cables MIDI o conectores DIN. La comunicación se realiza mediante sistemas «maestros» que generan o controlan los códigos MIDI, y sistemas «esclavos» que reciben e interpretan las instrucciones.

Cualquier instrumento puede convertirse en un «controlador MIDI» transformando sus sonidos en mensajes MIDI mediante un convertidor.

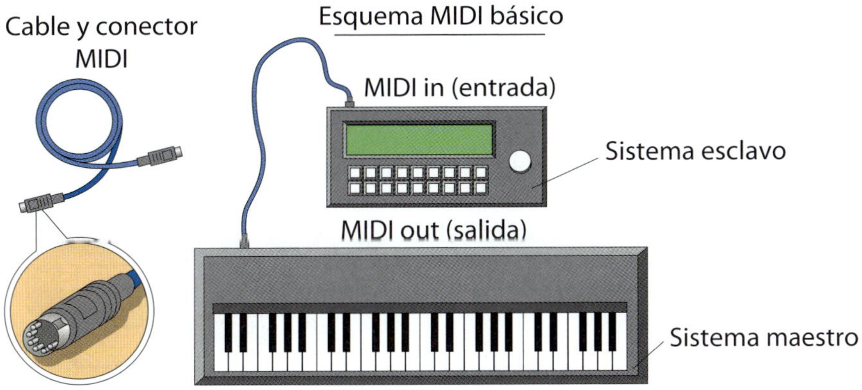

El MIDI permite la definición exacta del sonido mediante la expresión numérica de sus parámetros en una escala de 0 a 127 que abarca las distintas posibilidades de altura, intensidad y timbre, con el ataque y la duración perfectamente detallados.

Las tarjetas de sonido

Son dispositivos hardware que, integrados en un ordenador con el software correspondiente, emulan el funcionamiento de instrumentos y dispositivos electrónicos. Permiten la digitalización de la señal de audio para grabar y reproducir música, voz o cualquier otra señal de sonido, y pueden conectarse con altavoces, auriculares, micrófonos, cadenas de música, etc.

La calidad del sonido depende de la frecuencia de muestreo para la conversión digital de audio. Como el sonido de alta calidad ocupa demasiada memoria, las aplicaciones más usuales suelen utilizar formatos comprimidos como el popular MP3.

Además de la capacidad para grabar y reproducir sonidos, todas las tarjetas incorporan la posibilidad de mezclar y regular las diferentes fuentes de entrada de sonido para conseguir una única señal de salida.

En los últimos años, la mayoría de las tarjetas de sonido han integrado también programas de síntesis de sonidos por medio de tablas de ondas.

Mensajes midi

El sistema habitual MIDI permite 16 canales distintos con una polifonía de 24 voces para cada canal.

A través de estos canales se transmite toda la información relativa a las características del sonido con mensajes de 10 bits que incluyen 1 bit de inicio, 8 bits de datos y 1 bit de parada.

El MP3

El formato MP3 comprime el sonido digitalmente utilizando la forma de escuchar que tiene el oído humano para eliminar los muestreos difícilmente perceptibles.

Suprime las frecuencias superiores a 20.000 Hz e inferiores a 20 Hz, y los muestreos de información casi irrelevante en la reconstrucción de la onda. El resultado es un archivo mucho más pequeño sin una pérdida muy apreciable de calidad.

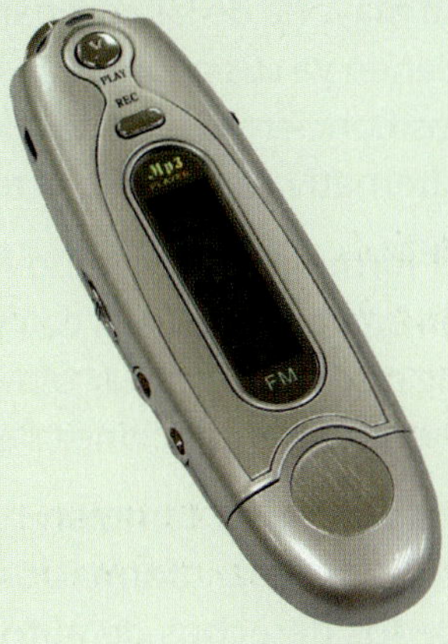

Software musical

Existe una inmensa variedad de software musical destinado a cuatro aplicaciones fundamentales: educación, composición, edición de partituras y tratamiento del sonido.

- **Programas de educación musical:** incluyen aspectos teóricos y prácticos de la música e incluso permiten la práctica instrumental. Los más habituales son programas de aprendizaje de lenguaje musical para practicar la notación y la discriminación auditiva de intervalos, escalas, acordes, instrumentos, etc. También existen numerosos CD-ROM que incluyen datos, audiciones, partituras y juegos en presentaciones multimedia.
- **Programas de creación musical:** han dado lugar a la música estocástica utilizando la composición algorítmica para generar de forma automática todos los detalles de la obra a partir de unas determinadas instrucciones.
- **Programas de edición de partituras:** permiten introducir la música para trabajarla y corregirla cómodamente igual que en un programa de texto (borrando, cortando, copiando o pegando) e imprimirla después en el formato deseado, en partitura completa o por voces individuales. También permiten escuchar lo que se escribe y manipular algunos parámetros de forma automática, como la tonalidad o el compás.
- **Programas de edición de audio:** permiten el tratamiento del sonido a través de la manipulación de las ondas que se muestran en la pantalla. Las ondas se pueden seleccionar o cortar, se pueden insertar o suprimir silencios, añadir efectos de todo tipo, y después grabar y reproducir el resultado.

La música en Internet

Internet es una inmensa red que conecta millones de ordenadores repartidos por todo el planeta permitiendo la circulación de todo tipo de informaciones en todo tipo de formatos: texto, fotografía, vídeo, música, voz, sonidos...

La aplicación de Internet en el mundo de la música presenta una gran variedad de opciones; desde el acceso a datos relacionados con el lenguaje y la historia de la música, compositores, intérpretes, acústica del sonido, instrumentos, catálogos de obras, listas de ventas, a las composiciones interactivas o la posibilidad de acceder a una inmensa discoteca virtual.

La mayoría de las compañías discográficas y cadenas de radio musicales tienen ya sus páginas de información multimedia, y en los últimos años, los conciertos a través de Internet se están convirtiendo en una seria alternativa a la radio, la televisión o los espectáculos en directo.

El formato comprimido MP3 ha revolucionado el mundo de la música en Internet y algunas compañías se han lanzado a la distribución por la red de discos «a la carta» ofreciendo al internauta la posibilidad de escuchar y grabar las canciones deseadas.

Pero Internet también ha generado graves problemas por la falta de control en la información que se ofrece y por la frecuente vulneración de los derechos de autor en creaciones «pirateadas» libremente, que exigen del usuario un ejercicio de selección y responsabilidad.

Todo un mundo de posibilidades

Gracias al ordenador, la comunicación MIDI con otros dispositivos y la calidad de las tarjetas de sonido, podemos disfrutar de todo tipo de instrumentos virtuales y recrear estudios de sonido profesionales.

Web o WWW

La telaraña mundial de documentos (World Wide Web) es el servicio más popular de Internet.

Son documentos que contienen texto e imagen, y también pueden incluir sonido, secuencias de video o ficheros musicales.

4 La música en el cine

El cine se ha servido de la música desde sus comienzos, utilizándola como un elemento integrante más al servicio de la acción.

4.1. Evolución de la música cinematográfica

En los primeros años del cine mudo, la proyección de las películas se acompañaba con un pianista o una pequeña orquesta que interpretaban popurrís de melodías populares o arreglos de música clásica seleccionados en función de los distintos ambientes o emociones que aparecían en pantalla. Los efectos de sonido se producían con el denominado «órgano de cine», que imitaba sonidos de campanas, ruidos de pisadas, truenos, lluvia, bocinas, pájaros, etc.

El cine sonoro nace en 1927 con la película *El cantante de jazz,* utilizando un tocadiscos sincronizado con el proyector de imágenes.

Con la generalización del cine sonoro a partir de 1930, las grandes productoras cinematográficas empezarán a contratar compositores que escribirán bandas musicales específicas para sus películas. El sonido ya no se grabará en un disco aparte, sino en la propia cinta de la película junto con la imagen.

Entre los primeros grandes compositores cinematográficos destaca la figura de Max Steiner (1888-1971), con la banda sonora para *Lo que el viento se llevó.*

Durante las décadas de 1940 y 1950 Hollywood vivirá su época dorada mejorando la calidad de sus producciones y aprovechando los adelantos técnicos en los sistemas de grabación y reproducción del sonido. Destacan los compositores Alfred Newman (1900-1970) con *Cumbres borrascosas,* Miklos Rosza (1907-1995) con *Ben-Hur* y Bernard Herrmann (1911-1975) con la terrorífica banda sonora de *Psicosis.*

Durante las décadas de 1960 y 1970, el cine aprovechará las posibilidades de manipulación del sonido en los laboratorios de grabación e incorporará las influencias de la música pop. Destacan Henry Mancini (1924-1994), autor de *Desayuno con diamantes* y *La pantera rosa,* Nino Rota (1911-1979) con *El Padrino,* Ennio Morricone (1928) con *La muerte tenía un precio* y *La Misión,* Maurice Jarre (1924) con *Lawrence de Arabia* y *Doctor Zhivago* y John Barry (1933) con *James Bond, Memorias de África* o *Bailando con lobos.*

Desde la década de 1980, la música cinematográfica se caracteriza por la coexistencia de dos corrientes opuestas. La recuperación de una música sinfónica tradicional al estilo de los grandes compositores románticos, y la introducción de los modernos medios electrónicos y estilos actuales.

Entre los representantes del llamado «nuevo sinfonismo», destacan John Williams (1932) con *La guerra de las galaxias, Indiana Jones* o *La lista de Schindler,* Howard Shore (1946) con *El silencio de los corderos* y *El señor de los anillos,* y James Horner (1953) con *Titanic* y *Una mente maravillosa.*

Entre los representantes de las tendencias más actuales, destacan Vangelis (1943) con *Carros de fuego, Blade Runner* y *1492, la conquista del Paraíso,* Michael Nyman (1944) con *El piano* y *El contrato del dibujante,* y Philip Glass (1937) con *El agente secreto y Las horas.*

Pioneros del cine

El «cinematógrafo» fue inventado por los hermanos Louis y Auguste Lumière, que realizaron la primera exhibición pública el 28 de diciembre de 1898 en París con los montajes titulados *Salida de obreros de la fábrica* y *El regador regado.*

En España, el pionero fue Eduardo Jimeno, grabando en 1896 la *Salida de misa de doce del Pilar.*

↑ Hermanos Lumière.

Compositores de cine en España

Algunos compositores de la Generación del 51 han realizado composiciones para el cine. Es el caso de Carmelo Bernaola (1929-2002) con *Espérame en el cielo* y *Pasodoble,* y Antón García Abril (1933) con *El crimen de Cuenca* y *Los santos inocentes.*

En el panorama más actual destaca José Nieto (1942), que ha cultivado todos los estilos en *El Lute, La pasión turca, Libertarias, Juana la Loca* o *Trece campanadas.*

4.2. Relación de la música con la imagen

El tratamiento musical de una película responde a dos tipos distintos según su relación con la imagen:

a) **Música diegética:** ilustra una imagen en la que aparece una fuente de sonido (un tocadiscos, una orquesta de baile, un intérprete tocando o cantando, una feria, la música de un bar o una discoteca, etc.) y debe corresponderse con ella mostrando el sonido de lo que aparece en la pantalla. Es una música previa a la grabación de la escena que suele utilizar músicas prestadas.

b) **Música no diegética:** no aparece en pantalla ninguna fuente de sonido y, por tanto, el compositor tiene libertad para crear la música de ambientación que considere más conveniente.

Esta música es la que constituye el verdadero trabajo del compositor, encaminado a crear el ambiente sonoro adecuado al discurso narrativo, y se escribe siempre después de terminada la película. De esta forma, el compositor, junto con el director y los distintos técnicos, puede decidir viendo la película cuánta música se necesitará y en qué momentos.

Las secuencias seleccionadas para la música forman el «spotting». Suelen ser de escasa duración y se facilitan al compositor en la llamada «clave» que contiene una descripción detallada de la acción y su duración expresada en tercios de segundo para que pueda escribir la música sin necesidad de volver a remitirse a la película.

Elementos de la banda sonora

La banda de sonido de una película incluye tres apartados distintos: los diálogos, los efectos de sonido (efectos especiales y de sala) y la música de ambientación.

Sin embargo, el término «banda sonora» se aplica en general para referirnos solo a la música de ambientación, la verdadera música incidental al servicio de la imagen.

4.3. Funciones de la música en el cine

La música contribuye a reforzar la acción cinematográfica cumpliendo diversas funciones:

- **Ayuda a crear la atmósfera adecuada al desarrollo de la acción**

Aunque hay excepciones, los compositores suelen cuidar el estilo y la instrumentación de sus partituras para adaptarlos a la época y contexto de la película. No recibirá el mismo tratamiento musical una película de romanos que una ambientada en el oeste americano o en escenarios futuristas.

- **Influye en el espectador creando un efecto psicológico determinado**

La música refuerza la acción de la pantalla cargando una escena de tensión, de alegría o de tristeza para acercar la emoción de los personajes al espectador. Pero también puede prevenir al espectador marcando un sentimiento contrario al que aparece en la imagen. Así, una escena romántica en la pantalla cambiará de sentido con una música disonante de fondo, o una escena tenebrosa se volverá ridícula con una música dulce y melodiosa.

- **Sostiene la narración dando un sentido de continuidad a la película**

La música sirve de fondo neutro para rellenar pasajes vacíos y unificar el montaje de las distintas escenas. Es el tipo de música que pasa inadvertida para el espectador porque no utiliza melodías llamativas ni instrumentaciones espectaculares, pero que cumple una función estructural importantísima.

4.4. Músicas prestadas

Además de las partituras de los grandes compositores cinematográficos, las bandas sonoras se han servido también de músicas «prestadas» tomadas tanto del ámbito de la música clásica como de la música popular urbana. Ambos sistemas, música original y música prestada, se emplean con frecuencia de forma conjunta.

■ La música clásica en el cine

La utilización del repertorio clásico es un recurso expresivo utilizado con frecuencia para garantizar la influencia emocional en el espectador.

Los compositores preferidos, infalibles para el propósito de suscitar los más variados sentimientos, han sido los músicos del Barroco, el Clasicismo y el Romanticismo, tanto en el repertorio instrumental como en fragmentos del repertorio operístico.

■ La música popular en el cine

Llegará a la gran pantalla en la década de 1970 aprovechando el extraordinario empuje de la música popular y convirtiendo el cine en el fiel reflejo de la evolución de los gustos musicales y movimientos juveniles.

En la actualidad, el cine no solo sigue aprovechando los éxitos de moda, sino que ha demostrado también su enorme influencia sobre la música popular para lanzar a la fama a nuevos intérpretes o recuperar canciones olvidadas.

Películas sobre música clásica

La música clásica también ha recibido la atención directa del cine con películas dedicadas a compositores, intérpretes u otros aspectos de la música culta.

Algunos ejemplos son *Amadeus* (sobre la vida de Mozart), *Farinelli* (sobre el castrato Carlo Broschi) y *Copyng Beethoven* (sobre la vida de Beethoven centrada en la creación de su Novena sinfonía).

ACTIVIDADES

1. Investiga y cita títulos de películas que hayan utilizado fragmentos de obras clásicas y temas de la música popular.

2. Interpreta este arreglo del tema principal de la banda sonora de ***El piano*** compuesta por **Michael Nyman:**

3. Escucha el famoso tema ***River*** escrito por **Ennio Morricone** para la banda sonora de **La Misión** y aprovecha la partitura para interpretarla por encima de la audición:

2 27

a. ¿Cuántas veces se repite la misma frase? ¿Cómo se van intensificando progresivamente las repeticiones?

b. Completa la interpretación añadiendo una segunda voz por 3ª y un acompañamiento rítmico.

c. ¿Te resulta familiar esta melodía? Se parece mucho al comienzo de uno de los temas que hemos escuchado en una obra de Manuel de Falla. Haz memoria para localizar el tema y compara las dos melodías.

5 La música en la radio y la televisión

5.1. La radio

Desde que en 1920 comenzaran las primeras emisiones radiofónicas hasta nuestros días, la relación de la música con la radio ha cambiado mucho.

Al principio, la música se utilizaba para rellenar los huecos vacíos que dejaba la voz y como elemento documental complementario de la información. Con el paso del tiempo, las grandes emisoras radiofónicas encontraron en la música uno de sus instrumentos más propios y atractivos, y contrataron a su servicio orquestas especializadas en repertorio clásico y popular, promoviendo todo tipo de concursos musicales.

La competencia de la televisión entrada la década de 1940 hizo que la radio apostara por una mayor calidad de sonido y por la creación de programas musicales específicos para intentar mantener una audiencia fiel.

Hoy en día, la **radio musical** se ha convertido en un vehículo fundamental para la difusión y la creación de nuevos hábitos de escucha y gustos musicales. Las emisoras especializadas en música atraen a más de la mitad de la audiencia total ofreciendo música clásica, retransmisiones de conciertos de todos los estilos e imponiendo las canciones de moda con el fenómeno creciente de las llamadas «**radiofórmulas**».

Radiofórmulas

La emisora de «Los 40 principales» es uno de los ejemplos pioneros de radiofórmulas.

Junto con las casas discográficas, esta emisora decide qué discos se integran en la programación y con qué frecuencia se van a emitir.

Después de pasar ocho semanas emitiéndose con distintos niveles de intensidad (rojo, verde, azul y negro) el disco se incorpora a la lista de los 40 principales.

5.2. La televisión

Las primeras emisiones televisivas comenzaron en 1941 en Estados Unidos. Desde entonces, el medio televisivo ha experimentado un gran desarrollo técnico y ha crecido en número de espectadores hasta convertirse en el principal medio de comunicación de nuestros días.

La televisión, como el medio audiovisual por excelencia, une a las posibilidades musicales de la radio, los elementos de imagen característicos del cine.

La música en la televisión forma parte fundamental de todo tipo de espacios, desde las sintonías que anuncian los programas a los documentales, recibiendo una especial atención en las teleseries, los dibujos animados y, por supuesto, los videoclips.

- Las **teleseries** utilizan bandas sonoras que concentran su esfuerzo en la creación de una sintonía inicial de efecto impactante y pegadizo. El resto de la composición suele ser una música de fondo escrita con antelación y ordenada en bloques temáticos según determinen las distintas situaciones de la narración.
- Los **dibujos animados** utilizan la banda sonora para acompañar el desarrollo de los movimientos de una forma constante y natural. Más que una música ambiental, se suceden efectos sonoros de todo tipo que ilustran el movimiento de los personajes y los objetos.
- El **videoclip** es un pequeño cortometraje musical rodado, pensado y diseñado para la televisión, que se caracteriza por la rápida superposición de imágenes y por su evidente intención comercial. Su objetivo es ofrecer los trabajos musicales de la forma más atractiva.

El poder de la MTV

La MTV (Music Television) fundada en 1981, es la cadena de televisión por cable pionera en la emisión de videoclips. Ofrece una emisión continua de 24 horas difundiendo 200 videoclips mensuales.

Con una extraordinaria influencia en el sector discográfico y en el gusto juvenil, la MTV ha sido la responsable del éxito de las figuras más importantes de la música popular actual, desde Madonna a Nirvana o el MC Hammer.

5.3. Música y publicidad

La publicidad ha utilizado siempre la música como uno de los medios más atractivos para dar a conocer los productos de consumo. De hecho, los publicistas acuñaron como estrategia de trabajo la famosa máxima: «Si no sabes qué decir de un producto, ¡cántalo!».

Junto a la música, la importancia de la voz, que anuncia el eslogan o explica el producto, constituye otra forma decisiva de reclamo. Un locutor publicitario busca despertar nuestro interés modulando su voz con cambios de entonación, de intensidad, de ritmo o incluso de timbre. Estos usos expresivos de la voz provocan en el oyente un estado psicológico determinado y, por tanto, se eligen según la intencionalidad del producto anunciado.

En la publicidad radiofónica, el impacto del anuncio depende exclusivamente del uso de la voz y de la elección de una música adecuada.

En la publicidad televisiva, se integran, junto con la importancia del sonido característica de la radio, el movimiento de la imagen y los recursos visuales de la publicidad estática propia de la prensa y los carteles.

Publicidad con música original

La publicidad ha dado lugar a un tipo de música específico: el «**jingle**», compuesto especialmente para el anuncio de un producto determinado. Suelen ser canciones cortas y pegadizas, cuyas melodías, si son acertadas, quedan asociadas para siempre con la marca que promocionan.

Publicidad con música prestada

La elección de una determinada música, clásica o popular, para un anuncio, supone una selección del tipo de espectador al que va dirigido ese producto.

La música clásica se utiliza con frecuencia asociada a productos que pretenden destacar por su calidad e incluso por un cierto componente elitista: alimentos sanos y naturales, coches de lujo, joyas o perfumes selectos, etc.

La música popular se utiliza para llegar con contundencia al público más joven y su extraordinario impacto, denominado ya como «**publipop**», ha servido para recuperar viejos éxitos o lanzar a la fama temas nuevos.

Jingles que han hecho historia

El famoso jingle de Cola-Cao que cantaba el negrito del África tropical, continúa en sorprendente vigencia desde hace más de cuarenta años.

ACTIVIDADES

1. Busca información y haz una lista con los videoclips de éxito más reciente.
2. Haz de locutor publicitario e intenta sugerir con tu voz distintos sentimientos (alegría, miedo, tristeza, enfado, sorpresa, decepción, etc.) enunciando la frase:

   «Un elefante en lo alto de la valla, ¡vaya!»
3. Pon a prueba tu memoria y cita ejemplos famosos de jingle y de publipop.
4. En pequeño grupo, repartid el trabajo para poder analizar los spots televisivos que se emiten en las distintas cadenas en una misma franja horaria. Indicad la hora de emisión, la duración del anuncio, el producto, la música y el tratamiento de la voz que utiliza y el público al que va dirigido.

Cadena	Hora	Duración	Producto	Música	Público
•••	•••	•••	•••	•••	•••

Exponed en clase vuestras conclusiones sobre el efecto que produce la música en los distintos anuncios.

Revista musical

El mercado de la música

Ventas totales de música
(en miles de millones de dólares)

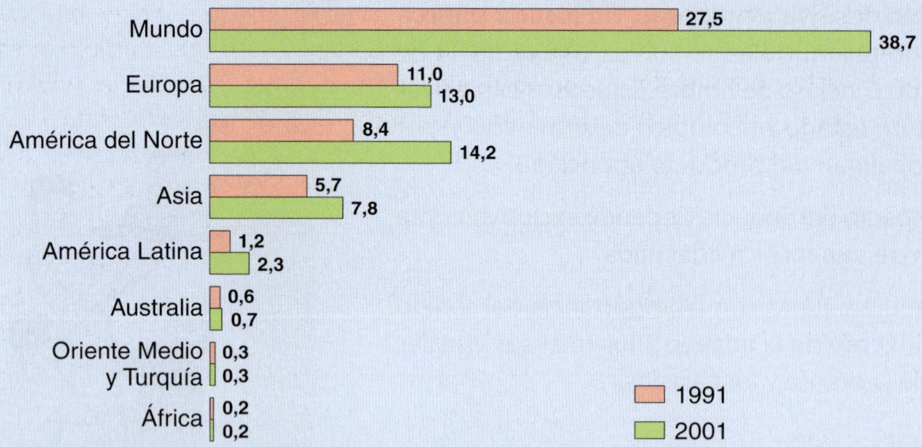

Comparación (en %) entre las cuotas de mercado de las multinacionales y los **sellos independientes** en diferentes países

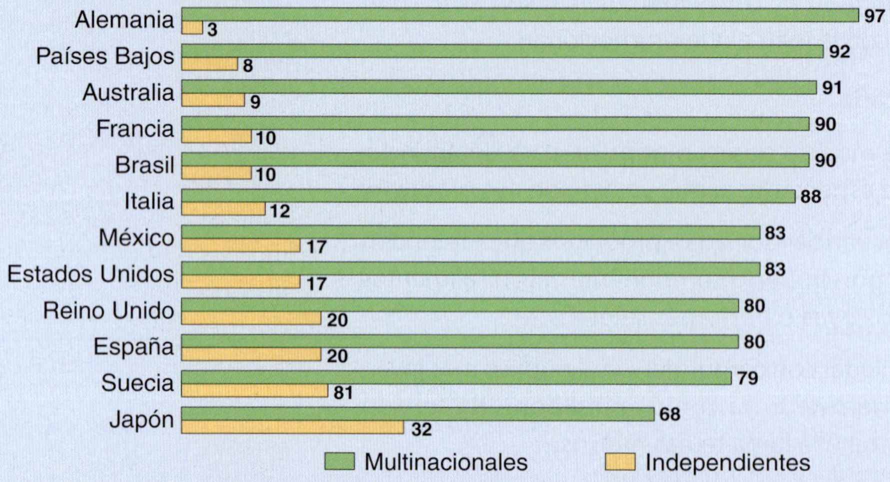

Países con mayor **tasa de piratería** en discos compactos

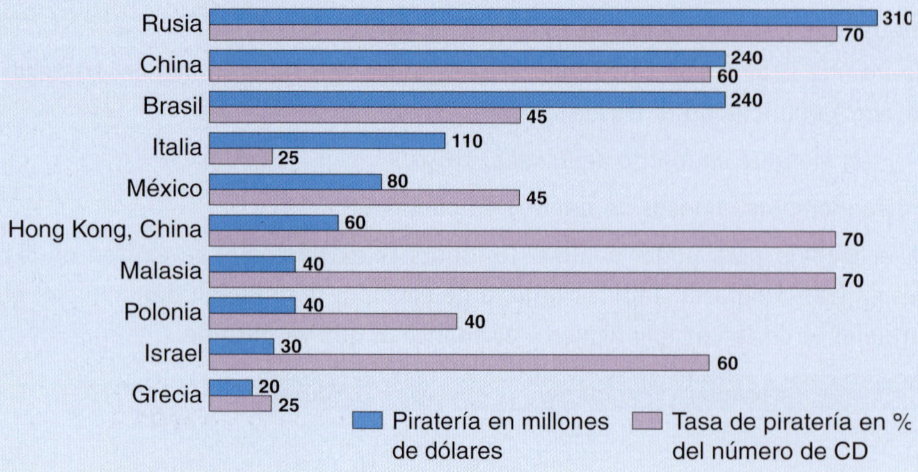

Ventas totales de música (por regiones)

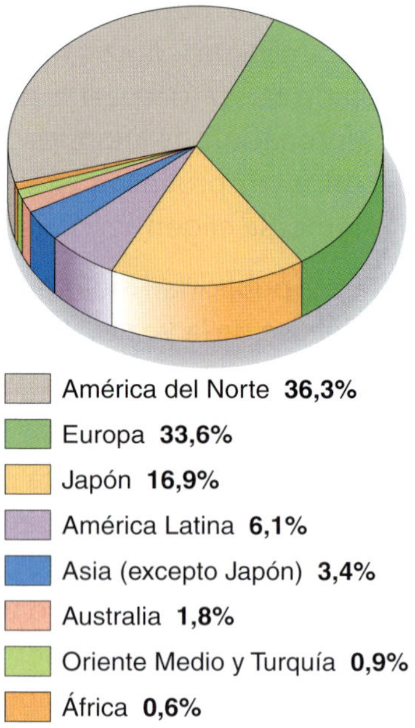

Cuotas de mercado de las cinco mayores casas discográficas del mundo

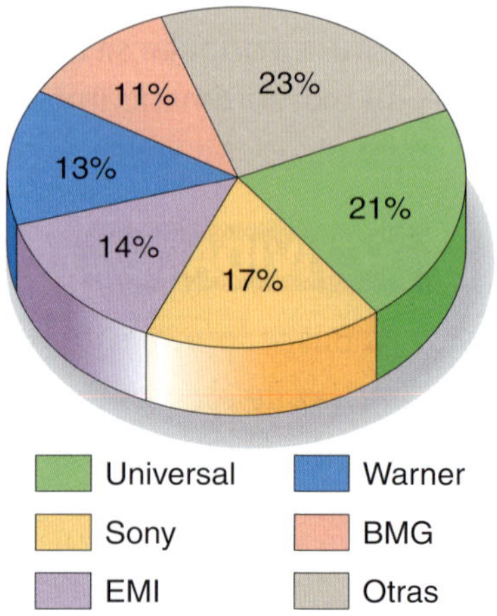

*Fuente: Federación Internacional de la Industria Fonográfica.

Ciberjuventud musical

«Internet brinda a los jóvenes rebeldes un arma ideal para herir a la industria de la música en su talón de Aquiles: la propiedad intelectual. En esos círculos contestatarios, desde hace tiempo la piratería se considera algo digno de aplauso. Ya en los años setenta, las firmas discográficas punks adoptaron el eslogan: «Las copias caseras están matando la industria del disco: no abandonemos la batalla». Sin embargo, por su difícil distribución, la piratería en cintas magnéticas no constituía una amenaza para las grandes compañías. Y aunque se crearon círculos independientes de distribución por correspondencia, nunca fueron un peligro para nadie.

Hoy, grupos de jóvenes subversivos conocen Internet al dedillo y han puesto de rodillas a la industria cultural. El formato MP3 permite comprimir y archivar CD en pequeños ficheros accesibles en Internet. Para telecargar y escuchar basta con un modem, una línea telefónica y un ordenador. Y ello sin más costo que la factura telefónica (que suelen pagar los padres). El entusiasmo juvenil, unido al más olímpico desprecio por las normas legales, abre de par en par las puertas de la piratería.

Pero la meta esencial de la juventud en la Red no es usurpar la propiedad intelectual, sino utilizar ese medio para participar en un intercambio cultural mundial sin depender de la industria musical. Han resucitado, por ejemplo, el viejo principio de la economía de trueque. Pilot FM, una marca MP3 establecida en Viena y nacida de la fusión entre proveedores de servicios Internet independientes y artistas de la música electrónica, anuncia en su sitio web: «Como no cobramos por telecargar, agradeceremos cualquier tipo de donación –material informático, programas, cheques de viaje, sopa en lata, café instantáneo– y cualquier cosa que haga la vida más placentera».

Otra innovación es el desarrollo de software gratuito, lo que permite aplicar el principio según el cual cuantas más personas trabajen sobre un producto y lo prueben, mejor será. Esta regla ha quedado demostrada en múltiples oportunidades en la concepción de soportes lógicos. En cuanto al aspecto cultural, esa misma tendencia favorece la renuncia a los derechos de autor: «Da a conocer tus ideas, ve lo que otros hacen con ellas y eso te ayudará en tu propia creación». Por ello, en Internet abundan los bancos de samples (muestras) y los archivos MIDI para almacenar sonidos y ficheros musicales. Un músico hip hop de vanguardia que busca chillidos de rata puede encontrar en un archivo el sonido con el que siempre soñó. Puede luego, a su vez, transformar ese sonido y enriquecer así el banco. Pararadio, una radio DJ instalada en Budapest, es un ejemplo entre tantos otros. En ella se suceden a toda velocidad un nutrido elenco de disc-jockeys y artistas de música electrónica. Daniel Molnar, uno de los inspiradores del proyecto, explica: «No necesitamos recurrir a discos de samples existentes porque podemos tomarlos gratis de Internet». Muy pronto, estas radios se apoderaron de los formatos de audio de la Red para vincular al ciberespacio con la calle.

En toda Europa, los grupos colectivos de comunicación han aprendido en los últimos años a franquear las fronteras nacionales gracias a nuevos modos de compartir las transmisiones y la creación artística. El objetivo no es llegar a una audiencia masiva, sino vincular entre sí focos de creatividad y resistencia.

Esos proyectos transnacionales generan nuevas formas de comunicación entre los jóvenes. Comparten un espacio acústico, pero es posible que nunca se encuentren en un «espacio real». Sin embargo, esas redes digitales no pueden constituir auténticas fuentes de participación democrática y de libertad de expresión si el «acceso para todos» no está garantizado. No basta con disponer de una línea telefónica, un ordenador y algunos conocimientos técnicos para estar presente en el ciberespacio. En el ámbito cultural, el acceso plantea dos tipos de problemas. En primer lugar, suele afirmarse que Internet permite a los grupos marginales hacer oír su voz, pero cabría preguntarse también quién habla en nombre de esos grupos. En segundo lugar, la noción de acceso se entiende como un proceso en un solo sentido: cada cual ha de tener acceso a toda la información. Pero, inversamente, toda la información debería también ser accesible a todos.

Una de las grandes amenazas que se ciernen sobre los jóvenes es que una cultura juvenil uniforme, estilo MTV, se torne cada vez más accesible. Pese a los islotes de resistencia a la cultura «estilo McDonald», es posible que surja otro problema que no es nuevo en el mundo occidental: la asimilación cultural. ¿Es el precio que hay que pagar?»

Micz Flor, director del Centro de
Medios de Comunicación Avanzados de Praga.

Autoevaluación

1 **Copia en tu cuaderno y resuelve el crucigrama contestando a las definiciones que se indican debajo:**

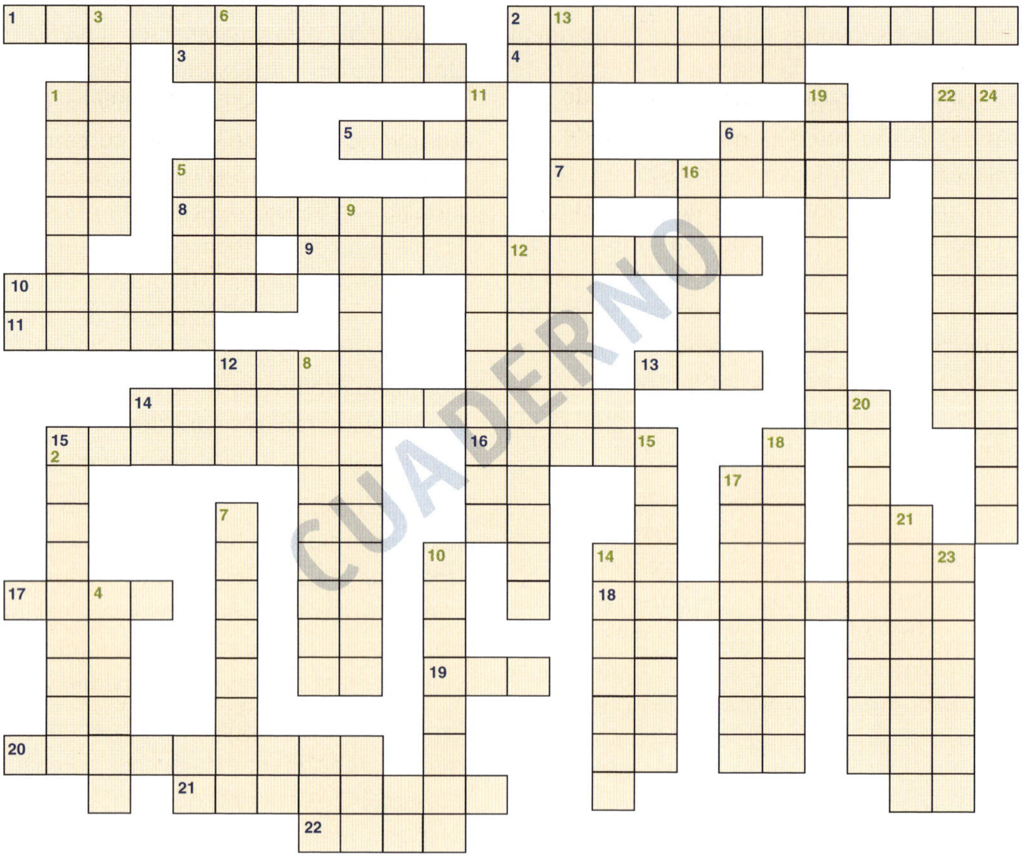

Horizontales

1. Disco de vinilo con surcos muy finos que permitió la aparición del LP y el Single.
2. Instrumento electrónico que permite almacenar y reproducir secuencias de datos para controlar a la vez varios dispositivos.
3. Código de información que utiliza el sistema digital formado por combinaciones de unos y ceros.
4. Recoge la señal eléctrica del amplificador y la convierte de nuevo en ondas sonoras.
5. Sistema universal de comunicación digital que permite la conexión de instrumentos electrónicos.
6. El mundo de instrumentos que puedes tener en un ordenador de esa forma es casi real aunque no los puedes tocar.
7. Dispositivos hardware que permiten el tratamiento del sonido en un ordenador.
8. Red que conecta millones de ordenadores repartidos por todo el mundo.

Verticales

1. Los ordenadores la tienen RAM y ROM, y tú también debes emplearla.
2. Recoge la señal sonora y la convierte en impulsos eléctricos.
3. Versión popular de la cinta magnética en un estuche de plástico pequeño.
4. Instrumento electrónico inventado por Laurens Hammond intentando imitar el sonido del típico de las iglesias.
5. Revestida de polvo ferromagnético, es el soporte que utiliza el magnetófono.
6. En la radio y la televisión es la música que identifica los distintos programas.
7. Soporte para registrar el sonido utilizado por el fonógrafo de Edison con esa forma.
8. Según su relación con la imagen, la música del cine puede serlo o no.
9. Programas radiofónicos destinados al lanzamiento de los temas de moda.

9. Aparato de grabación y reproducción del sonido que utiliza una cinta magnética.
10. Sistema opuesto al analógico que presenta la información en códigos binarios.
11. La de sonido no es una agrupación mediana de intérpretes sino la música de ambientación de una película.
12. El cine primitivo lo era porque no tenía sonido.
13. Telaraña mundial de documentos de Internet o www.
14. Potencia la señal eléctrica recibida para transmitirla al altavoz.
15. Es lo que hace un conversor digital para tomar la medida de la onda analógica.
16. Soporte para grabar y reproducir sonido que tiene esa forma y fue introducido por Berliner para su gramófono.
17. El primer sintetizador comercial se llamó así por el apellido de su inventor.
18. Sistema opuesto al digital que mantiene la señal continua y natural de la onda.
19. Cinta digital magnética con las siglas de su denominación en inglés.
20. El primer aparato capaz de grabar y reproducir el sonido, inventado por Edison.
21. Elementos lógicos o «blandos» del ordenador formados por el conjunto de programas que necesita para funcionar.
22. Unidad básica de información digital compuesta por 8 bits.

10. Elementos físicos o «duros» de un ordenador que forman su parte material .
11. Instrumento electrónico capaz de realizar «síntesis» de sonidos.
12. Versión electrificada del gramófono.
13. Instrumentos en los que el sonido se produce por medio de osciladores eléctricos y también se puede modificar y amplificar.
14. Instrumento electrónico capaz de imitar o emular cualquier sonido preexistente.
15. Máquina capaz de realizar operaciones lógicas con una extraordinaria velocidad que nos ofrece una inmensa realidad virtual.
16. Música especialmente compuesta para la publicidad de un producto.
17. Música popular de gran impacto utilizada en los anuncios más juveniles.
18. Cortometraje musical diseñado para la televisión con una clara intención comercial.
19. Lo inventó Emile Berliner en 1896.
20. Formato que presenta la información ocupando menos espacio, como hace el MP3 con el sonido.
21. Antes de la electricidad, las ondas sonoras se registraban así en el material, por su propio impulso.
22. Lo inventó Cros pero no pudo construirlo.
23. El disco digital se llama así en inglés.
24. Gracias a ella los sistemas de grabación y reproducción del sonido pudieron incorporar micrófono, amplificador y altavoz.

2 **Copia en tu cuaderno y completa los siguientes enunciados:**

- Los primeros sistemas de grabación y reproducción mecánica del sonido fueron...
- La introducción de la electricidad permitió incorporar tres componentes básicos...
- Los principales sistemas de grabación y reproducción analógica son...
- La grabación digital consiste en... y sus principales sistemas son...
- Los instrumentos electrónicos se caracterizan por... y algunos ejemplos son...
- Las principales aplicaciones de la informática musical son...
- Entre los compositores más destacados de música cinematográfica figuran...
- La música en el cine cumple las funciones de...
- La utilización de la música en la radio y la televisión se centra en...

Software musical

1 Edición de partituras con Finale NotePad

Te presentamos uno de los programas más populares para la edición de partituras: es la versión sencilla de Finale, un programa de edición profesional muy utilizado por los compositores actuales, de la que puedes encontrar una versión gratuita en la dirección de Internet http://www.finalemusic.com/notepad/

Para poder descargar el programa tienes que rellenar una casilla con una dirección de correo electrónico en la que recibirás inmediatamente un *Password* que tendrás que teclear para iniciar la descarga. Después te enviarán también el *Serial number* que tendrás que introducir al inicializar el programa para poder utilizar con garantía todas sus funciones.

Finale NotePad te permite escribir (y escuchar) partituras de forma muy sencilla, utilizando el ratón del ordenador y sin necesidad de un teclado MIDI.

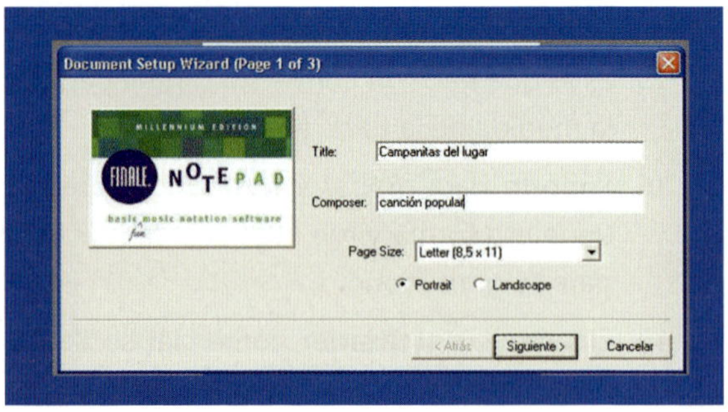

Al **abrir el programa** aparece una ventana que te permite introducir los datos principales antes de empezar:

- el título de la obra
- el nombre del compositor
- el tamaño de la partitura
- la orientación de la página: vertical (portrait) u horizontal (landscape)

Una vez introducidos los datos, haz clic en la casilla Siguiente para continuar.

La **segunda ventana** es para indicar el tipo y número de voces que vas a emplear en tu partitura.

En la columna de la izquierda aparecen los grupos de las distintas familias: Woodwinds (viento madera), Brass (viento metal), Percussion (percusión), Plucked Strings (electrónicos y cuerda), Keyboards (teclados), Chorus (voces) y Strings (cuerda frotada).

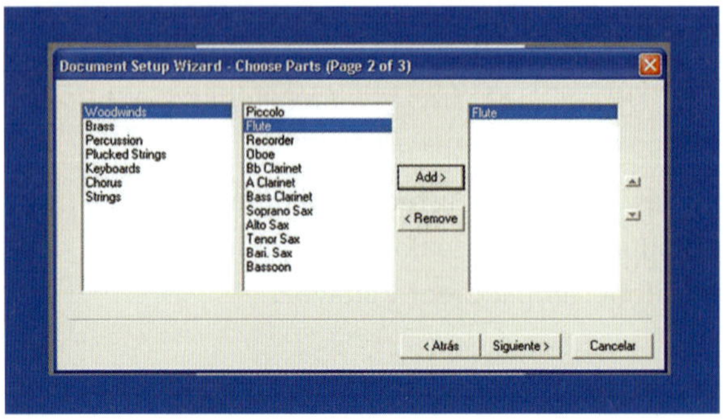

Cuando señalas con el ratón uno de los grupos, en la columna central se despliegan todos los instrumentos o voces que componen la familia para que puedas elegir individualmente. Señala uno picando con el ratón y a continuación haz clic en la casilla Add>, tu plantilla irá apareciendo en la tercera y última columna. Si te confundes o te arrepientes de tu elección, puedes deshacer tu opción señalando el instrumento que quieras desechar y picando después en <Remove.

Haz clic en la casilla Siguiente para continuar.

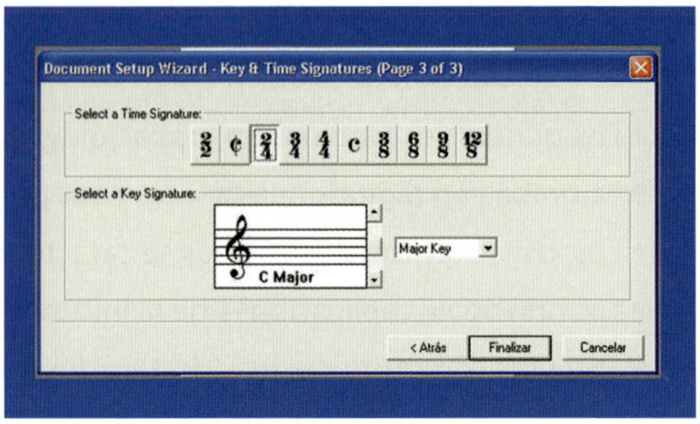

La **tercera ventana** te permite seleccionar el compás y la tonalidad.

Puedes elegir compases binarios o ternarios, de subdivisión binaria o ternaria.

Para seleccionar la tonalidad, elige primero en la pestaña de la derecha si es una tonalidad mayor o menor. Picando con el ratón en la casilla del dibujo de la clave hacia arriba o hacia abajo, irán apareciendo todas las tonalidades presentadas con su correspondiente armadura.

Cuando termines la elección, haz clic en Finalizar.

Tu partitura está preparada: *Campanitas del lugar,* para flauta, en compás de 2/4 y tonalidad de Do Mayor. Ya puedes empezar a escribir (por defecto, NotePad presenta todos los documentos nuevos con 21 compases).

En la parte superior de la pantalla aparece la **barra de Menú** con las opciones habituales de Archivo, Edición, Ver, etc.

Por debajo del Menú, se sitúan las **dos barras de herramientas** que necesitarás para introducir la música: en la barra superior es donde deberás elegir primero la tarea a realizar (si te mueves con el cursor del ratón por encima de los iconos se despliega el nombre o función de cada una).

Selecciona con el ratón en esta barra la herramienta  **Simple Entry Tool** de entrada fácil.

Luego en la barra inferior irás escogiendo las figuras y silencios que necesites introducir.

Empezamos seleccionando el icono de **negra:** 

Colocando el cursor en el primer compás, nos situamos con cuidado en las líneas y espacios correspondientes para escribir las notas picando con el ratón una vez en cada sitio.

Para el cuarto compás, necesitamos cambiar la figura de entrada y seleccionar la blanca picando en su icono 

Ya podemos seguir escribiendo así las dos primeras frases completas de la canción.

Si te confundes, tienes la opción de **deshacer** en Edición (Edit – Undo Simple Edit) o también puedes coger la **goma de borrar** que está en la barra de herramientas a la izquierda. La goma cambiará la nota equivocada por un silencio sobre el que después podrás escribir la figura correcta.

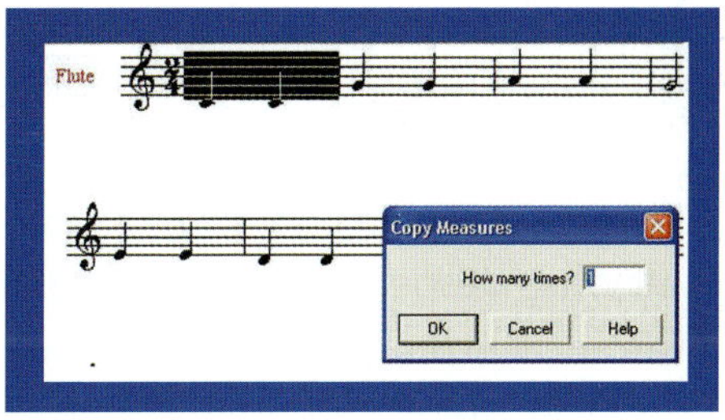

Nos queda la última frase de la canción, que resulta que es exactamente igual que la primera. Podemos utilizar un pequeño **truco para copiar** cómodamente esos 8 compases y no tener que volver a escribir nota por nota.

Seleccionamos con el ratón la herramienta **Mass Mover Toll** y luego picamos en el primer compás que queremos copiar. El compás se oscurece y con el ratón arrastramos el cuadro hasta señalar el compás nuevo en el que queremos pegar la repetición. Aparece una ventana que nos pregunta cuántos compases queremos repetir, escribimos el número (en esta caso 1) y hacemos clic en OK.

Repetiremos la operación para copiar los demás compases.

Necesitamos añadir tres compases vacíos a la partitura porque NotePad crea los documentos con 21 y nuestra canción ocupa 24 compases.

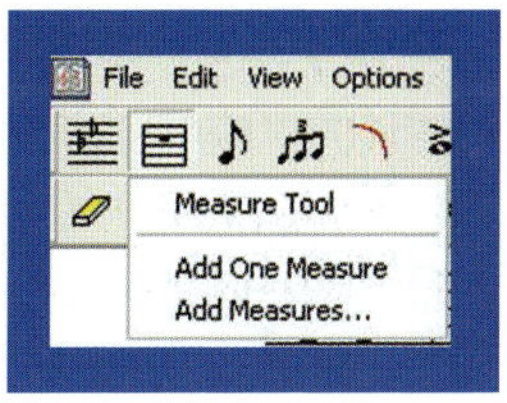

En la herramienta de compases **Measure Toll** hacemos clic con el botón derecho del ratón. Se despliega un menú que te ofrece la opción de añadir compases (Add Measures), picas con el ratón y una ventana te pregunta cuántos compases deseas añadir. Teclea el número (3) y después haz clic en OK.

Software musical

Ahora ya has terminado la partitura y puedes probar a escucharla.

En la barra de herramientas tienes los controles de reproducción normales de cualquier equipo de sonido. Haz clic sobre el icono verde de play y una flecha verde vertical te guiará en el recorrido de la partitura mientras la escuchas. Puedes utilizar la pausa y los botones de avance y retroceso.

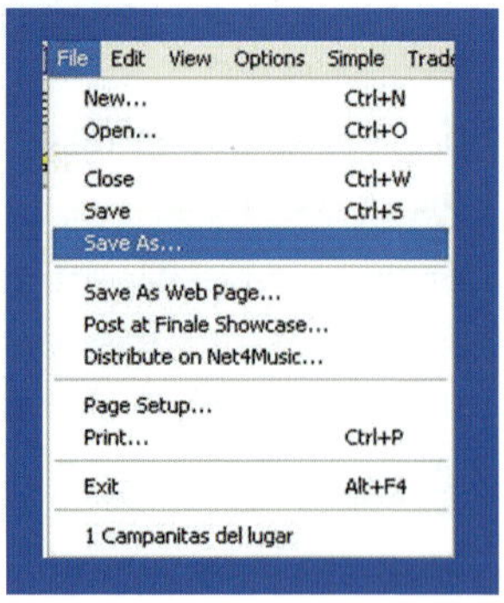

También tienes a la derecha la opción de modificar el tempo. Puedes hacerlo picando en las pestañas superior o inferior para subir o bajar la velocidad de reproducción, o puedes cambiarlo haciendo doble clic sobre el número y tecleando directamente la velocidad que prefieras.

No te olvides nunca de guardar tu documento.

En realidad conviene ir haciéndolo cada poco tiempo.

En el menú File (Archivo) se despliegan las opciones habituales. Si haces clic en **Save** (Salvar) tu partitura se guardará en el disco duro del ordenador. Tal vez sea mejor idea utilizar la opción **Save As** (Salvar como) que te permitirá elegir el directorio en el que deseas guardarlo y así siempre sabrás dónde encontrarlo fácilmente.

2 Crea y arregla tu propia canción con Band in a Box

Es un programa muy divertido que permite componer, tocar y grabar música utilizando un controlador MIDI, aunque también puedes disfrutarlo disponiendo simplemente de una tarjeta de sonido.

Puedes descargar una demo en español en la página http://64.40.99.154/demos/demo_bbw.php

No necesitas ninguna clave para descargar la demo, así que puedes hacerlo directamente. El programa permite un mes de prueba utilizando casi todas sus características excepto Guardar, Notación y Generación de Solista y Melodista, que están inhabilitadas. También puedes consultar la página principal en español: www.bandinabox.com/es/

Band in a Box te permite escribir acordes (utilizando la nomenclatura alfabética) para generar un arreglo completo de piano, bajo, batería, guitarra y cuerdas, en el estilo musical que desees: clásico, jazz, pop, rock, latino, blues, etc.

También incluye funciones de Notación, Piano Roll, Lírica, Pistas de melodía, Armonización, Generador y Selector de Estilos, Solista (crea solos melódicos sobre cualquier progresión de acordes), Melodista (crea canciones desde el principio generando todos sus elementos).

Al **arrancar el programa** aparecen unas ventanas en las que deberás configurar el controlador MIDI y la tarjeta de sonido. No te preocupes, dispone de un **Asistente de Configuración** que te guiará para completar todos los pasos aconsejándote las mejores opciones para tu equipo.

Cuando hayas completado la Configuración aparecerá la **pantalla del programa,** con la que ya puedes empezar a trabajar. Lo primero será aprender a **abrir y tocar canciones.**

En el menú tienes la opción habitual de **Abrir,** pulsa y aparecerá una ventana con la lista de canciones que puedes escoger.

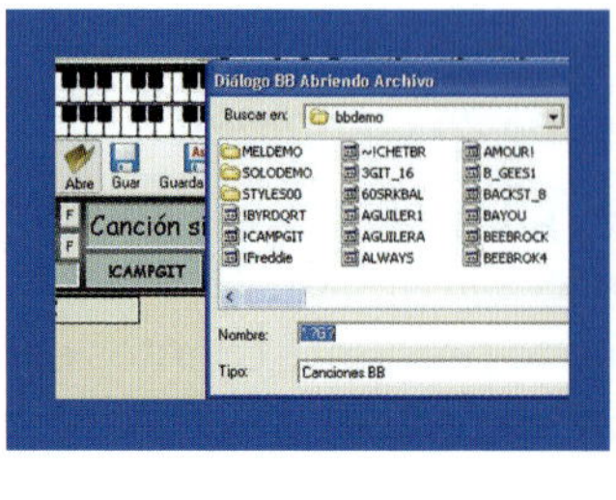

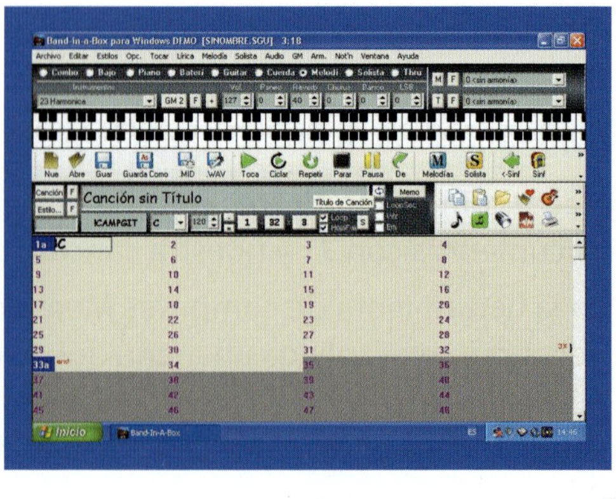

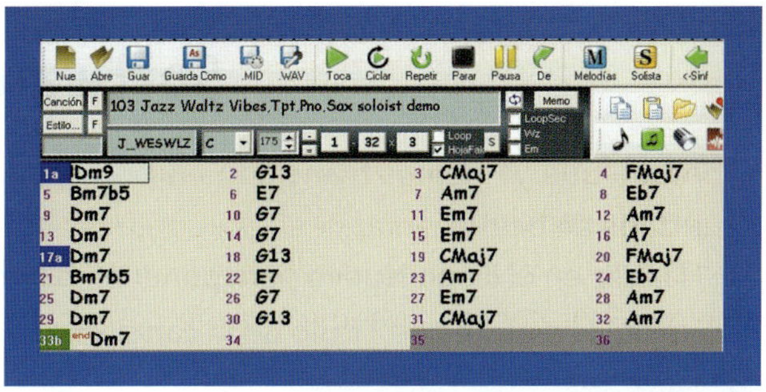

Al cargar una canción, aparece su título en el recuadro, y en pantalla la hoja de acordes para que puedas seguir los cambios armónicos de la canción (que se van señalando en negro y avanzando por compases) e incluso tocar por encima acompañando a la banda.

Para poder escuchar la canción y ejecutar otras **funciones de reproducción** tienes los siguientes iconos.

- Toca: inicia la reproducción regenerando las pistas en cada repetición.
- Ciclar: permite escuchar solo la sección que hayas seleccionado previamente picando y arrastrando con el ratón.
- Repetir: repite la canción en su formato inicial sin regenerar las pistas.
- Parar: botón de parada normal.
- Pausa: detiene la reproducción, se reanuda pulsando de nuevo el mismo icono.
- De: para saltar a cualquier compás de la canción.

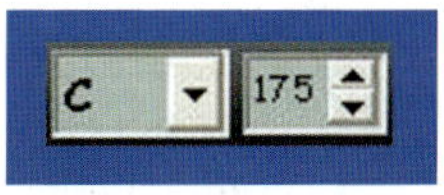

Puedes **modificar la tonalidad y el tempo** de la canción, incluso mientras se está reproduciendo, picando en las pestañas de las casillas correspondientes. Nuestra canción está en C (Do M.), si picas en la pestaña de su derecha se despliegan en vertical todas las tonalidades mayores y menores para que puedas seleccionar otra. La velocidad del metrónomo se modifica a más rápido o lento con las pestañas superior e inferior respectivamente.

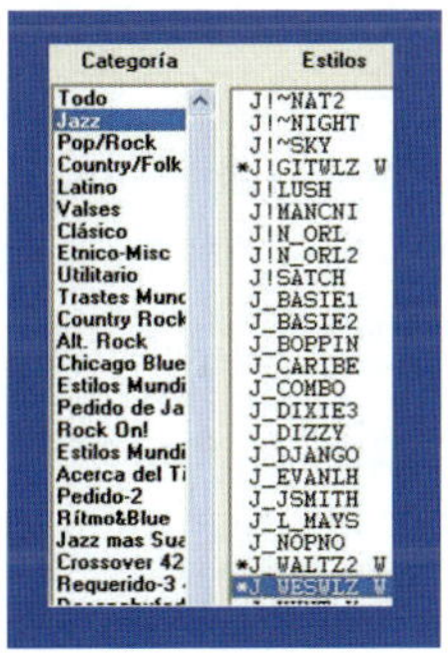

Puedes jugar a **cambiar el estilo** de la canción haciendo clic en la casilla **Estilos.**

Se despliega una ventana en la que encontrarás numerosas categorías. La categoría de la canción actual aparece señalada en azul y su ejemplo concreto, a la derecha, también.

Los ejemplos que presentan un estilo similar al de muestra canción aparecen señalados con un asterisco a la izquierda.

Elige la categoría que prefieras y pulsa el cuadro OK en la parte inferior derecha.

Si eliges cambiar a un estilo parecido, el programa no tendrá que hacer demasiados cambios. Si prefieres un cambio radical, el programa tendrá que hacer modificaciones de figuración o de compás y te preguntará por ellas en distintas ventanas, para que aceptes.

Experimenta con esta herramienta haciendo diversos cambios para poder apreciar las características de cada estilo. Vuelves a abrir el cuadro de estilo y pruebas a repetir la operación con diferentes combinaciones.

Puedes **cambiar** el **sonido** modificando los instrumentos y sus combinaciones. Tienes el cuadro en la parte superior de la pantalla.

Los instrumentos que están tocando aparecen en amarillo.

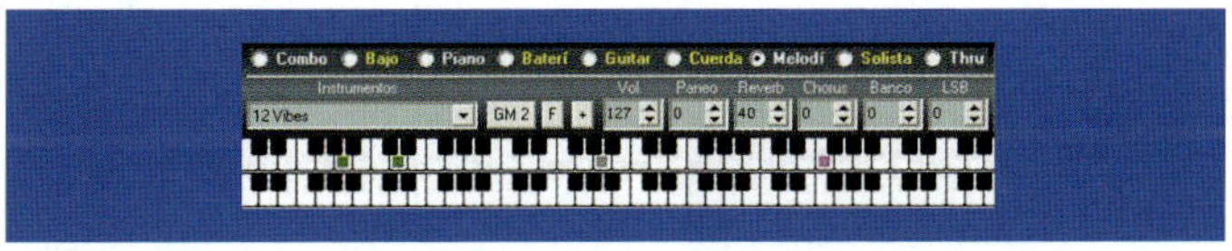

Durante la reproducción de la canción, en los dos teclados, superior e inferior, puedes ver el desarrollo de los distintos instrumentos señalados con colores diferentes.

Picando en la pestaña de la casilla de **Instrumentos** se despliega una lista con los 128 instrumentos General MIDI que podrás seleccionar con el ratón.

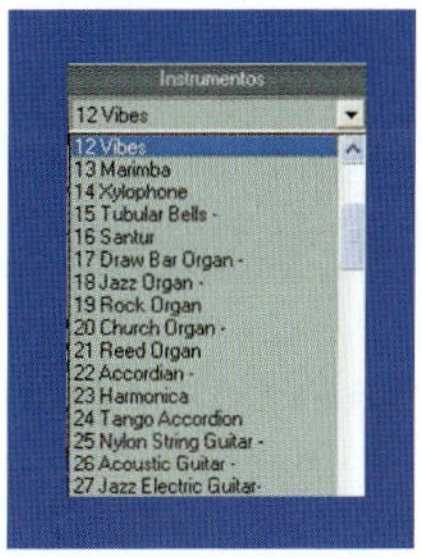

Haciendo clic derecho sobre el botón Combo se silencian o activan todos los instrumentos.

Haciendo clic derecho sobre el botón de cada instrumento, se silencia solo ese instrumento. Haciendo clic sobre cada instrumento, se destaca ese instrumento.

Para hacer un solo, presionas la tecla **Control** y, a la vez, haces clic en el instrumento que desees.

Software musical

Ahora que ya hemos manejado las principales herramientas del programa, puedes **componer tu propia canción.**

Haz clic en el icono **Nuevo** para poner en blanco la hoja de acordes.

Haz clic en el área de **Título de la canción** para escribir el nombre de tu canción.

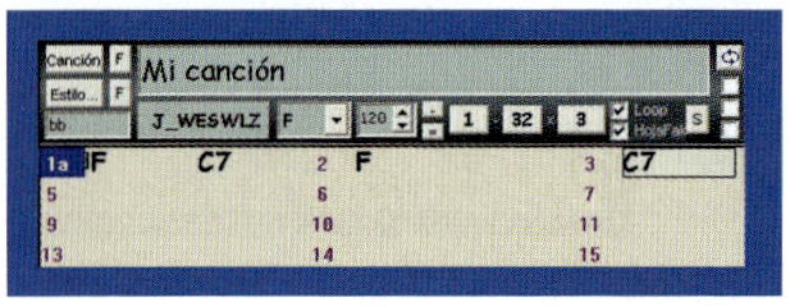

Cuadro acordes

Elige la **tonalidad** picando en la pestaña de su casilla para poder escoger una de ellas. Elegimos, por ejemplo F (Fa Mayor).

Elige también el **tempo** picando en las pestañas superior o inferior para fijar la velocidad de interpretación. Elegimos, por ejemplo 120.

Ahora tienes que **introducir los acordes** tecleando en el cuadro sus letras:

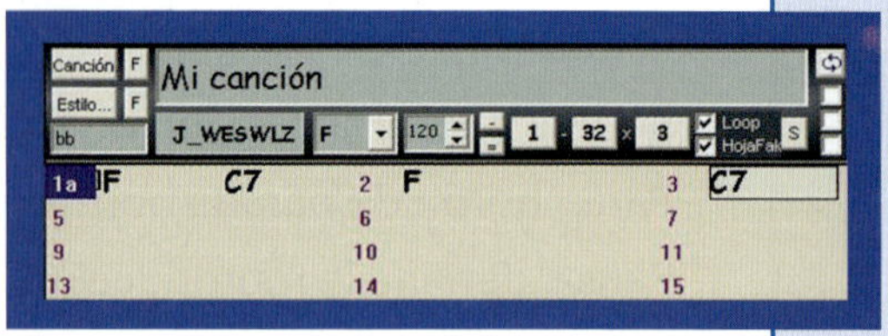

- Haz clic en la casilla y teclea una letra, pulsa intro y el acorde aparecerá en el primer compás.
- Puedes repetir la misma operación para hacerlo igual en todos los compases.
- Puedes seleccionar picando con el ratón el compás o la sección de compás que desees para introducir el acorde correspondiente.
- Si te confundes o te arrepientes, puedes borrar el acorde picando en su casilla con el ratón y pulsando después la tecla Suprimir, aparecerá un cuadro para que confirmes o no el borrado.
- Ten en cuenta que casi todas las canciones responden a una estructura armónica básica compuesta por los acordes de tónica (I), subdominante (IV) y dominante (V).

Antes de completar el esquema armónico debes decidir la **estructura de la canción,** configurándola con las tres casillas situadas a la derecha del tempo. Normalmente, todas las canciones se componen de:

- Una Introducción.
- Una o varias Secciones (Coros).
- Una parte de Final.

La casilla izquierda indica el compás de inicio del Coro.
La casilla central indica el compás de finalización del Coro.
La casilla derecha indica el número de Coros.

Es aconsejable que una canción tenga de uno a cinco compases de introducción y que pueda tener también dos compases de final. Pica con el ratón en cada una de las casillas para hacer las modificaciones. Aparecerá un cuadro de diálogo para que teclees el número y luego confirmes en OK.

Escoge el **estilo** de tu canción haciendo clic en la casilla **Estilo** para seleccionar uno. Ya hemos visto esta ventana, primero pinchas en la columna izquierda de Categoría y luego seleccionas a la derecha el Estilo concreto.

Pulsando la tecla F5 puedes **introducir arreglos** modificando instrumentos, estilos, armonías o tempo. Aparece un cuadro en el que puedes detallar el número de compás y los cambios.

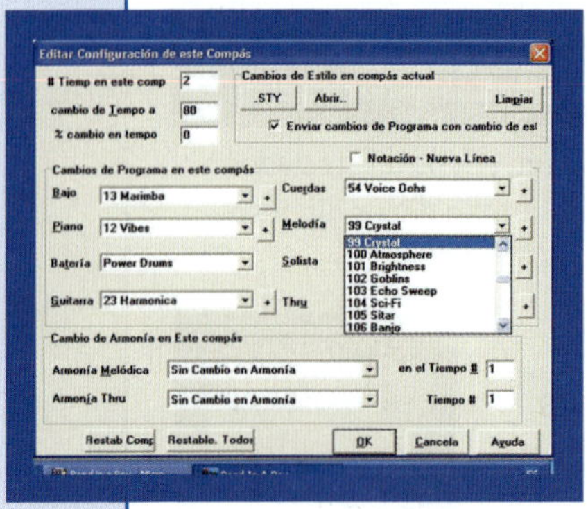

Con la primera casilla cambias el número de tiempos del compás, ya que todos los estilos tienen un compás característico que viene predefinido.

Con la segunda casilla puedes modificar el tempo, escribiendo el número de tiempos por minuto o puedes indicar el cambio en porcentaje utilizando la tercera casilla.

Todos los instrumentos de la Banda pueden cambiar su sonido por el de otro instrumento. Señala el compás donde quieres introducir los cambios haciendo clic en su número (puedes deshacer la operación haciendo clic otras dos veces). Despliega la pestaña que hay a la derecha de cada instrumento para ver las opciones.

Confirma siempre tus modificaciones haciendo clic en el cuadro OK.

La versión demo no te permite guardar la canción, pero cuando tengas la versión original no te olvides de hacerlo. Puedes ir al menú Archivo, como en todos los programas, o puedes utilizar cómodamente los iconos directos que aparecen en pantalla de Guardar o Guardar como.

En resumen

Un futuro apasionante

Las nuevas tecnologías aplicadas a la música no solo han facilitado el acceso y simplificado el conocimiento del mundo del sonido sino que han modificado profundamente el concepto de composición y las costumbres de ocio de un público cada vez más exigente y atento a la innovación.

El extraordinario desarrollo de este nuevo mundo dominado por una cultura predominantemente audiovisual, en el que las innovaciones se suceden con una velocidad vertiginosa, abre las puertas a un futuro tan apasionante como impredecible.

1. La música es uno de los campos más vinculados al desarrollo de las **Nuevas tecnologías** y forma parte fundamental de los modernos medios de comunicación como componente esencial y como objeto de difusión.

2. La aplicación de las nuevas tecnologías a la música ha provocado cambios sustanciales en la creación, difusión e interpretación, dando lugar a un **nuevo concepto de obra** y a una nueva relación con el oyente.

3. Los **primeros sistemas de grabación y reproducción** del sonido fueron el fonógrafo y el gramófono. La introducción de la electricidad permitirá la aparición de los componentes básicos del sistema moderno: micrófono, amplificador y altavoz.

4. Los principales **sistemas analógicos** son el tocadiscos y el magnetófono. El **sistema digital** muestrea la señal analógica para convertir sus valores en códigos binarios. Los principales sistemas digitales son el CD y el DAT.

5. Los **instrumentos electrónicos** producen y amplifican el sonido de forma completamente electrónica. Aparecieron en la década de 1920 y de su evolución surgirán el órgano electrónico, el sintetizador, la caja de ritmos, el secuenciador y el sampler.

6. Las **aplicaciones de la informática** a la música permiten hacer del ordenador un completo laboratorio de sonido. El software musical más habitual está destinado a la educación, la composición, la edición de partituras y el tratamiento del sonido. Internet ofrece la más amplia y actualizada información sobre todos los aspectos relacionados con la música.

7. La música forma parte del cine desde sus inicios reforzando el contenido de la imagen y la narración. Las **bandas sonoras** pueden incluir partituras originales de compositores especializados o fragmentos prestados de música clásica y popular.

8. La **radio** y la **televisión** utilizan la música como un componente estructural básico y la hacen protagonista en todo tipo de programas especializados. En ambos medios la **publicidad** emplea el uso expresivo de la voz y el reclamo de una música cuidadosamente elegida según el producto.

Mis progresos

UNIDAD 7	SOBRESALIENTE ¡SOY MUY COMPETENTE!	NOTABLE SOY BASTANTE COMPETENTE PERO PUEDO MEJORAR ALGO	BIEN SOY COMPETENTE PERO PUEDO MEJORAR BASTANTE	SUFICIENTE SOY COMPETENTE PERO DEBO MEJORAR BASTANTE	INSUFICIENTE ME FALTAN COMPETENCIAS ¡DEBO ESFORZARME MUCHO MÁS!
He aprendido	Identifico siempre los principales medios de grabación y reproducción del sonido y sus sistemas de funcionamiento básico. Reconozco siempre los distintos instrumentos electrónicos y las principales aplicaciones de la informática musical. Conozco la evolución de la música cinematográfica y siempre analizo las funciones que cumple como refuerzo de la acción. Comprendo la función de la música en los distintos medios de comunicación y siempre analizo sus aplicaciones en la publicidad. Siempre identifico los ejemplos musicales trabajados situándolos en su contexto y describiendo sus rasgos más característicos.	Identifico casi siempre los principales medios de grabación y reproducción del sonido y sus sistemas de funcionamiento básico. Reconozco casi siempre los distintos instrumentos electrónicos y las principales aplicaciones de la informática musical. Conozco la evolución de la música cinematográfica y casi siempre analizo las funciones que cumple como refuerzo de la acción. Comprendo la función de la música en los distintos medios de comunicación y casi siempre analizo sus aplicaciones en la publicidad. Casi siempre identifico los ejemplos musicales trabajados situándolos en su contexto y describiendo sus rasgos más característicos.	Identifico a veces los principales medios de grabación y reproducción del sonido y sus sistemas de funcionamiento básico. Reconozco a veces los distintos instrumentos electrónicos y las principales aplicaciones de la informática musical. Conozco la evolución de la música cinematográfica y a veces analizo las funciones que cumple como refuerzo de la acción. Comprendo la función de la música en los distintos medios de comunicación y a veces analizo sus aplicaciones en la publicidad. A veces identifico los ejemplos musicales trabajados situándolos en su contexto y describiendo sus rasgos más característicos.	Me cuesta identificar los principales medios de grabación y reproducción del sonido y sus sistemas de funcionamiento básico. Me cuesta reconocer los distintos instrumentos electrónicos y las principales aplicaciones de la informática musical. Conozco la evolución de la música cinematográfica pero me cuesta analizar las funciones que cumple como refuerzo de la acción. Comprendo la función de la música en los distintos medios de comunicación pero me cuesta analizar sus aplicaciones en la publicidad. Me cuesta identificar los ejemplos musicales trabajados situándolos en su contexto y describiendo sus rasgos más característicos.	No sé identificar los principales medios de grabación y reproducción del sonido y sus sistemas de funcionamiento básico. No sé reconocer los distintos instrumentos electrónicos ni las principales aplicaciones de la informática musical. No conozco la evolución de la música cinematográfica y no sé analizar las funciones que cumple como refuerzo de la acción. No comprendo la función de la música en los distintos medios de comunicación y no sé analizar sus aplicaciones en la publicidad. No sé identificar los ejemplos musicales trabajados situándolos en su contexto y describiendo sus rasgos más característicos.
Sé hacer	Desarrollo las habilidades relacionadas con la audición y la interpretación musical con actitud abierta y respetuosa, tomando conciencia de mis propias posibilidades. Siempre manejo de forma autónoma distintos tipos de fuentes informáticas y audiovisuales como apoyo a las actividades musicales del aula. Participo en los distintos aspectos de la realización de producciones musicales haciendo uso adecuado de las tecnologías disponibles.	Desarrollo las habilidades relacionadas con la audición y la interpretación musical con actitud abierta y respetuosa, y casi siempre tomo conciencia de mis propias posibilidades. Casi siempre manejo de forma autónoma distintos tipos de fuentes informáticas y audiovisuales como apoyo a las actividades musicales del aula. Participo en casi todos los aspectos de la realización de producciones musicales haciendo uso adecuado de las tecnologías disponibles.	Desarrollo las habilidades relacionadas con la audición y la interpretación musical con actitud abierta y respetuosa, y a veces tomo conciencia de mis propias posibilidades. A veces manejo de forma autónoma distintos tipos de fuentes informáticas y audiovisuales como apoyo a las actividades musicales del aula. Participo en algunos de los aspectos de la realización de producciones musicales haciendo uso adecuado de las tecnologías disponibles.	Desarrollo las habilidades relacionadas con la audición y la interpretación musical con actitud abierta y respetuosa, pero me cuesta tomar conciencia de mis propias posibilidades. Manejo, con un poco de ayuda, distintos tipos de fuentes informáticas y audiovisuales como apoyo a las actividades musicales del aula. Participo en algunos de los aspectos de la realización de producciones musicales pero me cuesta hacer un uso adecuado de las tecnologías disponibles.	Desarrollo las habilidades relacionadas con la audición y la interpretación musical pero no muestro una actitud abierta y respetuosa, y no tomo conciencia de mis propias posibilidades. Me cuesta manejar distintos tipos de fuentes informáticas y audiovisuales como apoyo a las actividades musicales del aula. Participo en algunos de los aspectos de la realización de producciones musicales pero no sé hacer un uso adecuado de las tecnologías disponibles.
La tecnología y yo	Navego por internet sin dificultad para investigar la relación de la música con las nuevas tecnologías y encuentro mucha información interesante. Tengo un dominio muy elevado de las herramientas TIC para la realización de las actividades propuestas.	Navego por internet sin dificultad para investigar la relación de la música con las nuevas tecnologías y normalmente encuentro información interesante. Tengo un dominio alto de las herramientas TIC para la realización de las actividades propuestas.	Navego por internet sin dificultad para investigar la relación de la música con las nuevas tecnologías y a veces encuentro información interesante. Tengo suficiente dominio de las herramientas TIC para la realización de las actividades propuestas.	Navego por internet con cierta dificultad para investigar la relación de la música con las nuevas tecnologías y me cuesta encontrar información interesante. Tengo poco dominio de las herramientas TIC para la realización de las actividades propuestas.	Me cuesta mucho navegar por internet para investigar la relación de la música con las nuevas tecnologías y no sé encontrar la información. No tengo dominio de las herramientas TIC para la realización de las actividades propuestas y no sé utilizarlas.
¿Sé trabajar en grupo?	Asumo mi rol y aporto ideas al grupo sin interferir en el trabajo de los demás.	Asumo mi rol y aporto ideas al grupo pero tiendo a interferir en el trabajo de los demás.	Asumo mi rol y aporto ideas al grupo pero interfiero en el trabajo de los demás.	Asumo mi rol pero no aporto ideas al grupo e interfiero en el trabajo de los demás.	No asumo mi rol ni aporto ideas al grupo e interfiero en el trabajo de los demás.

Proyecto final

Proyecto **final**

«Nuestro Centro»

Hacemos un *lipdub*

• LO QUE TIENES QUE HACER

A lo largo de este curso vamos a abordar la realización de un *lipdub* en nuestro centro.

Como sabes, un *lipdub* es un vídeo musical en el que un grupo de personas sincroniza sus gestos y movimientos con una determinada canción. El término «lipdub» («doblaje de labios») alude a la realización del *playback* mientras suena la canción de fondo. Algunas empresas, universidades o colegios, han utilizado esta herramienta para darse a conocer a través de las redes sociales y de canales como YouTube. Pues bien, nosotros vamos a grabar nuestro *lipdub* para dar a conocer nuestro centro.

Realizar un *lipdub* no es una tarea complicada porque no requiere de grandes conocimientos ni medios técnicos, pero sí necesita de una cuidada planificación que iremos organizando a lo largo de todo el curso.

Podemos distribuir el trabajo de la siguiente forma:

— Primer trimestre: selección de canciones, preparación de materiales técnicos, organización de grupos implicados y personas responsables.

— Segundo trimestre: planificación del recorrido y ensayos.

— Tercer trimestre: grabación y montaje final.

Ofrecemos a continuación algunos ejemplos que puedan servir de inspiración pero existen muchísimos en YouTube:

https://www.youtube.com/watch?v=EeGDRSWB46w

Lipdub realizado con la canción «Hey Soul Sister» por la **Universidad de Vic (UVIC)** durante el mes de mayo de 2010. La iniciativa surgió de los estudiantes de Publicidad y Relaciones Públicas de la Universidad y aparecen unas 900 personas aproximadamente.

https://www.youtube.com/watch?v=9sW5yTyJofw

Lipdub realizado por el **Colegio Francés Jules Verne de Tenerife** como proyecto fin de curso de la clase de música de 3ème tutelado por el profesor Fernando Cano Borrego.

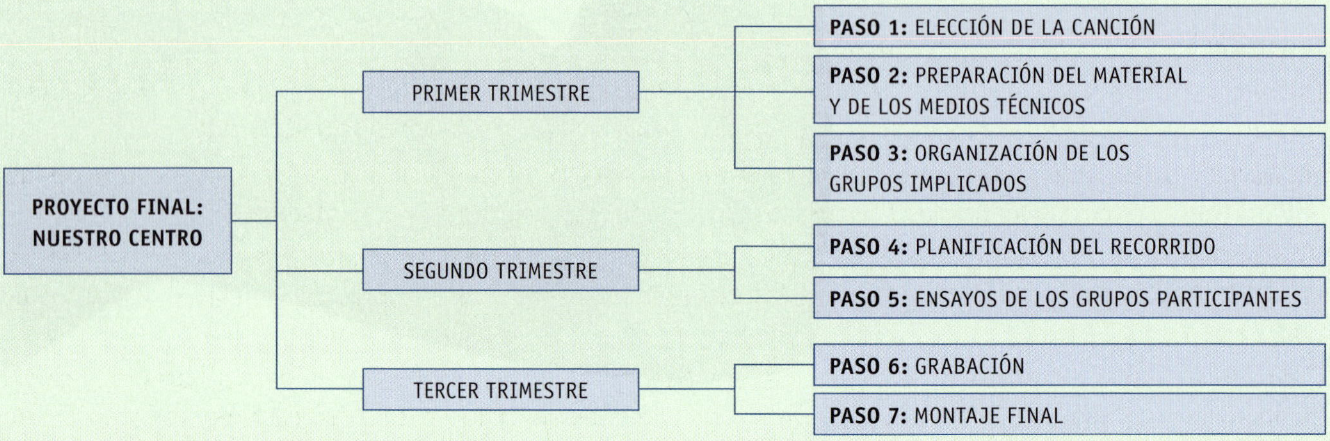

PRIMER TRIMESTRE

- **Paso 1**

Elección de la canción

Lo primero que tenemos que hacer es elegir nuestra canción. Podemos presentar varias propuestas para después seleccionar entre todos la más adecuada.

La elección de la canción es una decisión importante que debe hacerse atendiendo al objetivo que nos hayamos planteado. Debe ser una canción alegre y pegadiza, que invite fácilmente a la participación. Pero, además de la diversión, también podemos plantearnos otras cuestiones como poder abordar temas que traten valores de solidaridad, de paz, igualdad, cuidado del medioambiente, etc.

Para asegurarnos una buena elección, con la que todos puedan sentirse a gusto y permitir la mayor participación e implicación posible, es conveniente hacer un listado inicial de canciones recogiendo las aportaciones de todo el grupo.

Podemos partir de un listado inicial de unas diez canciones para escucharlas o verlas entre todos y después elegir por votación la que mejor se ajuste a nuestros propósitos. Será muy importante tener en cuenta aspectos como la duración total, el ritmo, la velocidad de transición en las distintas secciones, la facilidad de adaptación y el mensaje que queremos transmitir en nuestro *lipdub*.

- **Paso 2**

Materiales y medios técnicos

El siguiente paso que deberemos llevar a cabo será la cuidadosa preparación de los materiales y medios técnicos que vamos a necesitar: cámara, reproductor de música y *software* de tratamiento de vídeo.

Una de las principales características que define el *lipdub* es su realización en un único «plano secuencia», es decir, la grabación se realiza en una sola toma, continua y sin cortes. Para ello necesitamos una cámara digital que grabe vídeo con la suficiente calidad y que cuente con estabilizador de imagen para que los movimientos no resulten bruscos.

También necesitaremos un reproductor de música que funcione con pilas y que sea lo suficientemente potente para que la canción pueda escucharse con claridad en los distintos espacios del recorrido.

Por último, utilizaremos un programa de tratamiento de vídeo como Windows Movie Maker, que nos permita eliminar la pista de audio de la grabación del vídeo que se habrá registrado de forma deficiente y con ruidos, y sustituirla por la grabación original de la canción.

Ahora que ya conocemos los medios y materiales que vamos a necesitar, debemos elegir a las personas responsables que puedan tener mayor experiencia para llevar a cabo nuestro proyecto de la mejor manera posible asumiendo las tareas de dirección o coordinación de las diferentes fases del proyecto, el manejo de la cámara, el control de los tiempos, la organización de los grupos, la edición final del vídeo, etc.

- **Paso 3**

Organización de los grupos implicados

Es el momento de abrir nuestro proyecto al resto del centro para conseguir la participación de otros grupos y cursos que puedan ayudarnos a mostrar una imagen lo más completa o representativa posible.

Invita a otros alumnos y profesores a colaborar en el proyecto y elabora un listado completo con todos los voluntarios y los posibles horarios comunes que nos permitirán coordinar la actividad.

Es importante organizar los grupos y profesores que van a colaborar en nuestro proyecto para poder definir el recorrido (grabación en aulas de grupo y aulas específicas) y concretar los espacios y tiempos necesarios de preparación y ensayos.

Cada grupo, con su responsable al frente, deberá diseñar su intervención de la forma más original posible elaborando su propia coreografía y pensando en los materiales de atrezo necesarios para realizarla (vestuario específico, maquillaje, disfraces, etc.).

SEGUNDO TRIMESTRE

- **Paso 4**

Planificación del recorrido

Tenemos que planificar el recorrido de nuestra grabación atendiendo a la duración y a las distintas secciones musicales de la canción elegida.

— Elige los espacios (aulas, talleres, patios, pasillos, etc.) y las rutas a seguir para realizar la grabación en un recorrido continuo y dinámico.

— Sería conveniente preparar previamente los lugares que se van a grabar con pequeños decorados o carteles que permitan reforzar la imagen de la forma más atractiva posible.

— Elabora una plantilla o una pequeña tabla que recoja de forma conjunta la distribución de tiempos de la canción y los lugares o espacios de grabación.

— Debes cuidar la coordinación del sonido con la imagen intentando adecuar los cambios de las distintas secciones musicales con los cambios de los diferentes espacios.

- **Paso 5**

Ensayos de los grupos participantes

Tenemos que asignar a cada grupo participante el espacio o lugar que va a ocupar y el fragmento de la canción en el que va a intervenir.

Es muy importante ajustar el tiempo de actuación ensayando la coreografía o los gestos correspondientes a la música y la parte del texto de la canción que nos haya tocado para realizar el *playback*.

Cada grupo deberá tener un responsable encargado de definir la actuación y organizar los ensayos contando con las aportaciones de todos. También deberá servir de enlace y coordinador con otros responsables de grupo para asegurar la unidad del proyecto.

Fotograma del *lipdub* realizado por el Colegio Francés Jules Verne de Tenerife.

Fotograma del *lipdub* realizado por la Universidad de Vic (UVIC).

TERCER TRIMESTRE

- **Paso 6**

Grabación

Antes de abordar la grabación definitiva, conviene realizar un ensayo general teniendo a mano una escaleta detallada con la descripción de los tiempos, la música y los lugares y actuaciones de todos los participantes. Te proponemos un posible modelo:

Música		Recorrido o lugar asignado	Grupo responsable	Descripción música o letra de la canción	Actuación o coreografía a realizar
Inicio	Fin				

Es muy importante mantener el silencio en los distintos espacios para que todos los grupos puedan escuchar la música que marca su intervención y que actúen de forma colectiva y divertida transmitiendo un carácter espontáneo y auténtico.

La cámara deberá desplazarse, junto con el equipo de sonido, evitando el contraluz y los cambios bruscos de enfoque, y manteniendo una distancia adecuada con el movimiento más estable posible.

- **Paso 7**

Montaje final

Utilizaremos el programa Windows Movie Maker que viene instalado por defecto en Windows.

Tenemos que tener en cuenta que el formato utilizado por nuestra cámara debe coincidir con alguno de los formatos reconocidos por Movie Maker.

Añadiremos al vídeo la nueva pista de audio de nuestra canción original en formato MP3 o WAV y la ajustaremos con cuidado hasta que coincida con el audio del vídeo original.

Por último, silenciaremos la pista de audio inicial.

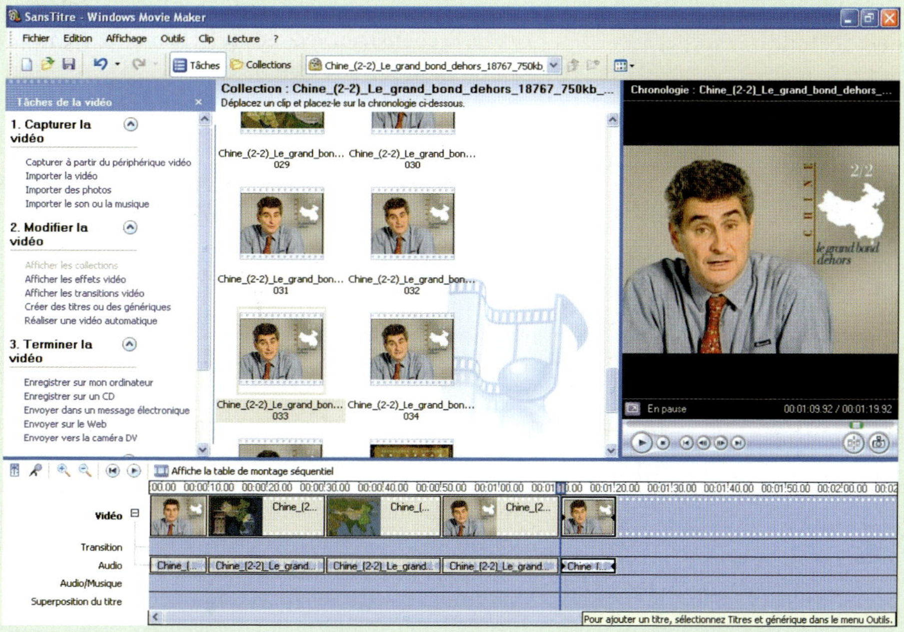

Edición: Mencía Granados
Corrección: José María Rodero
Diseño de cubierta: Juan Pablo Rada / Paso de Zebra
Diseño de interiores: Teresa del Arco
Maquetación: MT Color & Diseño, S. L.
Fotografías: 123RF Limited, AISA-Archivo iconográfico, S.A., Álbum, Corel Corporation, Thinkstock y archivo Editex
Agradecemos a IES Pío del Río Hortega la imagen del plano de su instituto.
Dibujos: Miguel Argudo
Preimpresión: José Ciria
Dirección de producción: Santiago Agudo

Este material de **Música** está dirigido al alumnado de ESO y ha sido elaborado atendiendo a las exigencias curriculares establecidas.

El presente material didáctico ha sido creado por iniciativa y bajo la coordinación de **Editorial Editex, S. A.**, conforme a su propio proyecto editorial.

Vía Dos Castillas, 33. C. E. Ática 7, edificio 3, planta 3ª, oficina B. 28224 Pozuelo de Alarcón. Madrid.

ISBN: 978-84-9078-599-7
Depósito Legal: M-16813-2015
Imprime: Gráficas Muriel
Impreso en España - *Printed in Spain*